胡
适

蒋介石

与

著　宋　陈
　　娜　漱
　　　　渝

Jiang Jieshi and Hu Shi

团结出版社 UNITY PRESS

图书在版编目（CIP）数据

　　蒋介石与胡适 / 陈漱渝，宋娜著. -- 北京 ： 团结
出版社，2019.3（2019.11 重印）
　　ISBN 978-7-5126-6588-0

　　Ⅰ．①蒋… Ⅱ．①陈… ②宋… Ⅲ．①蒋介石（
1887-1975）－生平事迹②胡适（1891-1962）－生平事迹
Ⅳ．①K827=7②K825.4

　　中国版本图书馆 CIP 数据核字 (2018) 第 204100 号

出　　版：团结出版社
　　　　　（北京市东城区东皇城根南街 84 号　邮编：100006）
电　　话：(010) 65228880　65244790　（出版社）
　　　　　(010) 65238766　85113874　65133603（发行部）
　　　　　(010) 65133603（邮购）
网　　址：http://www.tjpress.com
E-mail：zb65244790@vip.163.com
　　　　　fx65133603@163.com（发行部邮购）
经　　销：全国新华书店
印　　装：三河腾飞印务有限公司

开　　本：170mm×240mm　　　16 开
印　　张：17.25
字　　数：265 千字
印　　数：4000-6000
版　　次：2019 年 3 月　　第 1 版
印　　次：2019 年 11 月　　第 2 次印刷

书　　号：978-7-5126-6588-0
定　　价：56.00 元

前　言

　　胡适与蒋介石：一个是五四新文化运动中开风气的人物，一个是1928年到1949年10月以前中国大地上的最高执政者。他们虽然在反共上持共同立场，但由于一个执着地宣扬西方民主政治理念，一个逐步强化中国式的独裁统治，所以双方的关系时密时疏：有时促膝长谈，有时剑拔弩张，在20世纪20年代至60年代演绎出很多意味深长的故事。

　　然而，对这两位声名显赫、家喻户晓的人物进行准确的历史定位和价值判断是一件十分困难的事情。在以阶级斗争为纲的漫长岁月，在海峡两岸相互隔绝、对立的状态下，胡适和蒋介石的形象在中国台湾和中国大陆或"神"或"鬼"，趋于两极，难于以史实为依据平心静气地进行学理性分析。

　　今天，随着构建和谐社会、和谐世界政治理念的提出，随着两岸关系的日趋正常化和学术交流的日趋频繁，特别是有关胡适、蒋介石文献档案的逐步开放，把胡适研究和蒋介石研究纳入健康的学术轨道时机已经成熟。

　　胡适是在五四新文化运动中暴得大名的。在这场拉开中国现代化帷幕的运动中，他树"批判"旗帜，取"反省"态度，首倡"文学改良"，提出重新评估旧制陋俗、圣贤古训和传统信仰的价值，力主从外来文化、社会文化、民俗文化中汲取创造中华民族新文化的滋养。在文学、史学、哲学、经学、禅学研究、传记研究乃至《水经注》研究等诸多领域，胡适都作出了开拓性的贡献。

　　但是，胡适又是一个口头上标榜"不谈政治"但实际上却有浓厚政治情结的人。作为中国自由主义知识分子的精神领袖和擎旗人物，他热衷于在经历了数千年封建专制且以小农经济为主体的旧中国移植美国式的民主宪政和议会政治。他把社会变革的希望寄托于知识分子和社会精英，把政治清明的希望寄托于舆论监督。他认为，与其参政，不如组党；与其组党，不如办报。所以，他所争取的"人权"主要是思想自由和言论自由，而对在贫困线和死亡线上挣扎的广大中国民众的"生存权"相对忽视。

胡适是杜威实验主义的忠实信徒，他主张一点一滴的渐进式改革，反对带有破坏性的激进的革命，因此跟走农村包围城市武装夺取政权道路的中国共产党的立场势同水火，无法调和。但基于自由主义的立场，他一度以包容异己的态度拒绝参加"反赤化"的大合唱；又基于实验主义的立场，他也曾把"二月革命""十月革命"作为一种"政治实验"予以肯定。

抗日战争胜利之后，他对中国共产党唯一的希望就是交出军队，走议会政治的道路，在中国做个"不靠武装的第二政党"。胡适如此昧于时势，他的呼吁自然会以碰壁而告终。由于胡适在解放战争时期支持蒋介石发动内战，被中国共产党宣布为"罪大恶极的帮凶"。

胡适跟蒋介石的关系，大约可以分为以下五个阶段。

一、1927年4月至1930年5月。由于胡适佩服国民党元老蔡元培、吴稚晖等人的"见识与人格"，认为他们是"倾向于无政府主义的自由论者"，所以胡适跟他们取同一步调，对于发动"四一二政变"、在"清党"血污中建立的蒋介石政权表示同情，甚至误认为蒋介石政权的奋斗目标与五四新文化运动是取同一方向。这种态度到1928年五六月间开始变化。他目睹了当局维持古文骈文、扼制言论自由、抵制世界文明的倒行逆施，认识到国民党政权背离了五四新文化运动的宗旨。1929年5月，胡适因发表《人权与约法》一文受到国民党舆论工具的围攻，甚至被扣上了"反动"的帽子，被迫辞去上海中国公学校长之职。

二、1930年5月至1937年9月。在此期间，发生了日本侵略者占领我国东三省的"九一八事变"和导致抗日战争全面爆发的"七七事变"。"九一八事变"之后，鉴于中日两国的实力悬殊，胡适跟蒋介石一样主张妥协、退让，幻想通过外交努力争取国际联盟的支持。胡适甚至希望中国能学习被德军蹂躏4年之后才复国的比利时，学习被普鲁士占领国土长达

48 年才收复失地的法国。1937 年 7 月，胡适应蒋介石之邀参加"庐山谈话会"；同年 8 月，又被聘为"国防参政会"参议员。他逐步调整了"准备好了再打"的心理，接受蒋介石的委派赴英、美从事非正式的外交工作，决心变妥协为抗争，"虽步步败而步步战，处处败而处处战"。

三、1937 年 9 月至 1945 年 8 月。这一时期的前四年，是胡适为蒋介石当"过河卒子"的四年。胡适不但抛弃了"不谈政治"的承诺，而且抛弃了"不入政界"的承诺，于 1937 年 7 月接受蒋介石的委任正式出任驻美大使。胡适虽然竭尽心力，但由于美国政府对日本的态度一度暧昧，蒋介石对胡适的政绩十分不满，以至于 1942 年 9 月免去了胡适的大使之职。此后他滞留美国，讲学、讲演，从事学术研究，苦撑待变。

四、1945 年 9 月至 1949 年 4 月。日本投降之后，蒋介石政府推定胡适为北京大学校长，并宣布他为伪国民大会代表。胡适于 1946 年 6 月离美返国。这一时期，他仍然不遗余力地宣传民主宪政，希望国民党政权不致崩溃而从自身谋求改进。在三年解放战争中，胡适力求以在野的身份充当蒋介石政权的诤臣诤友，"帮政府的忙，支持他，替他说公平话，给他做面子"（1947 年 2 月 6 日致傅斯年信）。他拥护蒋介石为消灭中国共产党而制定的"戡乱动员令"，并于 1948 年 3 月一度同意蒋介石提议，出任总统候选人。胡适这一时期的拥蒋立场是十分鲜明的。他说："蒋先生在今年的六个大巨头里够得上坐第二三把交椅。他的环境比别人艰难，本钱比别人短少，故他的成绩不能比别人那样伟大，这是可以谅解的。"（1947 年 6 月致邓世华信）

五、1949 年 4 月至 1962 年 2 月。这一时期可分为两个阶段：1958 年 4 月之前胡适在美国做寓公是第一阶段，此后回台湾定居是第二阶段。

1949 年 4 月 6 日，胡适受蒋介石委托，从上海乘威尔逊总统号去美国寻求援助。当时，美国总统杜鲁门和国务卿艾奇逊都认为蒋介石是"扶不起来的天子"，以费正清为代表的一批影响美国对华政策的学者也力主放弃对蒋介石政权的支持。但是，胡适对美国记者明确表示："我愿意用我道义的力量支持蒋介石先生的政府。"而对于旭日初升般的新中国，胡适则继续保持敌对的态度。1952 年 4 月 2 日，在美国远东学会的一次会议上，一位哈佛大学哲学系的华裔教师王浩质问胡适："你不信中国现在比从前强大了吗？"胡适说："No！"王浩又说："中国不比从前更独立了吗？"

胡适更大声回答："No！"

美籍华裔学者余英时根据美国中央情报局和当时副国务卿鲁斯克（Redn Rusk）的旧档案披露了一个重要史实：1949 年 6 月 23 日，鲁斯克跟胡适进行了一个半小时的谈话，希望由胡适出面领导中国的反共事业，以取代蒋介石政权，但胡适对此表示全无兴趣。他深信以个人的身份说话，对蒋介石政权或更有益。也正是在此前后，宋子文又密电蒋介石，推荐胡适出任行政院长。蒋介石请胡适回台湾面商，但胡适坚决表示他对此议"从未赞成，也决不赞成"。宋子文跟胡适之间的矛盾是众所周知的，他出面推荐胡适，显然也是出于美国政府的旨意。只是由于抗美援朝战争的爆发，美国才不得不继续采取援蒋的政策。

1949 年 8 月 5 日，美国国务院发表了《美国与中国的关系 1844—1949》白皮书。这份白皮书除了对中国人民的革命斗争进行歪曲和攻击之外，也暴露了国民党政权的腐败无能。虽然美援占了国民党政府货币支出的百分之五十，美国还为国民党军队供应了武器装备，但蒋政权的崩溃之势仍超出了美国政府的控制能力。胡适对这份白皮书十分反感，他发愤撰写了《史达林策略下的中国》这篇政论，反驳艾奇逊等人关于"毛泽东从山洞里出来，蒋介石的军队便不战而溃"的说法，想让人知道蒋介石的失败"是经过二十五年苦斗以后的失败"（参阅胡适 1950 年 9 月 6 日至傅斯年信），而导致失败的主要原因是"史达林的策略"。这篇文章显示的就是胡适对蒋介石的"道义上的支持"。

对于盘踞于台湾一隅的蒋介石政权，胡适寄予的希望主要有三点：一、延续宪政法统。他于 1951 年 3 月 30 日、31 日和 1952 年 9 月 14 日，三次给蒋介石写信，规劝蒋介石"辞去国民党总裁"，听任"国民党自由分化，分成几个独立的新政党"。慑于胡适在美国的影响，蒋介石表面对胡适的谏言表示宽容，但在实际上丝毫没有让步。二、保证言论自由，包括批评蒋介石父子的自由，批评三民主义、五权宪法的自由。他支持的《自由中国》杂志就是他争取言论自由的阵地。三、维护学术独立，特别要使"中央研究院"独立于政治之外。1957 年 8 月，蒋介石逼迫原"中研院"院长朱家骅辞职，依照规章，"中研院"评议会推出三位院长候选人，最后由蒋介石拍板敲定。胡适对朱家骅被迫去职一事表示愤慨，他委托王世杰代他投票时，仍把第一票投给了朱家骅，以示对政治干预学术的抗议。后来经过四轮投票，胡适、李济、李书华三人被选为候选人。蒋介石选定了胡适，他先回电不就，但李济、李书华表示，胡适不就，他们也不就。这样一来，"中研院"的大权就可能由属于国民党派系的张其昀执掌。基于这一状况，胡适才改变初衷，于 1958 年 11 月 5 日到台湾定居。

回台湾定居的三年多，可以说是胡适一生最为暗淡的岁月。胡适因为支持《自由中国》杂志，赞扬作为言论自由象征的杂志负责人雷震，建议蒋介石无为而治，不要再连任"总统"，更激怒了不惜采用修"宪"手段恋栈的蒋介石。

1961 年 11 月 18 日蒋介石跟胡适的对话，可以说是他们"君臣"关系破裂的标志。蒋介石居然说"雷震背后有匪谍"，责备胡适只相信雷震，"不相信我们政府"。胡适则因雷震由言论获罪而对台湾政治表示"大失望"。此后，胡适在台湾受到"围剿"，被拥蒋学者扣上"七不懂"的帽子，即：不懂文学，不懂历史，不懂哲学，不懂中国的，更不懂西方的，不懂过去的，更不懂现代的 (参阅徐复观《中国人的耻辱，东方人的耻辱》，台湾《民主评论》1962 年 2 月 20 日)。这就是胡适 71 年生涯的悲惨结局。

从 20 世纪 80 年代末开始，胡适研究已在中国大陆的学术界逐步开展，并取得了令人瞩目的成果。随着台湾蒋介石"大溪档案"的解密和美国斯坦福大学胡佛研究院的《蒋介石日记》手稿本对外开放，对作为历史人物蒋介石的学术研究也处于起步阶段。从对胡适和蒋介石进行认真的平行研究和影响研究方面来说，本书的写作可谓是一个艰难的起步。

由于笔者掌握史料的局限和水平的局限，书中无疑会存在若干缺陷，但如果多少能有助于读者了解自由广义知识分子在现代中国所扮演的角色、所提出的政治见解，在实际政治生活中所产生的作用，以及他们个人的政治遭遇，那就不违笔者写作的初衷了。

陈漱渝

2017 年 4 月修订于北京

目　录

目　录

目 录

目　录

第一章 交锋：未曾谋面的迂回战

—— 兼论 20 世纪 20 年代末到 30 年代初中国的人权运动

胡适

1928年12月14日，新年将近，胡适写了一篇《新年的好梦》。因为这是蒋介石在全国执政的第一年，胡适有时也不免做一些白日美梦。他梦想来年全国和平，没有一处刀兵，因而可以实现全国裁兵，将每月1800万的军费减去一大半。他梦想苛捐杂税可以完全取消。他梦想全国铁道全部收归国有。他梦想鸦片之祸永绝于中国。他梦想有一点点言论出版的自由，偶尔能给执政者指点出一两处错误。他梦想……好梦说的口角流涎，只不知几成有准。

然而，跟胡适曾经同属《新青年》营垒的鲁迅则认为"做梦，是自由的，说梦就不自由"。"虽然梦'大家有饭吃'者有人，梦'大同世界'者有人，而很少有人梦见建设这样社会以前的阶级斗争，白色恐怖，轰炸，虐杀，鼻子里灌辣椒水，电刑……倘不梦见这些，好社会是不会来的，无论怎么写得光明，终究是一个梦，空头的梦，说了出来，也无非教人都进这空头的梦境里面去。"（鲁迅：《南腔北调集·听说梦》）

鲁迅的说法不幸而言中。

严酷的现实证明，到了1929年，胡适的梦想不但没有一件成真，而且因为提倡人权而与国民党当局处于剑拔弩张的紧张状况，跟蒋介石在谋面之前进行了一场间接交锋的迂回战。在介绍胡适跟蒋介石未曾谋面之前发生的这场交锋时，有必要回顾一下蒋介石的发迹史以及1928年前胡适的经历。

蒋介石的发迹史

在中国现代政坛上，蒋介石（1887—1975）曾经是一个声名显赫、炙手可热的人物。他出生于浙江奉化县溪口镇的一个盐商家庭。母亲王彩玉是父亲蒋肇聪的填房。在奉化蒋氏家谱上，蒋介石的名字是蒋学泰，上学时的名字叫蒋志清。"介石"原是他 1912 年办刊物时使用的笔名。1918 年到广东投奔孙中山后，他才正式启用蒋介石这个名字。"介石"，出自《易经·爻辞》："介于石，不终日，贞吉。"

蒋介石童年性格顽劣，经常惹祸，所以自撰一副对联刻在母亲墓前，写的是："祸及贤慈，当日顽梗悔已晚；愧为逆子，终身沉痛恨靡涯。"他 9 岁丧父，一门孤寡，常受吏胥势豪欺凌胁逼，荼毒之苦，难以言表。

青年时代的蒋介石主要是在私塾接受传统文化教育。1903 年至 1906 年，他先后入县城凤麓学堂、宁波箭金学堂、奉化龙津中学，多少涉猎了一些新学。19 岁那年，因深受土豪劣绅之害，萌发了学习军事的念头。

1906 年 4 月首次东渡日本，因无清政府陆军部保送资格，未能进入军事学校，仅结识了陈其美等革命党人。

1907 年夏考入"通国陆军速成中学堂"（即保定军校）。在这所中国最早的正规军校里，蒋介石主修炮科，同年冬经考试成为留日习武人选。

1908 年 3 月，蒋介石进入日本东京的振武学堂——这是清政府为留日学军事的学生设立的陆军预备学校。同年夏，经陈其美介绍，蒋介石加入反清革命团体同盟会。

1910 年 11 月下旬，蒋介石以士官候补生的身份到日本陆军第 13 师团野炮兵第 19 联队学习，丰富了军队的生活、管理、训练知识。

1911 年武昌起义爆发前，蒋介石秘密回国参加起义，在杭州组织先锋敢死团，并于 11 月 4 日发动起义。11 月 7 日杭州宣告"光复"，蒋介石升为沪军第 5 团团长，维持上海治安，成为立有战功的军事强人。"二次革命"失败后，蒋介石积极参与了反袁斗争，多次亡命日本。

1917 年 7 月，孙中山为了发动护法北伐，南下广州，成立"中华民国军政

19 岁的蒋介石俨然是一副公子哥形象

蒋介石（左）与孙中山（右）在广东

府"，并于9月1日出任大元帅。蒋介石出谋划策，予以支持，先后呈递《对北军作战计划》《今后南北两军行动之判断》。这两份军事计划受到了孙中山的重视。1918年3月15日，孙中山任命蒋介石出任粤军总部作战科主任。

回顾蒋介石的政坛发迹史，不能不涉及江浙财团。

江浙财团以"南三行"（即浙江兴业银行、上海商业储蓄银行和浙江实业银行）为核心，控制了江浙一带的工商业，其主要人物有张静江、虞洽卿等。张是浙江吴兴南浔镇的巨富，虞是浙江镇海龙山出生的买办。关于蒋介石与张、虞二人的交往以及他在上海证券物品交易所的活动，过去发表的回忆录和野史中多有涉及，但往往粗疏谬误，不足为信。据《孙文等上北京政府农商部呈文》（原件藏中国第二历史档案馆），创办上海交易所原是孙中山、虞洽卿、张静江、戴季陶等8人的倡议，表面陈述的理由是为大宗物产交易提供适中的价格标准，避免各业商人任意买卖，造成市场混乱，同时也防止外国经纪人自由操纵市场，"病商病国"，实际上是想以盈利所得资助革命活动。所申报的业务范围除证券交易之外，还有花纱、金银、中外布疋、油类、粮食。该交易所于1917年2月22日正式向北京政府农工商部提出申请。

1918年，蒋介石奉孙中山之命与戴季陶、张静江等参与筹办，先后成立过友爱公司（资本由蒋介石垫付）、茂新公司（由陈果夫、朱守梅出资）、恒泰号（与张静江等17人合资），但经营大多亏本。1919年6月27日，农工商部准予吸收日资合办。1920年2月1日，交易所正式成立，公推虞洽卿为临时主席，蒋介石的同乡友人周骏彦为监察人，张静江为候补理事。上海证券物品交易所开始营业后，半年内盈利50余万，鼎盛一时。1921年5月31日，张静江等人又合资创办利源号经纪人营业所，在30股中蒋介石占3股。蒋介石的个人证券活动大多以大亏本告终，因而使他认识到奸商心计险恶，同人利己忘义，民族资本困难重重。但在北伐和"四一二

政变"中，蒋介石得到了江浙财团的资助；也可以说，蒋介石后来被江浙
财团推向了政治中心。

第一次国共合作期间，他出任黄埔军校校长，立下了第二次东征大捷
这样威名远扬的战功；1926 年 7 月，又出任北伐军总司令。但他基于顽固
的反共立场，不但制造了"中山舰事件"和"整理党务案"这样的阴谋事
件，而且发动了"四一二政变"，大批屠杀共产党人和革命民众。他在南
京执政的十年，实行"攘外必先安内"的政策，消极抗日，积极反共。直
到 1937 年卢沟桥事件之后，他才被迫置身于抗战阵营，成为反法西斯阵
营中国战区的最高军事负责人。抗日战争胜利后，国共第二次合作破裂，
他终于在自己发动的内战中被强大的中国人民解放军逐出中国大陆，1975
年病逝于台湾。

蒋介石 21 岁加入同盟会，但直到 27 岁才被孙中山单独召见，40 岁在
广州举行的国民党二大上才以高票当选为中央执行委员。当时在广州第一
公园大门口曾出现一副对联，上联是"精卫填海"（指汪精卫），下联是"介
石补天"（指蒋介石）。但后来这两位曾经辉煌过的历史人物都有负于国
人的厚望，逐步走向了自己的反面。

国民党执政前的胡适

胡适，1891 年 12 月 28 日出生于上海大东门外，其祖居在安徽绩溪上
庄。胡适出生的 50 年前，先辈以卖茶为生，维持一家四房老幼二十余人
的生计。父亲胡传（1841—1895 年），字铁花，号钝夫，同治四年（1865
年）进学为秀才，后入龙门书院师从扬州经师刘熙载先生，受程朱理学影
响很深。这也影响到少年胡适。光绪八年（1882 年），胡传任钦差大臣吴
大澂的幕僚，参与机要；后由吴保荐，在河南一带治理黄河。胡适出生时，
其父在上海担任"松沪厘卡总巡"；1892 年调赴台湾，任知州和统领四年；
1895 年 8 月离台，8 月 22 日病故于厦门，终年 55 岁。著有诗文集四卷，《钝
夫年谱》四卷，日记若干卷，禀启存稿若干卷。

母亲冯顺弟（1873—1918 年），农家女，16 岁给胡传做填房。23 岁

位于安徽绩溪的胡适故居

守寡——当时胡适才 3 岁零 8 个月。为了将胡适抚养成人，她经历了贫困、羞辱、亲友的疾病死亡等种种磨难，凭着对胡适的希望挣扎着又活了 23 年。她 46 年的生涯中，跟儿子生活了 12 年 6 个月，跟丈夫只生活了 6 年 4 个月。她一生最大的失误，是为胡适包办了一门并不般配的婚姻，使在新旧道德之间挣扎的胡适有苦难言。

胡适幼时在家塾读书。1905 年 15 岁时到上海，进中、小学合一的澄衷学堂；第二年 9 月考入为留日学生创办的中国公学。1910 年 7 月被录取为清华"庚款留学官费生"，将姓名胡洪骍改为胡适。同年 9 月抵达美国绮色佳，入康奈尔大学农学系。后出于兴趣，1912 年放弃农科改习文科。在校期间，胡适通过讲演增强了对政治的关注，并提出了"诗国革命何自始？要须作诗如作文"（《和任叔永再赠诗》）的见解。1915 年 9 月下旬抵纽约，转入哥伦比亚大学学习杜威哲学，并与友人酝酿发动文学革命："文章革命何疑？且准备搴旗作健儿。要前空千古，下开百世，收他臭腐，还我神奇。"（《沁园春·誓诗》）

1917 年 1 月，胡适在《新青年》第二卷第五号发表《文学改良刍议》，主张"白话文学，将来为中国文学之正宗"，因而点燃了"五四"文学革命的火种，从此暴得大名。同年 4 月完成博士论文《中国古代哲学方法之进化史》；6 月，《尝试集》出版，为中国旧体诗词向白话诗转变搭建了桥梁。

1910 年考取官费留美的学生出国前留影（立者第二排左一为胡适）

同年 7 月归国，先抵达上海，回来探亲完婚后于 9 月到北京，应蔡元培之邀出任北京大学教授，讲授中国哲学、中国哲学史、英国文学、亚洲文学名著等课程，先后担任过北大编译会评议员，英文学研究所主任，评议部评议员、书记，研究所国学门委员会委员，教务长及英文系主任，组织委员会委员等职。在北京期间，胡适曾反对将废帝溥仪驱逐出故宫，并参加段祺瑞政府为对抗孙中山召开的国民会议而举行的善后会议，因而遭到社会舆论的批评。

1926 年 2 月至 5 月，胡适作为中英庚款顾问委员会访问团的成员，先从上海到南京、杭州、北京、天津等地考察，接着又出访了苏联、英国、法国、美国、日本。归国途中"四一二政变"爆发，胡适对蒋介石发动"清党"表示同情。同年 4 月 30 日，胡适出任上海中国公学校长兼文理学院院长，并跟友人徐志摩等创办了《新月》月刊。胡适后来批评国民党政权的文章，主要是在该刊发表的。

胡适与蒋介石政治态度的分歧，在陈炯明反叛孙中山的事件中已见端倪。

　　1922 年 6 月 16 日，原任广东省长、粤军总司令的陈炯明派兵包围位于广州观音山的孙中山总统府。孙中山混在卫队中间，逃到了珠江水面的永丰号军舰。当月 29 日，蒋介石从上海秘密回到广州，登上永丰舰，跟几乎陷入绝境的孙中山共死生，从而赢得了孙中山的信任，成为了他政治生涯中的重要转折点。而胡适却在 6 月 25 日出版的《努力周报》第八号发表时评，袒陈抑孙，认为孙、陈的冲突仅仅是政见的不同，两人的主张都是可以成立的。他甚至认为陈炯明的行为"本是一种革命"，而"不是叛逆"。

　　胡适的评论，不仅引起国民党人的反感，孙中山本人也大为震怒，以致两年之后仍将广州《民国日报》援引胡适言论的记者革除。

　　北伐战争期间，胡适开始对国民党寄予期望。他虽然历来反对武力革命和一党专政，但认为国民党总比北洋军阀有现代知识，只要他们真能实行三民主义，便可有利于国，所以愿意助其完成统一使命，在中国结束军阀长期割据的局面。

　　1927 年 4 月，蒋介石发动"清党"，大批屠杀共产党人和革命群众，并奠都南京。胡适此时正在从美国归国的旅途中。他在日本东京对美国哈佛大学教授赫贞（Manly O.Hudson）发表谈话，声明"蒋介石将军清党反共的举动能得着一班元老的支持……是站得住脚的"。胡适的这种表现连周作人都十分反感。周作人在《语丝》周刊第 140 期发表《人力车与斩决》一文，批评作为"当时明哲"的胡适认为中国以人力车为交通工具不文明、不人道，但对"清党"过程中发生的大屠杀却视若无睹，充耳不闻。

"无法无天的政治"

　　胡适归国之后，担任上海私立光华大学教授，翌年出任中国公学校长兼文理学院院长。他一方面建议国民党当局采用"釜底抽薪"的办法遏制中国共产党领导的武装斗争，同时建议国民政府自身也多少进行一点点改革。然而在实际上总揽了党政军大权的蒋介石却把"训政"变成了专制，把"以党领政"变成了个人独裁，在"一个党，一个主义，一个领袖"的口号下建立了以他个人为核心的政治架构。请看胡适保存的一份剪报：

明日的蒋介石

"江山都是打出来的！"想在中国做皇帝的人，大概每一个人都有这种妄念！可是今日的中国，已经不是一百年前的中国，今天中国的国民，已经不是三十年四十年以前的中国国民。在过去十几年中，想要以武力统一中国的人，已经一个一个翻了筋斗，现在大概又要轮到这位蒋大主席的头上来了！

本来国民党当北伐完成的时候，如果能照着孙逸仙的遗嘱，即刻召集国民大会，以庶政公诸国民，实在是有确实统一中国的可能的。但不幸在这个时候，忽然厉行一党专政，所谓遗嘱者，只在会场上念念，并不实行，而实际上又只能将全国政权寄于少数的武装同志之手！武装同志既照例是一些好乱成性，贪得无厌的东西，以政权分寄于这一班人，当然只能造成一种攻伐兼并的形势。

1929 年，是完成北伐、全国"统一"之后的第一年：当年 1 月 10 日，国民党中常会第 190 次会议修正通过了《宣传品审查条例》，将宣传共产主义及有违国民党主义、政纲、政策、决议的文字通通定位为"反动宣传品"和"谬误宣传品"，予以查禁；另一方面在排斥地方势力（如桂系，冯玉祥西北军）的同时又在国统区制造白色恐怖。如当年 8 月 5 日发布《整顿学生令》，以致引起民愤。当年 2 月 13 日江苏省宿迁县小刀会和部分僧人暴动，就打出了"党逼民反"的大旗，捣毁了国民党县党部。

蒋介石统治下出现的政治弊端引起处于权力边缘的胡适的不满，其中给他刺激最深的是上海特别市党代表陈德征向 1929 年国民党三中全会的一份提案。

陈德征（1893—？），浙江浦江人，杭州之江大学毕业，上海法科大学教授。1929 年任上海市政府教育局局长，兼上海《民国时报》总编辑，国民通信社社长，国民党上海市党部常务委员会委员兼宣传部部长。他向国民党三中全会的提案是：

严厉处置反革命分子

上海特别市代表陈德征向三全会提严厉处置反革命分子案，原文如下：

理由：反革命分子包含共产党、国家主义者、第三党及一切违反三民主义之分子。此等分子之危害党国，已成为社会一致公认之事实。吾人应认定对反革命分子应不犹疑地予以严厉处置。查过去处置反革命分子之办法，辄以移解法院为惟一之归宿，而普通法院因碍于法例之拘束，常忽于反革命分子之实际行动，而以事后证据不足为辞，宽纵著名之反革命分子。因此等之结果，不独使反革命分子得以逍遥法外，且使革命者有被反革命分子之攻击危害之危险。均应确定严厉处置反革命分子之办法，俾革命势力得以保障，党国前途实利赖之。

办法：凡经省及特别市党部书面证明为反革命分子者，法院或其他法定之受理机关应以反革命罪处分之。如不服，得上诉。惟上级法院或其他上级法定之受理机关，如得中央党部之书面证明，即当驳斥之。（提议者陈德征）

1929年3月26日，胡适在忍无可忍的情况下给南京国民政府司法院院长写了一封信，并将此信抄送国闻社，要求转送各报发表：

亮畴先生：

今日国中怪象百出，说不胜说。最可怪者，此次三全大会有上海特别市代表陈德征提的严厉处置反革命分子案，先生曾见过吗？此案大意是说法院往往过于拘泥证据，使反革命分子容易漏网，故他的办法是：

凡经省及特别市党部书面证明为反革命分子者，法院或其他法定之受理机关应以反革命罪处分之。如不服，得上诉。惟上级法院或其他上级法定之受理机关，如得中央党部之书面证明，即当驳斥之。

这就是说，法院可以不须审问，只凭党部的一纸证明，便须定罪处刑。

先生是研究法律的专门学者，对于此种提议，不知作何感想？在世界法制史上，不知哪一世纪哪一个文明民族曾经有这样一种办法，笔之于书，立为制度的吗？我的浅识寡闻，今日读各报的专电，真有闻所未闻之感。中国国民党有这样党员，创此新制，大足夸耀全世界了。

其实陈君之议尚嫌不彻底。审判既不须经过法庭，处刑又何必劳动法庭？不如拘捕审问，定罪处刑与执行皆归党部，如今日反日会之所为，完全无须法律，无须政府，岂不更直截了当吗？

我今天实在忍不住了，写这封信给先生，也许此信到时，此案早已通过三全大会了。司法院也大可以早点预备关门了。我还说什么呢？

胡适　十八，三，二六

然而，事隔三天，要求国闻通信社转发的这封信各报均未刊出，原因是已被检查者扣押，于是，胡适的信件抄稿兜了一个圈子又回到了胡适手中。

估计是国民党的书报检察官将胡适信件的内容通报了陈德征，结果胡适信未能刊出，陈德征却在《国民日报·星期评论》向胡适掷出了一束"匕首"（按："匕首"是陈德征在该报开辟的一个专栏），其中有三则写道：

十一　浅识

小子浅识，生平只知有三民主义，只知有总理及其遗教，只知有党。小子比不得博士先生，懂得好人政府，懂得好人政府底约法。小子终于以为党是制法的机关，党不是诬陷好人为坏蛋的集团。小子认以党治国之时，只有总理底遗教，是国家底根本法；违反总理遗教者，即为反革命，即为反法；反革命和反法，均当治罪。有人疑我为梁山泊里的朋友吗？我却要说他是沉湎于洋八股之中的外国宋儒！（德征）

九十一　胡说

不懂得党，不要瞎充内行，讲党纪；不懂得主义，不要自以为是，对于主义，瞎费平章；不懂得法律，更不要冒充学者，来称道法治。在以中国国民党治中国的今日，老实说，一切国家底最高根本法，都是根据于总理主要的遗教。违反总理遗教，便是违反法律，违反法律，便要处以国法。这是一定的道理，不容胡说博士来胡说的。

九十二　乱道

抹杀了总理底主义来讲国民党代表的是什么，抹杀了国民党光荣的历史来讲什么改组国民党，忘记了十二年来总理对于国民党底苦心经营，来宣传什么十三年改组的精神，忘记了中华民族的需要来谈中国革命：这些都是乱道。乱道的，是革命的罪人，是主义的蟊贼；真是人人得而诛之的！

胡适读完这些杂文之后的批语是："可怜的陈德征！"同时他更感到当时的政治是"无法无天的政治"。1929 年 4 月 26 日，他在跟继任中国公学校长之职的马君武谈话时明确提出："此时应有一个大运动起来，明白否认一党专政，取消现有的党的组织，以宪法为号召，恢复民国初年的局面。"（胡适当天日记）

万难缄默的胡适

在强大的舆论压力之下，以蒋介石为主席的国民政府为了给新政权披上一层薄如蝉翼的民主外衣，于 1929 年 4 月 20 日颁布一道保障人权令，全文是：

世界各国人权，均受法律之保障。当此训政开始，法治基础亟宜确立。凡在中华民国法权管辖之内，无论个人或团体均不得以非法行为侵害他人身体自由及财产，违者即依法严行惩办不贷。着行政司法各院饬一体遵照。此令。

胡适读完后，在当天日记中写下了自己的感想：

这道命令奇怪之至！

（一）"身体自由"怎讲？是"身体"与"自由"呢？还是"身体之自由"呢？

（二）此令但禁止"个人或团体"非法侵害人权，并不曾说政府或党部也应尊重人权。

5 月 6 日，越来越难于缄默的胡适草成了一篇《人权与约法》，发表于《新月》杂志第二卷第二期。文章指出所谓保障人权令对于"身体""自由""财产"这三项人权的内涵都没有明确的界定，也没有明确保障的措施。命令虽然禁止"个人和团体"侵犯人权，但对当时侵犯人权最甚的政府机构却未加任何限制。命令中虽有"违者即严行惩办不贷"的字样，但依据的是

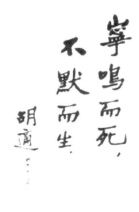

胡适题字"宁鸣而死，不默而生。"

什么法却不得而知。文章特别以陈德征的提案为例，揭露"保障人权令"的虚伪性。该提案提出，只需"省党部及特别市党委"出一份书面证明，法院就可以给任何人扣上反革命的罪名加以处分，定罪处刑。如果照此办理，哪还有何人权保障可言？

文章列举了当时人权屡遭践踏的几个例子：

一、他给国闻通信社的"亲自负责署名"的信件被检查新闻的人扣发。

二、安徽大学校长刘文典因称蒋介石为"先生"而不称"主席"即遭拘禁，未履行任何法律手段。

三、《保障人权令》颁布刚过一周，河北唐山"两益成商号"经理杨润普即被当地驻军拘捕，刑讯逼供，每讯必打：用木杠压腿，用竹板抽身，木棍打断后即用铁棍替代。

文章最后呼吁："制定一个中华民国的宪法。至少，至少，也应该制定所谓训政时期的约法，以约法奠定法治的基础，以约法规定政府权限，以约法保障公民的人权。"

此后，胡适又写出了《我们什么时候才可以有宪法？》《新文化运动与国民党》《知难，行亦不易》等文，跟罗隆基、梁实秋的有关论文汇集为《人权论集》一书，于1930年1月由新月书店出版。

《人权与约法》一文刊出后，引起了强烈的社会反响。国民党当局拟在书面上部分采纳胡适的意见。如同年 6 月 11 日至 18 日，国民党召开三届二中全会，全会决议案的第二项即写道：

> 人民之生命财产与身体之自由，皆受法律之保障，非经合法程序，不得剥夺。其未经合法程序而剥夺之者，司法院及其所属有提出质询之责。其非法剥夺者以越权论，司法院及其所属不提出质询者以废职论。

胡适对此十分敏感，他在 6 月 19 日的日记中说：

> 此中第二项与我的《人权约法》一文有关。王亮畴临走之前一天对我说："只要避免'约法'二字，其余都可以办到。"大约即是指这种办法。

同年 7 月 2 日，宋子文约见胡适，希望他对政治改革问题提一些意见。胡适提出的主要建议是：一、召集约法会议，制定约法。二、约法修正之前，可修正国民政府组织法，实行行政、司法、立法、考试、监察五权分立。三、充分实行专家政治。四、党的问题，宜有冷静的考虑。他强调他的主张只是为了补偏救弊。补得一分是一分，救得一弊是一利。

但另一方面，国民党当局又策动各级基层党部对胡适施加强大的政治压力，发动强大的舆论攻势。首先发难的是国民党上海市执行委员会。会议主席是担任过淞沪警备司令部侦缉队队长兼军法处处长的范争波。决议是"请转呈中央咨国府令教育部将中国公学校长胡适撤职惩处"，罪名是"公然侮辱本党总理，并诋毁本党主义，背叛政府，煽惑民众"。响应的有北平、天津、江苏、青岛等地的国民党基层组织。1929 年 10 月 4 日，国民政府教育部终于颁发了第 1282 号训令，对胡适"加以警告"。1930 年 1 月 20 日，陈德征又主持上海特别市党部宣传部的宣传会议，决议查封新月书店，转呈中央撤销胡适中国公学校长之职，褫夺公民权，并严行通缉。

与查处相配合，以南京《中央日报》、上海《民国日报》为代表的国民党报刊对胡适进行了大规模文字围剿，攻击胡适的文章动机恶劣，态度妄诞，趋附欧美政治潮流，颠覆中心，破坏统一。1929 年 9 月 12 日，《民国日报》刊登了《有宪法才能训政吗？》一文，强调"中国国民党的专政，本身毫无掩饰的，我们的口号'以党治国，以党建国，以党专政'毫无疑义的宣布出来。因为中国国民党负了领导中国国民革命的责任，当然要尽这个责任而完成其使命，在训政时期，就是以党治国，以党专政的时期，在革命的立场上，在革命的理论上，丝毫用不着客气的；除非国民党放弃了革命的责任，才能放弃以党治国以党专政的主张"。

胡适日记中对此文评语是："这样不通的文章，也要登在党报上丢丑！"

不过，批判胡适人权观的并不限于国民党右派，主张通过武装革命夺取政权的革命派对此也持有异议。胡适亲自剪下了一篇批评他的文章（原件缺篇名出处），该文用"某先生"暗指胡适，说他的主张是"向党国诸公要求御赐一种'钦定的约法'"：

爱自由的朋友们，信仰全民政治、真心拥护共和政体朋友们，不要再痴心妄想向充满帝制思想的党狗党虫们要求什么御赐的"民权与约法"了！民权与约法是"争"来的，不是"求"出来的，是用铁和血换来的，不是用请愿的方式能取得的，何况事实上连请愿都不可能呢？我们倘若真的想要民权与约法，现在只有一条路，就是大踏步走过来，加入全体革命的组织，以铁和血的力量，去打倒一党专制的国民党，打倒袁世凯第二的蒋中正，本全民政治的精神，来创造民主共和。

来自中国共产党的批评文章主要出自瞿秋白的手笔。在现存胡适档案中，有一封瞿秋白1923年7月30日致胡适的书信。当年6月中旬，瞿秋白到杭州烟霞洞拜访过胡适，回上海后特写此信，感谢胡适帮他跟商务印书馆联系，答应发表他的文稿，编小百科丛书，并出版他的译著。瞿秋白当时还在上海大学任教。他希望能把这所大学办成南方新文化运动的中心，希望常常得到胡适的指教。1931年11月10日，一度成为中国共产党领袖人物的瞿秋白在《布尔什维克》杂志第四卷第九期发表了一篇《中国人权派的真面目》，认为"中国的人权派表面上反对摧残人权，要求保障自由，实际上却并不是反对什么国民党，并不是反对什么压迫和剥削，而是反对共产党，反对国民党压迫剥削的不得法"。"中国人权派的立场，根本上是和国民党完全相同的。他们之所以反对国民党和政府，原来是只因为'国民党采用共产党的制度'。他们说：'如今国民党的组织，他的党治的策略，他的由党而产生出来的政府，那一项，不是师法共产党，抄袭共产党，整个的模仿共产党？'所以如果国民党放弃这些'师法'共产党的地方，人权派一定不反对他，而且要竭力拥护他。"文章指出中国人权派的理想，"充其量不过是资本主义的'民治'——国会制度，戴上一层民选的假面具的资产阶级独裁，更聪明更敏捷的剥削劳动者的政治制度。"1933年3月6日，《申报·自由谈》发表了一篇《王道诗话》，这篇文章的直接矛头虽然是指向罗隆基在《新月》第三卷第十期发表的《论中国共产——为共产问题忠告国民党》一文，实际上也是针对人权派的基本立场和基本理论。署名"干"，这是鲁迅的笔名，后收入鲁迅杂文集《伪自由书》，但执笔者是瞿秋白。这篇文章更把"人权派"的代表人物胡适定位为"帮忙文人"，认为他的"人权"理论实际上是在维护"政府权"——亦即蒋介石的"王权"。

当然，胡适的人权论得到了来自自由主义营垒的高度赞扬。1929年6月10日，蔡元培致函胡适，认为他的《人权与约法》一文振聋发聩。9月10日，南通大学校长张孝若写诗赞扬胡适，题为《读胡适之先生论政近文，因赠》："许久不相见，/异常想念你。/我昨读你文，/浩然气满纸。/义正词自严，/鞭辟真入里。/中山即再生，/定说你有理。/他们哪懂得？/反放无的矢。/一党说你非，/万人说你是。/忠言不入耳，/劝你就此止。"

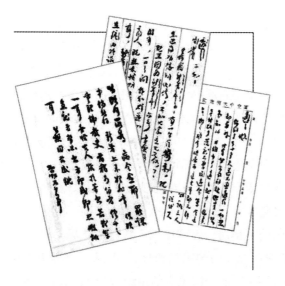

梁启超致胡适信札（左）、
陈独秀致胡适（中）、徐志摩致胡适信札（右）

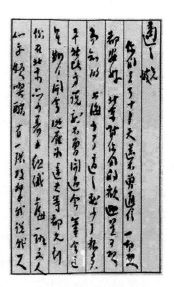

友人致胡适信札

出版界元老詹元济 1930 年 5 月 3 日致函胡适，认为胡适的文章"有功世道"，"真人人之所欲言而不能言者"。原北京大学学生胡梦秋致胡适函中，甚至将胡适的《人权与约法》视为和法国卢梭的《民约论》同样伟大的著作。

胡适的这篇文章，还得到了海外舆论的支持。1929 年 8 月 31 日，《纽约时报》发表了一篇文章——《钳制中国敢说真话的人》。文章说：

在知识界，在他的政治团体当中，胡适是一位核心人物，已经成为现代中国最英明的、最有建设性的领袖之一。这就是他为什么受到国民党的公开指责并要求予以严惩的原因。

文章还特别肯定了胡适的以下两点：一、当中国排外主义盛行的时候，胡适能指出西方不仅有物质文明，而且有比东方更甚的精神文明。二、他不把中国所有的灾难都归罪于外国人。文章预言：当迫害胡适的人名字被忘掉之后，胡适对现代中国所作的贡献将永远不会被忘记。

和改组派在人权问题上的合作

蒋介石把孙中山的"训政"变成一党专政，又把一党专政变成了个人独裁，不仅引起了胡适这一类自由主义知识分子的不满，而且激化了他跟国民党内的其他派系（如以汪精卫为首的改组派）以及地方实力派（如晋系阎锡山、西北军冯玉祥、桂系李宗仁）的矛盾。尤其是作为国民党元老的汪精卫，更希望利用他在党内的影响来遏制拥兵自重的蒋介石。因此，人权与约法问题就成为了胡适和改组派反蒋的共同武器。

改组派的正式名称是"中国国民党改组同志会"，1928 年冬正式成立，以《革命评论》《前进》杂志为舆论阵地，要求改组国民党，反对独裁。领袖是汪精卫，主要代表人物是陈公博、顾孟余、王法勤、潘云超、王乐平、朱霁青等。他们宣扬国民党的唯一出路是"党的改组"，改组的目的是恢复国民党 1924 年的改组精神。该派成员复杂，既倒蒋又反共。由于改组派手中无军队，组织不健全，1931 年 1 月在香港宣布解散。

1930年7月，汪精卫联合晋系、冯系单方面召开了国民党中央党部扩大会议。7月22日，《国民时报》刊登了这次扩大会议的政治宣言，谴责蒋介石"托名训政，以行专制；人民公私权利，剥夺无余，甚至生命财产自由，一无保障；以致党既不党，国亦不国"。在这份宣言上列名的除汪精卫之外，还有阎锡山、谢持、冯玉祥、柏文蔚、陈嘉祐、邹鲁、覃振、李宗仁、黄绍竑、许崇智、赵丕廉、熊克武、顾孟余、鹿钟麟、商震、郭春涛等，共30人。

1930年8月，北平反蒋派扩大会议决定在北平另组国民政府，以阎锡山为主席。9月17日，北平国民政府立法院立法委员兼约法起草委员会秘书长郭泰祺等来电，邀胡适任约法起草委员。但由于18日张学良通电出兵附蒋，北平政局大变，胡适未予回复。10月上旬，任鸿隽催胡适速来北平，主持编译委员会工作。胡适北上期间，跟郭泰祺、罗文干等就起草约法草案一事进行了讨论。10月11日下午，胡适跟罗文干谈约法问题（罗与胡均为北平约法起草委员），他们的主张大体相近。胡适当天日记归纳了以下各点：

（1）约法为宪法之预备，决不是训政的约法，只是一种有限制的宪政时代的根本大法。

（2）约法第一部分应规定人权，根本原则为"有法律，有制裁；无法律，无制裁"。

（3）第二部分为中央与地方的关系，应规定联邦式的统一国家。（我们同意。）

（4）第三部分为政府组织。我主张有一个议会，原则有四：①一院；②人数少；③各省以人口比例选举（最少者每省一人，多者不过五人）；④限制的选举权。

钧任（按：指罗文干）主张"元首制"：议会举元首（一人或数人均可）；元首任内阁；内阁对元首负责，不对议会负责。我初意主张内阁制，后来我也赞成此意，以图政府安定。

当晚，郭泰祺拿出一份汪精卫的文稿跟胡适和罗文干商议。据胡适当天日记：

原来有三条办法，皆对东北（指张学良为首的奉系）提出者：①若东北以"党的立场"讨蒋，则他们（改组派）以党的地位参加，党务政治军事由东北主持。②若东北以非党的立场讨蒋，则他们以个人地位赞助。③若不讨蒋而主张和平会议，而他们能以对等地位参加，则他们也赞助。

我劝他们，精卫此时应站的高一点，不可令人轻视；若如第一条所议，则他很失身份。"党务军事政治由东北主持"，是去一蒋又来一蒋，有何补于国家？不如说约法宪法与国民会议等，既已由南京承认，是他们的主张已胜利，此时惟望党人监视代表大会，使他成功；国人监视国民议会，使他成功。如此下台，岂不冠冕多了？

晚上郭泰祺又邀胡适一同去看汪精卫夫人陈璧君。陈璧君说，无论如何，汪精卫必不可能放弃"党的立场"。胡适说："老实说，国民党到今日，还有救吗？是否能靠北平会馆住着等候差使，月领四五块的生活费的二千多人，来中兴国民党吗？汪精卫还是愿得这二千多人的同情呢？还是愿站在'国的立场'来博多数人的同情呢？"

10月12日，阎锡山、汪精卫、冯玉祥致张学良等的通电见报。胡适认为这份通电采纳了他11日晚上发表的一些政见，他跟阎、汪、冯的主张更为相近。通电指出：

自去春以来，内战复起，国家陷于分崩离析，人民罹于涂炭，究其原因，实由蒋介石以个人私意，摇动党国根本所激成。挽救之道，惟在放弃独裁，培植民治。国民会议为总理遗嘱所定，于最短期间促其实现者，不可不开；约法为训政时期保障人民权利，划定中央与地方政治制度之根本大法，不可不制定颁布；全国代表大会为党治时代一切权力之源泉，不可不依法产生，欲求以整个的党，造成统一的国，非此莫由。

报纸同时刊登了汪精卫的谈话：无论军事变化若何，吾人党务政治之主张，必得绝对胜利，即个人独裁必须打破，民主政治必须实现，国民会议必须开，约法必须制定颁布是也。

以胡适为首的"人权"派与以汪精卫为首的改组派在人权问题上有同有异。相同之处，就是他们既反对南京政府的独裁政治，也反对中国共产党领导的武装斗争。为了区别于蒋介石的军事独裁，以达到利用自己掌握的那一部分党权遏制蒋介石总揽的军权，汪精卫提出了"以党治军"的口号，同时口口声声不离民主，主张人民有集会结社出版言论的自由，但他们同时又规定这种自由必须以不违反"党治之主义及根本政策"为前提。在汪精卫眼中，以胡适为首的"人权派"是"代表十八世纪的自由主义"。而"人权派"则指出他们跟改组派的不同，是在对"民治""自由"这些名词的解释上。人权派认为，改组派的"民治"并不是主权在民的政治，而是"民主集权"的党治；改组派主张的自由不是"讨论主义和政策"的自由，不是"什么都可言，什么都可论"的自由，而是不违反党纲及政策的自由。①

值得注意的是，胡适一方面在北平跟改组派政治人物亲密接触，同时仍跟以蒋介石为首的国民党主流派保持联系。10月12日，他写了一封长信，托第二天赴南京的董显光带交宋子文，内说三事：

（1）解放言论：取消报纸检查，凡负责之记事与言论皆不得禁止。

（2）检查审计机关皆宜容纳反对党。

（3）对东北西北，宜有根本方针，宜认清"统一"之性质。统一应是协商的，而非征服的；应是侧重地方分治的，而非骤然中央集权的。总之，应明白认定"联邦式的统一国家"的原则。其涵义为：①凡政权统一之区域，皆认为自治区域。②中央列举其权限，此外皆由自治区自主。③凡属于中央权限内之事项，皆归还中央。④各自治区域合组联邦统一国家。

可见，在国民党的主流派与非主流派之间，胡适是脚踏两只船。

胡适为罗隆基申辩

在以胡适为首的人权派中，罗隆基（1896—1965）是一员骁将。他毕业于清华大学，后留学美英两国，获哥伦比亚大学哲学博士学位。1928年

---

① 参阅《汪精卫先生最近言论集》，南华日报社1929年版。

罗隆基

归国，在上海光华大学和中国公学任教授，主讲政治学和近代史课程。不久又担任《新月》杂志主编，撰写了《专家政治》《告压迫言论自由者》《论人权》等政论，跟胡适一样，也被国民党当局扣上了"言论反动""共党嫌疑"等罪名。

1929 年 11 月 4 日下午 1 时，罗隆基正在吴淞中国公学兼职，突然有三个便衣男子闯进了教员休息室，要将他带走，理由是吴淞第七区公安局的局长有点教务上的事情要向他请教。罗隆基反问："学校里的事，有学校当局负责，何必请我呢？"这时，有学生涌进来包围那几个便衣，要他们出示公文。便衣没有公文，只带了印有"上海公安局督察员"的名片。接着，便衣就把罗隆基拥进一辆汽车，带到吴淞七区公安局，搜查了他的衣物，从内衣到外套，从帽子到袜子；并派人到学校检查了他的书包。下午 5 时许，又把他押送到上海市公安局。原来国民党第七区党部向警备司令部控告他"言论反动，侮辱总理（按：指孙中山）"，是"国家主义的领袖"，有"共产的嫌疑"。

下午 6 时 15 分，经人保释，罗隆基在经 6 小时拘捕后获释。同月，罗隆基写了一篇《我的被捕的经过与反感》，刊登于 1930 年 5 月出版的《新月》杂志第三卷第三号。他援引 1927 年 8 月 1 日国民政府第 205 号训令和 1929 年 2 月 4 日颁发的《禁止军事机关受理诉讼干涉司法》的训令，指出这是"无故侵犯人民身体自由"的罪行，呼吁改变"党权高于国，党员高于法"的局面，要求保障人权，实行法治。文章结尾引用了老子的名言："民不畏死，奈何以死惧之！"

1931 年 1 月 11 日，国民政府教育部命令光华大学免去罗的教授之职。当时兼任教育部长的正是蒋介石本人。校长张寿镛先将此令的抄件给罗隆基看，劝他不再上课，校方仍给他 240 元月俸。13 日，令文见报，主要内容是："罗隆基言论谬妄，迭次公然诋本党，似未便听任其继续任职，仰该校立即撤换。此后该校长并应督饬在校员生，励习党义，齐一思想，以养成纯良学风。对于全校学生，尤须严加告诫，勿得再有越轨行动。"胡适认为罗隆基发表的是个人负责的言论，不应由学校辞退，更不应该由教育部下令辞退。如果开了政府直接罢免大学教授的先例，非但不足以整饬学风，而且将引起无穷学潮。于是，胡适委托经济学家金井羊先生赴南京找教育部次长陈布雷，要求当局撤回命令，息事宁人，必要时他愿意亲赴南京为罗求情。陈布雷很快答复，说罗隆基曾因文字被捕，经保释后继续发表同类文字，已大动党内公愤，"撤回命令殊属难能"；并说他日内无闲，请胡适勿来南京。

1931年1月15日，胡适复陈布雷信，指出国民党党部与政府如果认为罗隆基言论失当，"可以用书面驳辩，或令作者更正。如有干犯法律之言论，亦宜有法律的手续，向法院控诉。凡法律以外的干涉，似皆足以开恶例而贻讥世界。罗君所作文字，一一可以复按，其中皆无有'恶意的'诋毁，只有善意的忠告而已。此类负责的言论，无论在任何文明国家之中，皆宜任其自由发表，不可以加以压迫。若政府不许人民用真姓名负责发表言论，则人民必走向匿名攻讦或阴谋叛乱之路上去。《新月》同人志在提倡这种个人签名负责的言论自由，故二年以来，虽不蒙党国当局所谅解，我们终不欲放弃此志。国中若无'以负责任的人说负责任的话'的风气，则政府自弃其净友，自居于专制暴行，只可以逼人民出于匿名的、恶意的、阴谋的攻击而已"。胡适希望陈布雷将此信转呈蒋介石一阅。

在给陈布雷写信的同时，胡适还专门找光华大学校长张寿镛交涉。张校长开始打官腔，要胡适转告罗隆基勿再到光华上课："我已把命令抄给他看了，要来上课，我要禁止他。"胡适当即指出："先生这个办法是错的。你最好装作看不见，不知道他来上课。你若禁止他，用什么法子？叫警察？调兵？用学生？"张校长终于被胡适说服，同意装聋作哑，并表示要亲自去南京找蒋介石，递交一份呈文。

1931年1月17日，陈布雷复胡适，表示对胡适的看法"未能苟同"，对罗隆基的处理意见，教育部既已决定（也就是蒋介石已经拍板），当不能变更。但同意将胡适的来信转呈蒋介石，希望除开罗隆基的个案以外，能对一般性的问题（按：指舆论调控）能进一步榷商，争取能达成"初步的共同认识"。胡适于18日复陈布雷信表示："鄙意'一个初步的共同认识'必须建筑在'互相认识'之上。故托（金）井羊兄带上《新月》二卷全部及三卷已出之三期各两份，一份赠与先生，一份乞先生转赠介石先生。《新月》谈政治，起于二卷四号，甚望先生们能腾出一部分时间，稍稍浏览这几期的言论。该'没收禁毁'（中宣部密令中语），或该坐监枪毙，我们都愿意负责任。但不读我们的文字而但凭无知党员的报告，便滥用政府的威力来压迫我们，终不能叫我们心服的。"

1月19日下午5时15分，张寿镛校长访胡适，带来了一份给蒋介石的密呈。呈文写道："今自奉部电遵照公布后，教员群起恐慌，以为学术自由将从此打破，议论稍有不舍，必将蹈此覆辙，人人自危，此非国家福也。"呈文请求蒋介石宽容为怀，免予给罗隆基的处分。据耿云志著《胡适年谱》，这份呈文系"胡适代光华大学校长张寿镛草拟"。[①]但据胡适当天日记，呈文系张寿镛草就，胡适只改了两处，又邀罗隆基来最后定稿；约定蒋批准后即发表，发表后罗即主动辞职，不让光华大学为难。胡适还请金井羊再次赴南京重申以下两点："一、负责的言论绝对自由；二、友意的批评，政府须完全承认。"22日，张寿镛从南京回来后，向胡适转述面见蒋介石的情况。蒋问罗隆基"这人究竟怎么样"？张回答："一个书生，想做文章出点风头，而其心无他。"蒋问："可以引为同调吗？"张说："可以，可以！"胡适听后表示："这不是同调的问题，是政府能否容忍'异己'的问题。"

罗隆基事件的发生，证明蒋介石并没有容纳异己的度量。1931年3月17日中午，清华大学学生代表赴南京见蒋介石，请求派胡适为该校校长，蒋介石断然拒绝，说"胡适系反党，不能派"。结果任命吴南轩为清华校长。胡适剪下了报上的这一消息，并加了一个前言："今天报载蒋介石给了我一个头衔。"同年7月30日上午8时，北平新月书店被公安局内一区的警察搜查，拘去店员二人，并搜去《新月》杂志第二卷第八期几百册——上面有罗隆基的文章《我对党务上的"尽情批评"》。这篇文章先援引蒋介石1929年12月27日给全国各报馆的通电来堵国民党书报检查官的嘴，因为这份通电表示欢迎言论机关对国民党的党务、政治、军事、财政、外交、司法诸方面进行"尽情批评"，而后从四个方面对国民党的党务进行了并不尽情的批评。文章特别澄清了孙中山"以党治国"的思想，指出"以党治国"并不是要党员都做官，然后中国才可以治；是要本党的主义实行，

---

① 耿云志：《胡适年谱》，四川人民出版社1989年版，第189页。

全国人遵守本党的主张，中国然后才可以治。显然，罗隆基这篇文章击中了国民党当局的痛处，他们才会派军警查抄刊登此文的杂志。

胡适被蒋介石亲自扣上了"反党"帽子，中国人权派惨淡经营的新月书店被查抄，这就是胡适发动的人权运动的最终结局。

人权：既单纯而又复杂的问题

胡适是五四新文化运动的领袖人物，而蒋介石是北伐战争的领袖人物。在 1928 年 5、6 月之前，胡适跟刚刚执政的国民党保持了比较友善的关系：他跟国民党的一些上层人物，如廖仲恺、胡汉民、朱执信、戴季陶、吴稚晖等都有直接交往或书信来往，也撰文论述"孙中山先生理想中的国民革命和五四运动是走同一方向的"①。但很快，他就发现蒋介石新政权的许多举措跟新文化运动的方向背道而驰，比如维持古文骈文的寿命，思想言论没有自由，在"抵制文化侵略"的口号下排拒世界新文明……终于在1929 年 4 月围绕人权问题跟国民党当局发生了一场不见刀光剑影的交锋。胡适当时言论之严厉激烈，为他以后的文字中所罕见。

人权问题是一个极其单纯而又极其复杂的问题。说它单纯，因为人权直接源于人的基本特性和基本需求，是人人理应平等享有的基本权利。人权的概念是在反对中世纪神权、君权与等级特权的过程中提出的。早在1679 年和 1689 年，英国国会就先后通过了《人身保护法》和《权利法案》。1789 年法国大革命时期，根据卢梭"天赋人权"的思想通过了《人权宣言》。1948 年 12 月 10 日，联合国又通过了《世界人权宣言》。中华人民共和国政府认为"尊重和保障人权是人类社会文明与进步的重要标志。各国政府都有责任致力于改善自身的人权状况"②。1998 年 10 月 5 日，中国政府签署了《公民权利和政治权利国际公约》，进一步表明了中国和各国人民一道，切实保护人权、不断推动人权事业发展的坚强决心。

---

① 《纪念五四》，载《独立评论》第 150 号。
② 见国务院新闻办公室 2009 年 2 月 26 日公布的《2008 年美国的人权记录》。

荷兰哲学家斯宾诺莎指出："人们都有一种欲望，要追求对自己有利的东西。" 人权运动的复杂性，表现在操弄者与参与者在同一面"人权"的旗帜下，有着不尽相同的追求目标。比如，蒋介石保障的"人权"跟汪精卫保障的"人权"，就隐含着各自的政治图谋。以胡适为代表的中国人权派理论锋芒所向，是直指蒋介石奉行的中国式的法西斯主义。他们用"人权"为武器反对独裁，用"约法"为武器反对专制，在一定程度上顺应了当时全国人民争取民主自由的迫切要求，也在一定程度上顺应了中华民族伟大复兴的历史要求。中国人权派的基本成员有着留学西方的文化背景（人称"博士集团"），执着地希望在中国移植西方的政治模式。宣传西方的政治学说，就成为了他们参政议政、由边缘走向中心的武器和手段。不过，中国人权派要求保障的人权，实际上侧重于思想自由与言论自由，相对忽视了中国人最基本的生存、温饱和发展的基本权利。胡适等人权派代表人物扮演的是君王净臣的角色，而对满目疮痍、民间疾苦却关怀不够。又由于中国的人权派从来就反对武装斗争和暴力革命，因而必然在中国人民争取"革命权"的时刻挺身维护"政府权"，从而最终以反共为政治基础跟国民党政权结成了脆弱的联盟。

中国人权派首鼠两端的政治态度，使其在中国的政治舞台上长期处于左右夹攻、腹背受敌的窘境，其领袖人物胡适"壮志未酬身先死"，在蒋介石政权和台湾守旧势力的合力围剿中倒地猝死，留下了"大失望，大失望"的六字遗言。

****

附：国民党各级机构要求查处胡适的一组材料

上海市第三次全区代表大会议决案
胡适言论荒谬请教部撤职　请中央严厉制止学阀活动　严厉防止反动
分子之活动 建议对赤俄临时方针三项　共计重要案件四十项

本市第三区党部前日召集该区第三次全区代表大会。开会情形，已志昨报。所有议决案件，业经大会秘书处理整理完竣，共计四十件，兹探录如下：

丁、临时动议：十二、呈请市执委会转呈中央，严厉制止学阀之活动案。决议，通过。十三、呈请市执委会转呈中央，咨请国民政府，治饬教育部，将中国公学校长胡适撤职惩处案。决议，通过。

（据胡适 1929 年 8 月 13 日剪报）

上海市执委会第四十七次常会
呈请撤惩中国公学校长胡适
并开除苏民政厅长缪斌党籍

监督编遣公债七千万元用途
组织第三届党义教师检委会

上海特别市执行委员会于昨日（24 日）上午十时开第四十七次常会。到执委：陈德征、吴开先、范争波、潘公展、汤德民、童行白、施公猛、邓通伟。列席监委：朱应鹏、王延松。候补执委：侯大椿、杨清源、陶百川。主席：范争波，记录：黄之栻。行礼如仪。兹将讨论事项及临时动议摘要录下：

讨论事项：（一）……（二）三区党部呈，为属区第三次代表大会决议，请转呈中央咨国府令教育部将中国公学校长胡适撤职惩处，祈核转案。议决，历举事实，附加意见，转呈中央。

（据胡适 1929 年 8 月 25 日剪报）

中公校长胡适反动有据
市党部决议请中央拿办

侮辱本党总理，诋毁本党主义，背叛国民政府，阴谋煽惑民众。——第四八次执委常会之决议。

上海特别市执行委员会于昨（28 日）上午十时开第四八次常会，到执委范争波、施公猛、汤德民、邓通伟、童行白、潘公展、陈德征，列席监委王延松、朱应鹏，候补执委会吴伯匡、杨清源、陶百川、侯大椿。主席范争波。行礼如仪。兹将讨论事项及临时动议摘录如下：

临时动议，五、宣传部提，中国公学校长胡适，公然侮辱本党总理，并诋毁本党主义，背叛政府，煽惑民众，应请中央转令国府，严予惩办案。

决议，呈请中央。

（据胡适 1929 年 8 月 29 日剪报）

胡适担不起的罪名
侮辱总理背叛政府
沪市党部攻击胡氏之文

【二十八日下午十一时七分上海专电】市党部以胡适近所作《知难，行亦不易》《人权与约法》及《我们什么时候才可有宪法》三文，认为侮辱总理，诋毁主义，背叛政府，煽惑民众，今议决呈中央严办。（按胡氏《知难，行亦不易》《我们什么时候才可有宪法》二文，皆载诸近刊之《新月》杂志第二卷第四号）

胡适眉注："《大公报》。八月二十九。"

平市百余党员请查办
前善后会议委员胡适

【北平快信】自胡适在上海发表《人权与约法》等论文后，平市党员多认为评论牵强，有意诋毁主义。党员黄汝翼等，已向党部请求中央严加惩处，附议者已达百余人。其向上级党部建议原文大意如下：

查前段祺瑞政府时代之善后会议委员、在民国时代向逊清废帝宣统行跪拜礼并称呼溥仪为皇上、藉提倡新文化运动招牌冀达其猎取富贵功名目的之胡适，近在上海出版之反动刊物《新月》上，先后发表《人权与约法》《知难，行亦不易》《我们什么时候才可有宪法》各文，侮辱总理，诋毁主义，其造论牵强，见解谬妄之处，虽【已】经中央各报痛加驳斥。当此各反动派伺机活动，共产党文艺政策高唱入云之时，该胡适原为一丧行文人，其背景如何，吾人虽不得而知，然其冀图解我共信，摇我党基之企谋，固已昭然若揭。若不从严惩办，势必贻患无穷等语。该呈文由第六区党部转呈市党部矣。

（据胡适 1929 年 9 月 9 日剪报）

津市党委请惩办胡适

【本报十一日天津电】天津市党务整理委员刘不同提议，胡适诋毁总理学说，请中央惩办。已通过，并电中央。

北平市六区党部请严惩胡适
——第六次常会决议请转呈缉拿严办

三、黄汝翼同志提议，最近胡适在上海《新月》杂志发表《人权与约法》《知难，行亦不易》等文字，言论荒谬，诋毁总理，特提出建议书，拟请公决案。决议呈请市党部转呈中央通缉严办。（下略）

北平市党部请缉胡适
经市指委会决议并请迁葬廖先生

【北平电】平市指委员常会决议：一、胡适最近在《新月》上发表之《人权与约法》《知难，行亦不易》等文诋毁总理，呈请中央严行缉办。（下略）

（据胡适 1929 年 9 月 14 日剪报）

江苏省党部呈请中央
缉办无聊文人胡适

江苏省党部于前日（13 日）下午二时开第四十七次执委会。出席委员：倪弼、祁锡勇、滕固、葛建时、周杰人、顾子扬。列席者：周厚钧、王建今、周绍、左其鹏。主席：滕固。记录：陈润棠。开会如仪。甲、报告事：请转呈中央撤职严办案。决议，照转呈。七、顾委员子扬提议：无聊文人胡适，最近在《新月》上发表之《人权与约法》《知难，行亦不易》等文，诋毁总理，应由本会呈请中央缉办，请公决案。决议，通过。（下略）

呈请惩办反动的胡适为本党同志之一致要求
天津市党部十二次常会决议

天津特别市整委会本月十日上午九时，举行十二次常会，出席者：傅作义，陈石泉，刘不同，鲁涤平。傅作义主席，报告事项毕，即开始讨论各案如下：

此外临时之提案：一、训练部部长刘不同提出，胡适诋毁总理学说，应请中央惩办案。决议，电呈中央惩办。（下略）

（据胡适 1929 年 9 月 15 日剪报）

严惩竖儒胡适

【青岛通讯】青市指委会，以胡适在《新月》杂志上发表《知难，行亦不易》《人权与约法》《我们什么时候才可有宪法》三文，对于总理学说，多有污蔑及攻击之处，特呈中央，请予严惩，以维信仰事。窃查胡适在《新月》杂志发表《知难，行亦不易》《人权与约法》《我们什么时候才可有宪法》三文，对于总理知难行易学说及建国大纲，多有攻击污蔑之处。窃以知难行易学说，为维系革命信仰之中心，建国大纲及实现三民主义之基础。既本党生命之中心，建国大纲及实现三民主义之基础。既本党生命所寄托，亦民众幸福之所在。方今本党甫经统治全国，正总理遗教推行之时，实不容有稍事怀疑，致根本摇动革命信仰，而影响党国初基。竖儒胡适，研究系余孽，乃敢妄肆鼓簧，殊属荒谬绝伦。若不严予惩处，何以维革命信仰，而安党国。为此备文呈请，肯饬地方行政机关，迅将胡适逮捕解京，予以严惩，庶足为污蔑总理学说者戒。

（据胡适 1929 年 9 月 15 日剪报）

中训部函国府　饬教部警告胡适
并令大学教员研究党义

【本报南京电】中央训练部根据各级党部电呈，胡适误解党义，不审社会实情，放言空论。二十一日特函国府，饬令教部加以警告，并通饬全国各大学校长，切实督率教职员，详细研究党义，以免再有与此类似之谬误见解发生。

胡适应加警告
中训部致国府函

【二十一日下午十一时发上海专电】中训部函国府：胡适发表《知难，行亦不易》文，误解本党主义、总理学说。不明我国社会情形，超出学术研究范围，泛言空论，错误甚多，失大学校长尊严，使社会对党政受不良影响。请令饬教部严加警告。

上海特别市执行委员会于昨日（21 日）上午十时开第五十四次会议。到执委：吴开先、施公猛、陈德征、童行白、潘公展、邓通伟。列席监委：朱应鹏、王廷松。候补执委：杨清源、侯大椿、吴伯匡、陶百川。主席：

潘公展。记录：黄之梣。兹将讨论事项及临时动议摘要录后。

五、七区党部呈，为请严惩反革命之胡适，并即时撤销其中国公学校长职务案。决议，再呈中央。

（据胡适 1929 年 9 月 22 日剪报）

国府另饬教部　警告胡适

【本报南京电】国府二十五日令行政院。为令遵事。案准中央训练部函开，奉中央常务委员会交下上海特别市执行委员会呈，内称胡适近年来，凡发言论，每多荒谬，请予严惩。查胡适年来言论，确有不合。最近《新月》杂志发表《人权与约法》《我们什么时候才可有宪法》及《知难，行亦不易》等篇，不谙社会实际情况，误解本党党义及总理学说，并溢出讨论范围，放言空论。本党党义博大精深，自不厌党内外人士反复研究探讨，以期有所申明。惟胡适身为大学校长，不但误解党义，且逾越学术研究范围，任意攻击，其影响所及，既失大学校长尊严，并易使社会缺乏定见之人民，对党政生不良印象，自不能不加以纠正，以昭警诫。为此拟请贵府转饬教育部，对胡适言论不合之处，加以警告；并希通饬全国各大学校长，切实督率教职员，详细精研本党党义，以免再有与此类似之谬误发生等因。准此，着该院转饬教育部遵照办理。

（据胡适 1929 年 9 月 26 日剪报）

教育部训令　字第 1282 号
令中国公学

为令饬事：奉行政院第 3276 号训令开：案奉国民政府训令，内开：案准中央执行委员训练部函开：

径启者，顷奉中央常会交下上海特别执行委员会来呈一件，内称：

案据职会属第三区党部呈称："查属区第三次全区代表大会决议案呈称（？）市执行委员会转呈中央，咨请国民政府令饬教育部将中国公学校长胡适撤职惩处案，附具理由：

胡适借五四运动倡导新学之名，博得一般青年随声附和，迄今十余年来，非惟思想没有进境，抑且以头脑之顽旧，迷惑青年。新近充任中国公学校长，对于学生社会政治运动多所阻扰，实属行为反对，应将该胡适撤职惩处，以利青运。等因，合亟缮呈钧会，祈察核转呈，等情前来。

查胡适近年以来刊发言论，每多悖谬，如刊载《新月》杂志之《人权与约法》《知难，行亦不易》《我们什么时候才可有宪法》等等，大都陈腐荒怪，而往往语侵个人，任情指摘，足以引起人民对于政府恶感或轻视之影响。夫以胡适如是之悖谬，乃任之为国立（？）学校之校长，其训育所被，尤多陷于腐旧荒怪之途。为政府计，为学校计，胡适殊不能使之再长中国公学。而为纠绳学者发言计，又不能不予以相当之惩处。该会所请，不为无见，兹经职会第四十七次常会议决，准予转呈在案，理合备文呈称（？）钧会，祈鉴核施行"，等因。

查胡适年来言论确有不合，如最近《新月》杂志发表之《人权与约法》《我们什么时候才可有宪法》及《知难，行亦不易》等篇，不谙国内社会实际情况，误解本党党义及总理学说，并溢出讨论范围，放言空论。按本党党义博大精深，自不厌党内外人士反复研究探讨，以期有所引申发明。惟胡适身居大学校长，不但误解党义，且逾越学术研究范围，任意攻击，其影响所及，既失大学校长尊严，并易使社会缺乏定见之人民，对党政生不良印象，自不能不加以纠正，以昭警戒。为此拟请贵府转饬教育部对于中国公学校长胡适言论不合之处，加以警诫，并通饬全国各大学校长切实督率教职员仔细精研本党党义，以免再有此类似之谬误见解发生。事关党义，至希查核办理为荷。等由，准此，自应照办，除函复外，合行令仰该院转饬教育部分别遵照办理。等因，奉此，合行令仰该部即便分别遵照办理，此令。

等因，合行令仰该校长知照。此令。

中华民国十八年十月四日　部长
蒋梦麟

市宣传部第四十二次会议
呈请缉办胡适

上海特别市党部宣传部于昨日下午二时在市党部大礼堂开第四十二次市宣传会议，主席陈德征（鲍容代），记录王天任。行礼如仪，讨论事项如下：（一）新月书店出版之《新月》月刊登载胡适诋毁本党言论，曾经本会议决并请市央惩处在案；兹又故态复萌，实属不法已极，应如何分别严办案？议决：①查封新月书店；②呈请市执委会转呈中央将中国公学校长胡适迅予撤职;③呈请市执委会转呈中央将胡适褫夺公权,并严行通缉使在党政府下不得活动。

本市六区执委会
请惩办胡适之原呈

本市第六区党部昨呈市党部文云:(上略)案据区属三分部呈称:中国公学校长胡适,迭发反动言论,尤以最近在《新月》杂志上之刊物,更属目无本党,此而不除,试问何为警顽?况胡适醉心欧化,而鄙夷三民主义,不独为本党之罪人,且属媚外败类分子之显著者,故从严惩办,实非过苛。加以胡氏身为校长,在青白旌旂之下,应如何自勉自奋,以期适合党化教育之精神。乃顽石不灵,点铁乏术。既不能沐党义之化雨,而作三民主义之推进器,又不能闭户藏拙,以期无损于社会。而乃冒执教育之牛耳,诱惑青年之思想,其为狂悖,自不待言。为此具呈,伏乞逐级转呈中央,明令规定非党员不得作校长,并对于胡氏予以严重处分,以免党危,而杜狂言,等情。据此,查胡氏别号文学教徒,其荒谬之著作,在国内使一般青年学子,受其鼓惑,入于歧途,毒害党国人才之培养;其流传国外,更使世界学者,受其催眠,阻碍三民主义之推进。此种人妖,竟见容于青天白日以党治国之宇下,而冒执教育界之牛耳,实予以党义迪启民智完成革命之危机。该分部建议非党员不得充任校长之供献,确有事实上之见地。为特据情转呈,仰祈钧会转呈中央,从严惩处胡适,并禁其刊物流通,为消极之制裁;规定非党员不得充任校长,以谋党义普及,为积极之感化。庶于党国人才之培养,三民主义之推进,实深利赖。(下略)

(据胡适1930年1月26日剪报)

第二章 初见：交浅言深

蒋介石初见胡适在何时?

关于蒋介石初见胡适的时间,目前有 1931 年、1932 年、1933 年三种不同说法。

第一种说法源于 1931 年 10 月 14 日《申报》刊登的"南京专电":"丁文江、胡适来京谒蒋。此来系奉蒋召,对大局有所垂询。国府以丁、胡卓识硕学,拟聘为立法委员,俾展其所长,效力党国。将提 14 日中政会简任。"鲁迅以这则新闻为据,撰写了一篇杂文《知难行难》,对胡适进行讥讽。因为 1922 年 5 月 30 日胡适到故宫拜见废帝溥仪时,称溥仪为"皇上",溥仪称他为"先生",所以鲁迅推断如果有人问胡适谒蒋时将如何称呼蒋,胡的回答是:"我称他主席……"(见鲁迅:《二心集》)

第二种说法的依据是胡适日记。胡适 1932 年 11 月 28 日日记写道:"下午 7 时,过江,在蒋介石先生寓内晚餐,此是我第一次和他相见。饭时,蒋夫人也出来相见。今晚客有陈布雷、裴复恒。"

第三种说法的依据是胡适的一篇文章,题为《述艾森豪总统的两个故事给蒋"总统"祝寿》,刊登于 1956 年 10 月 30 日台湾《中央日报》,又见《自由中国》杂志第十五卷第六期。文中说:"民国 22 年,我在武

胡适与蒋介石

汉第一次见他（按：指蒋介石）时，就留下我的一册《淮南王书》，托人送给他，盼望他能够想想《淮南·主术训》里的主要思想……"民国22年，即1933年。

在以上三种说法中，首先可以轻易排除的是"1933年说"。因为1933年胡适只去过保定、南京、美国、加拿大等地，唯独没有去过武汉。胡适到武汉的确切日期是1932年11月27日。胡适住在位于武昌的武汉大学，蒋介石当时正在汉口督师"剿共"，所以胡适两次应邀拜访过蒋介石。《述艾森豪总统的两个故事给蒋"总统"祝寿》一文中写的"民国22年"，应为"民国21年"，但不知是胡适的笔误，还是手民的误排。

"1931年说"因有新闻报道为据，所以流传颇广，并写入了权威性的《胡适年谱》。现在看来，这一说法也有可疑之处。首先，胡适日记中无此记录。胡适初见蒋介石，是他经历中的一件大事，根据惯例，他的日记中没有不记载的理由。其次，笔者咨询多次查阅蒋介石日记原件的杨天石先生。他说，蒋的当年日记中没有召见胡适的记录。1931年10月21日至11月2日，胡适曾到上海参加第四次太平洋国际学会。会议讨论的是太平洋地区的和平和经济发展问题，有来自9个国家的131位代表参加。中国是东道国，胡适是主席，在开幕式上发表了主题演说。会后他在上海滞留了十几天，然后乘坐火车经南京返回北平。他在南京只耽搁了半天，没有跟蒋介石会见的可能，所以，"1931年说"亦应排除。

那么，《申报》为什么会刊出那样一则"南京专电"呢？笔者以为是事出有因，而内容失实。1931年九一八事变发生后，国民党政府为了巩固政权，企图笼络一些知识分子作为智囊，而胡适这批自由主义知识分子虽自称"几支无用笔"，但却有"补天"的强烈愿望。1931年9月下旬，国民政府决定成立一个财政委员会，负责监督审查国库各项收支，实行财政公开——特别是想利用这一机构控制军费的使用。委员会由27人组成，南京政府推荐22名，广东政府推荐5人。9月25日，财政部长宋子文给胡适来电："鉴于财政委员会的成立与目前的危机，请速来南京。请答复。宋子文。"26日晚胡适复电："好意心领，恕我无法就任财政委员会。一有空即赴南京。胡适。"11月11日，宋子文、张公权又来电劝说，并明确胡适是作为教育界的代表参加财政委员会。胡适才勉强同意，但"希望在联合政府组成后就任此职"。所谓"联合政府"，是指南京与广州两方面和平统一之后的联合政府——因为此前粤方坚持让蒋介石下野，出现了宁、粤对峙局面，直到 11 月 7 日双方才达成妥协。宋子文、张公权来电的当天，财委会名单即正式见报。可见，不论胡适本人是否同意，事情都已成定局。11 月 12 日，蒋介石以委员长身份来电，通知胡适于 15 日上午赴南京参加财政委员会成立会，但胡适以生病为借口婉辞。胡适复电是："真电敬悉。北归后即病，删日财委会不能出席，乞谅。"同年 12 月 19 日，胡适在致李石曾信中坦陈了自己的心态："我所希望的，只是一点思想言论自由，使我们能够公开地替国家想想，替人民说说话。我对于政治的兴趣，不过如此而已。我从来不想参加实际的政治，这并非鄙薄实际政治，只是人各有能有不能，我自有我自己的工作，为己为人都比较有益，故不能抛弃了我自己的工作来干实际的政治。"

综上所述，可见在 1931 年 11 月蒋介石确曾电召胡适入京，但为胡适谢绝。《申报》那则"南京专电"的失误有三：第一，国民政府拟聘胡适为财政委员会委员，而不是"立法委员"。第二，财委会中的学者代表除胡适外，还有顾孟余、马寅初、朱家骅、杨铨，并无丁文江。第三，1931 年 10 月 14 日，胡适尚在北平，根本不在南京。鲁迅以一则失实的新闻为据，撰写了《知难行难》一文，当然就经受不起事实的检验。不过，这篇杂文仍然深刻总结出了一条"中国向来的老例"："做皇帝做牢靠和做倒霉的时候，总要和文人学士扳一下子相好。做牢靠的时候是'偃武修文'，粉饰粉饰；做倒霉的时候又以为他们真有'治国平天下的大道'，再问问看，要说得直白一点，就是见于《红楼梦》上所谓'病笃乱投医了'。"这条"老例"，总体上来说也适合于说明蒋介石跟胡适的关系。

人们常说，真实是新闻的全部；或者说，真实是新闻工作者的最高追求。但新闻失实的情况却屡见不鲜。这就给读者和研究者提供了一个教训：对新闻报道也要进行辨析。比如，胡适在致李石曾的同一封信中还提到，"连日报纸宣传将有华北政务委员会的组织，并且有入选名单的拟议，其中有我的名单。此事不知确否？如果这消息是确的，千万请先生代为向政府方面声明我不愿加入此项政务委员会。"如果轻信了上述"报纸宣传"，胡适岂不是又多蒙了一层冤屈？再如，瞿秋白以鲁迅笔名发表的《王道诗话》一文（现收入《伪自由书》），说胡适 1932 年 12 月初到湖南讲学时，接受了军阀何键馈赠的 5000 元讲演费，并更为尖刻地讽刺道："能言鹦鹉（按：

暗喻胡适）毒于蛇，滴水微功漫自夸，好向侯门卖廉耻，五千一掷未为奢。"
瞿秋白的消息也是来自于"报纸宣传"，而事实上，何键赠送胡适的是他
自己的一部著作，一块菊花砚，两幅湘绣，两支湖南毛笔，另外400元旅费。
除了开销，胡适所赚只有200多元。

蒋介石初见胡适谈的啥？

蒋介石初见胡适，是1932年11月28日（星期一）晚7时。当时，蒋
介石正以鄂豫皖三省"剿匪"总司令身份在汉口督师，胡适到武汉，先后
在武汉大学、教育学院、华中大学等高校讲学。胡适到达武汉的第二天，
蒋介石即邀胡适到他在汉口的官邸吃晚饭，宋美龄作陪。客人还有陈布雷、
裴复恒。由总司令部招待，胡适由原来下榻的武昌武汉大学招待所搬到了
汉口太平洋饭店。因为湖南省主席何键邀胡适顺道到长沙讲学，蒋介石于
同年12月2日再次邀胡适去吃晚饭，也算是饯行。

在这两次见面的过程中，胡适原准备跟蒋介石深谈，详细陈述自己的
政治见解。但由于吃饭时还有其他客人在场，很不方便。这使胡适"确有
点生气"，感到蒋介石缺乏诚意，怠慢了他这位以"王者师"自居的学者。

关于见面的具体内容，胡适在1932年12月2日（星期五）的日记中
有简略记载。1956年10月21日，他又在美国撰写了《述艾森豪总统的两
个故事给蒋"总统"祝寿》一文，回忆起24年之前他跟蒋介石初见的情况。
概括起来，当时主要有两个方面内容：一是谈论教育，二是互赠书籍。

在12月2日晚宴上，蒋介石要胡适研究中国教育制度应该如何改革，
学风应该如何整顿。据胡适当天日记记载，他的回答是：中国教育制度并
不坏，千万不要轻易改动。"教育之坏，与制度无关。十一年的学制，
十八年的学制，都是专家定的，都是很好的制度，可惜都不曾好好地试行。
经费不足，政治波动，人才缺乏，办学者不安定，无计划之可能 ……此皆
教育崩坏之真因，与制度无关。学风也是如此。学风之坏由于校长不得人，
教员不能安心治学，政府不悦学，政治不清明，用人不由考试，不重学绩……
学生大都是好的；学风之坏不能归罪学生。今之诋毁学制者，正如不曾试

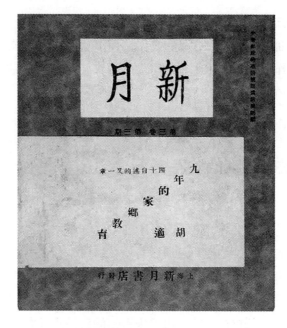

刊载有胡适文章的《新月》杂志

行议会政治就说议会政治决不可用。"

在汉口初晤期间，蒋介石赠送胡适一套他撰写的《力行丛书》，共5册。胡适觉得第四册《自述研究革命哲学经过的阶段》比较扼要，其中把孙中山"知难行易"学说的要点概括为"要人服从领袖"，是采用了他的解释。胡适又觉得蒋介石并不懂得明儒王阳明"致良知"学说跟孙中山"知难行易"学说的不同。在思考这个哲学问题的过程中，胡适联想起了《论语》中孔子与鲁定公的一段对话：

定公问："一言可以兴邦，有诸？"孔子对曰："言不可以若是其几也。人之言曰：'为君难，为臣不易。'如知为君之难也，不几乎一言而兴邦乎？"曰："一言而丧邦，有诸？"孔子对曰："言不可以若是其几也。人之言也：'予无乐乎为君，唯其言而莫予违也。如其善而莫之违也，不亦善乎？'如不善而莫之违也，不几乎一言而丧邦乎？"

这段话的大意是：一句话就可以使一个邦国兴盛，有这种说法吗？孔子回答道：话恐怕不能这样讲，倒是有类似的言论。有人说，做国君难，做大臣也不容易。如果知道了做国君的难，这不近乎于一句话可以使国家兴盛吗？鲁定公又问：一句话可以使一个邦国衰败，有这种说法吗？孔子回答道：话恐怕不能这样讲。倒是有人这样说，我做国君没有别的乐趣，乐趣仅在于我说的话没有人敢于违抗。如果国君讲得对而大臣又能忠实执行，那倒也是一件好事。如果国君的话不正确而没有下级敢进诤言，那不就等于一句话能使一个邦国衰败吗？

胡适援引的这段话出自《论语·子路第十三》。他想借此说明，为政者的错误可以误国误民。他希望为政者要"信仰专家"，采纳他们的"诤言"。这实际上也体现了胡适对为政者蒋介石的期望。

交浅言深：胡适送蒋介石《淮南王书》

根据《胡适日记》的记载，胡适 1932 年见蒋介石分别是 11 月 28 日、29 日和 12 月 2 日三次。

11 月 29 日胡适应邀又在蒋宅吃晚饭，同席者有顾孟余、陈布雷、陈立夫和蒋介石的秘书黎琬等。

由于时间短，胡适这次和蒋介石没有交谈的机会，吃完饭不久就回去了。胡适日记中记载是当天晚上 6 点半蒋介石秘书黎琬来谈，然后同去蒋宅吃饭，7 点半回到饭店。可见时间不长，不是高谈阔论、觥筹交错的宴请，估计就是简单的工作餐或者便饭之类。由于时间短，没有谈话的机会，就是在这次见面中，胡适送了蒋介石一本《淮南王书》。蒋介石约胡适下回再深谈。

胡适留赠蒋介石的《淮南王书》是 1931 年上海新月书店出版的单行本。这本书是胡适《中古思想史长编》中的第五章，只写了半个月。但胡适自认为这是最重要的一章，于是专门抽出来由新月书店单独出版。直至 1962 年胡适临终前还在撰写《淮南王书》的台湾商务印书馆影印的手稿本的序，写了几遍，都不满意，撒手人寰，终成残稿。而胡适对此书的珍爱可见一斑。

淮南王即刘安，是汉高祖私生子淮南厉王长的儿子，被汉文帝册封为淮南王，执政共 42 年（公元前 164—前 122 年）。他"好读书鼓琴"，留下了一部哲学著作《淮南鸿烈集》，亦称《淮南子》，是他和门客共同编撰的。这部书是阴阳家、儒家、法家等各家思想的大混合，但中心是发挥老子的思想，既讲自然之道，也讲人世之治道。

胡适认为，道家集古代思想的大成，而《淮南王书》又集道家的大成。道家兼收并蓄，但其中心思想终是自然无为而无不为的"道"。这次胡适将《淮南王书》送给蒋介石，足见这本书在胡适心头的分量很重。也可以说，《淮南王书》基本上代表了胡适的"治国"策略或者理想。

胡适认为《淮南王书》的政治思想主要有以下几个方面的意义：一是虚君哲学，处尊位者为"尸"，要奉行"寂然无为"哲学，君王的职能是虚的。第二，君王要开放视听，因为他知识有限，能力有限，必须"靠全国的耳目为耳目，靠全国的手足为手足"，这便是"众智众力"的政治。第三，尊重民意和舆论。"人主者，以天下之目视，以天下之耳听，以天下之智虑，以天下之力争。"第四，统治者和民众是平等的，不是命令和服从的关系，而是相互的支持。

毋庸讳言，胡适分析淮南子的哲学要义时，无疑注入了自己的感悟体会，所谓"借他人之酒杯，浇胸中之块垒"。《淮南王书》是胡适的政治理想和政治抱负的集中体现。胡适希望"让民主在古老中国的土壤里生根，让法治在社会政治的操作层面上尝试"。而胡适别有深意地送这本书给蒋介石，无疑也是要蒋能参考其中的"治国方略"，能够"寂然无为"，依靠"众智众力"御"天下"。几年后，胡适在和友人谈起送蒋介石这本《淮南王书》时，曾自道心声说：蒋介石做事管得太多太死，"微嫌近于细碎，终不能'小事糊涂'"。所以，送他一本《淮南王书》，"意在请他稍稍留意《淮南》书中的无为主义的精义"（1935 年 7 月 26 日胡适致罗隆基信）。

胡适的思想在当时民生凋敝、战乱纷仍之际，提出与民休息、恢复民生似乎是一种有益的主张，只是，这种主张对于喜欢穷兵黩武的蒋介石来说显得有些"居心叵测"，在他看来绝非治国之良方。

胡适的理想只属于胡适，蒋介石也不会采纳他所谓的"诤言"，《淮南王书》绝对不会成为蒋介石的"枕边书"。蒋介石有读书的习惯，只是，读的书绝对不是胡适推荐的这种。张学良深知蒋的阅读习惯，曾批评他读书范围太窄，"所看之书多是韩非子墨子一类"。可见，法家思想和儒家思想的典籍才是蒋介石的喜好。

蒋介石系一介武人，兵法对他来说显然更具有操作性，更具有指南意义。在蒋介石"手自选定"的书目中，军事书籍很多。他最推崇的是《孙子》，另外还有戚继光、曾国藩、胡林翼的书。他在1929年1月12日的《精神讲话》中曾说："我们中国很多宝贵的古书，都是治兵的重要书籍……尤其以孙子十三篇为中国治军最要紧的法则。"

此外，蒋介石还终生服膺王阳明的哲学。他所鼓吹的"力行"哲学，就是对王阳明的"知行合一"与孙中山的"知难行易"思想的演绎。蒋介石在败走台湾之后，曾把台湾的草山改名为"阳明山"，以纪念王阳明这位浙江同乡。对于王阳明，蒋介石不仅自己研究，还让蒋经国多研究。蒋介石在晚年给蒋经国的一封信中说：

近日在潭上研究陆象山（九渊）与朱晦庵（熹）二先生学术同异之点，尤其对"无极而太极"之说不同之意见，尚未能获得结论，故不敢下断语，然以现在太空探测所得之经验解之，则太空乃无极之说近似也……余所重者，王阳明知行合一之说，即出于陆象山简易之法，教人以发明基本心为始事，此心有立，然后可以应天地万物之变也。所谓"先玄乎其大者"也。

又说：

吾国王道之行，自不致有今日人类之悲运，而大陆同胞，更无此空前浩劫之遭遇矣。吾人自当急起直追，以补先哲之缺憾，则几矣。

蒋介石希望蒋经国通过王阳明的哲学思想去"齐家治国平天下"，完成他"反共复国"的使命。

因此，对于蒋介石来说，胡适的哲学和他恰恰相反。蒋介石丝毫不会放松对权力的掌控，更不会去做什么"尸位素餐"的"虚君"。而胡适，对于初见蒋介石没有唱"领袖万岁"的赞歌，却一本正经地劝其"寂然无为"，未免有些交浅言深。胡适坚持己见、不懂得变通的性格也可见一斑，这恐怕也能看到他日后获罪的伏笔。

饶有意味的是，胡适对于蒋介石当个"虚君"的想法一直没有变过，这背后的主要原因还在于胡适对欧美政治制度的推崇。二十多年后，1956年，在蒋介石要求各界为其祝寿而"广纳言论"之际，胡适再次不识时务地抛出《述艾森豪总统的两个故事给蒋"总统"祝寿》，重新祭出《淮南王书》"虚君"的论调，意欲蒋介石"无智而能御众智，无能无为而能御众势"。只是这一次，胡适没有上次那么幸运，诤言"祝寿"给胡适招致了一场严厉攻击，他的冀望被打成"毒素思想"，他也成为了"假借民主自由美名"散播毒素的"思想上的敌人"①。

---

① 参见胡明：《读胡适的〈淮南王书〉》，《读书》1993 年第 3 期。

第二章　思想的冲突

"知"与"行"的辩证：以孙中山、蒋介石、胡适为中心

    "知"与"行"是哲学史上的一个重要命题：中国古代有些哲人认为"知先行后"，有的认为"行先知后"，还有的认为"知行合一"。这个问题原本属于认识论范畴，但政治家出于不同的政治需要，或隐或显地将其引入了政治范畴。孙中山的"知难行易"学说和蒋介石的"力行哲学"就是两种产生了不同政治效应的观点。对此，写过半部《中国古代哲学史》的胡适都进行过评议。

    孙中山提出"知难行易"学说的历史背景是：1918年5月4日，广州非常国会事前未征求他领导的广州军政府的意见，就通过了《修正军政府组织法》，孙中山愤而辞去大元帅之职。他通过这一事件认识到，割据争雄的南北军阀原本是一丘之貉，都是中华民国的大患。5月20日，广州国会非常会议选出了孙中山等7人为政务总裁，实际上毫无实权，孙中山只好连总裁也不做，于同年6月25日寓居上海莫里哀路寓所，深居简出，发奋著书。这一时期，他邀集了一班专家，着手写作《建国方略》等纲领性著作。正是在《建国方略·自序》中，他提出了"知难行易"哲学。

    孙中山在这篇自序中回顾了他三十余年的革命历程。在推翻清王朝过程中，革命党人一往无前，愈挫愈勇，再接再厉；但不料革命初成，他想实行他的三民主义、五权宪法和建国方略，党内却异议纷起，认为他的理想太高，是吹牛皮放大炮。他身为民国总统的权威性反低于他作为革命党领袖的权威性。结果"去一满洲之专制，转生出无数强盗之专制"，广大民众陷水益深，蹈火益热，与革命初衷大相违背。孙中山由此得出一个结论：他生平中最大的敌人并不是清王朝，而是《尚书》中流传下来的"知之非艰，行之惟艰"的旧说。这种观念被他的政敌利用，成为了他们取消革命行动的理论依据。

    为了形成一种崇尚真知、尊重革命理论的党风和民风，孙中山反其道而提出了"知难行易"的学说，以此在中国进行一种心理建设。他以饮食、用钱、作文、造船、电学、化学、开河、筑城、挖壕等具体事例为论据，

说明必须积累大量"行"的经验，才能上升为科学的"知"。比如吃饭简单，但总结出营养烹调理论却艰难；筑巢盖房简单，但形成现代建筑科学却艰难。他把"行"（实践）提到重要位置，强调"先行后知""能知必能行"，这无疑符合唯物主义认识论的原理，有利于动员民众先行动起来，在行中求知——"行其所不知以致其所知"。所以从这种意义上说，"知难行易"哲学是一种革命哲学。

然而，"知难行易"学说的理论局限性也是十分明显的。首先，这种学说割裂了"知"与"行"的关系，夸大了二者的对立性，忽略了二者的统一性。其次，这种学说在强调"知"难求的同时，片面地把"知"视为少数先知先觉者的专利，把"行"视为一般民众的专责，这就过高地估计了少数先知先觉者的作用，贬低了人民群众在认识客观世界和改造客观世界过程中的能动作用。其实，"知"与"行"并不存在"难"与"易"的逻辑关系，只存在第一性与第二性的关系。最后，孙中山的"知难行易"学说把所谓"知"凝固化、绝对化，视为一种终极真理，因而忽视了从"行"中产生的"知"仍然需接受不断发展变化着的实践的检验，不断进行修正、发展和充实。

首先针对孙中山"知难行易"学说进行批评的是胡适。从 1928 年 7 月至 1929 年 5 月，胡适陆续写成了《知难，行亦不易——孙中山先生的"行易知难说"述评》，刊登于 1929 年 6 月 10 日出版的《新月》第二卷第四期。他首先肯定这种学说是一种很有力的革命哲学，因为"行易"可以鼓舞人勇往进取，"知难"可以引导多数人对少数先知先觉者的信仰和服从。但是这个学说的根本错误就是把"知"和"行"区别得太清楚，似乎领袖都是先知先觉，都是诸葛亮，专门发号施令，而民众都是不知不觉，都是阿斗，只管去执行"知"者的命令。其次，"行易"说用于治国也容易把一切行政管理看得太容易，"故纨绔子弟可以办交通，顽固书生可以办考试，当火头出身的可以办一省的财政，旧式的官僚可以管一国的卫生"，导致"鲁莽糊涂的胡作非为，害人误国"。胡适批评这种"可以作一班不学无术的军人政客的护身符"的"行易说"，是为了实现他鼓吹的"专家政治"。这一点，他在文章中表白得清清楚楚。

胡适的上述言论受到了来自国民党党部和宣传机构的围攻。仅 1929 年 11 月上海光明书局印行的《评胡适反党义近著》中，就收有张振之的《知难行易的根本问题》《再论知难行易的根本问题》，潘公展的《行易知难的解释》，王健民的《"知难行亦不易"的商榷》，陶其情的《辟胡博士"知难行亦不易"论》，曾虚白的《知难行易辩》。胡适因此被扣上了"反动竖儒""恶行文人""无聊文人"等帽子，被呈请"缉办""严惩"。同年10月4日，国民党政府教育部颁发了"训令"，奉令对胡适进行了"警告"！

继孙中山"知难行易说"之后，蒋介石提出了他的"力行哲学"。其历史背景是：1928年2月，蒋介石出任南京国民政府主席兼军事委员会主席；同年7月，张学良表示与南京方面停止军事行动，东北易帜，蒋介石政权出现了形式上的统一。但由于蒋介石不仅坚持奉行其反共政策，而且跟李宗仁、阎锡山、冯玉祥等军事实力派先后开战；在国民党内部，还有汪精卫派、胡汉民派、西山会议派等派系跟他发生矛盾纠葛。当时的中国仍处于四分五裂的状态。为了改变这种各行其是的政治局面，实行"一个党，一个主义，一个领袖"的独裁专政，蒋介石不仅乞灵于国际上的法西斯主义，而且还想对中国传统哲学中的"阳明学"和孙中山的"知难行易"哲学从消极方面进行利用。

张学良（左）与蒋介石

蒋介石执政之后，自称王守仁（号阳明）的"致良知"理论奠定了他"求学做事的根本"，实际上是要把王守仁的蒙昧主义哲学改造为一种不折不扣的愚民哲学。无怪乎当时有御用哲学家将蒋介石吹捧为发展王守仁学说的"伟大代表"（参见贺麟：《当代中国哲学》）。为了从传统哲学中挖掘蒋介石"力行哲学"的理论根源，有必要将王守仁的"致良知"理论作一简略介绍。

王守仁生于明宪宗成化八年（公元1472年），卒于明世宗嘉靖七年（公元1528年）。当时皇帝昏庸无能，官场窃权纳贿，社会波颓风靡，他既遭受过宦官的迫害，又亲身镇压过农民和少数民族的武装起义。他切身的体验是："破山中贼易，破心中贼难。"为了"破心中贼"，挽救明王朝的政治危机，他提出了"致良知"的学说。他强调："吾平生讲学，只是致良知三字。"（《寄正宪男手墨二卷》，《王文成公全书》卷二十六）。又说，"致良知"是他从百死千难中得来的一种认识。

王守仁所谓"良知"系指一种道德意识，其核心内容是真诚恻怛"事亲"，真诚恻怛"从兄"，真诚恻怛"事君"。"致良知"的"致"就是付诸实际。"致良知"就是要求人把道德功能发挥到极致。在王守仁看来，"良知"是一种与生俱来的先验意识，既不需要以外界世界为源泉，也不需要以社会实践为基础。"人人胸中有圣人"，"满街都是圣人"。比如见到父亲自然知道孝敬，见到兄长自然知道顺从，见到小孩掉进井里自然会产生恻隐之心。总之，"良知""不待虑而知，不待学而能"。

既然如此，人为什么会有恶的表现呢？为什么除了圣人、贤人之外还有大量"愚不肖"者呢？王守仁认为，根本原因是原本至善的心为物欲所蔽。要"拔本塞源"就必须根除私欲。为了使人行善去恶，使"愚不肖"者也能通达圣人境界，王守仁又提出了一种"知行合一"说。他举例说："要晓得一念动处便是知，亦便是行。如人在床上思量去偷人东西，此念动了，便是做贼。若还去偷，那个人只到半路结束，却也是贼。"（《阳明先生遗言录》上）显然，这完全是一种主观唯心主义的道德说教。它完全混淆了意念跟行为的界限，否定了"行"与"知"的区别，以知为行，以行代知。

对于蒋介石的"力行哲学"，胡适也提出过批评。

力行哲学是蒋介石在对工农红军进行第四次军事"围剿"过程中提出

的。1932年6月6日，蒋介石在《要抵抗日本帝国主义先要抵抗日本武士道精神》一文中说："古往今来宇宙之间，只有一个行字才能创造一切"，"行的哲学为唯一的人生哲学"。他把孙中山的"知难行易"和王守仁的"致良知"糅进了他的学说，强调"所谓行，是天地间自然之理，是人生本能之天性"。"行"的原动力是"出乎大公，本乎至诚"。因此，蒋介石又把他的哲学说成是"诚的哲学"，也就是王守仁的"致良知"。

其实，蒋介石的"力行哲学"并没有什么深奥的哲理，无非是要求民众在不知不识之中，对他的言行盲目追随，盲目服从，盲目执行，死心塌地，"任何牺牲，任何痛苦，任何危险都不顾"。只要他发号施令，下属就必须"实干，硬干，快干"，"不成功，便成仁"——因为"行"的目的就是"行仁"，"行的极致就是杀身成仁"。所以对他的旨意不但不能违抗，而且也不能怀疑，因为怀疑就是不诚，就必须用"致良知"的方式除去这种"障蔽"。蒋介石哲学的封建性、买办性和欺骗性，在他的"力行哲学"中得到了充分体现。

1932年12月初，胡适曾在武汉会见蒋介石。在总体上，胡适维护国民党在当时的政治重心地位和蒋介石的执政地位，但他也以"诤臣"的身份寻找机会对蒋介石进忠言。他在12月5日日记的"附记"中记载："蒋介石先生要同我谈哲学，他先把他著的五小册《力行丛书》送给我看。其中第四册为'自述研究革命哲学经过的阶段比较'最扼要。他想把王阳明'知行合一''致良知'的道理来阐明我们总理（按：指孙中山）'知难行易'的学说。他解释中山先生的'知难行易'是要人服从领袖（服从我孙文），此说似是采用我的解释。"

针对蒋介石混同王守仁（阳明）学说与孙中山学说的做法，胡适指出了二说的真正区别："阳明之说是知易行易，中山之说是知难行易。"他感到为政者在理论上发生偏颇是十分危险的，因为"若不审慎解，都可一言丧邦"。在当时围绕"民治"与"独裁"问题进行的讨论中，胡适也明确反对蒋介石实行的"新式独裁政治"。他公开说："难道我们还能妄想抬出一个蒋介石，或者别个蒋介石来做一个新的全国大结合的中心吗？"就在这次会见中，胡适留下了一册《淮南王书》，托人送给蒋介石，希望蒋介石吸收该书《主术训》中的民治主义思想，认识到君主知识和能力的局限性，必须靠全国的耳目为耳目，靠全国的手足为手足，实行"众智众力"

的政治。胡适的这种主张，也是对蒋介石"力行哲学"的一种委婉批评。

从"边缘"走向"中心"：胡适与《独立评论》

一份刊物，只有 20 个基本成员，这些成员又多为当时政治体制外的"边缘人"，但他们以媒体为桥梁，居然一步步迈进了体制内的权力中心，后来竟有一多半在国民党"中央一级"的党政机构中担任了官职。这个刊物就叫做《独立评论》。从创刊至终刊，它只有短短五年多的寿命。随着刊物的消失，这些基本成员的"独立政治"身份也随之消失。这种现象，在中国近现代报刊史上绝无仅有；以笔者的孤陋寡闻，在世界报刊史上恐怕亦属罕见。

《独立评论》周刊，1932 年 5 月 22 日创刊，1937 年 7 月 25 日终刊，共出 244 期。在特定意义上可以说，这个刊物是"九一八"事变的产物。

1931 年 9 月 18 日晚 10 时 20 分，日本南满铁路守备队柳条湖分遣队按照关东军司令部的预谋，炸毁了南满铁路沈阳北郊柳条湖的一段铁轨，反诬中国军队破坏铁路，袭击日军，制造了所谓"柳条湖事件"。当晚 11 时许，日军大举进攻沈阳北大营，当地守军奉"力持镇静，不准抵抗"之严令仓皇撤退。同日，蒋介石乘永绥号军舰离开南京再次赴江西，督师"围剿"红军。9 月 19 日，日军兵不血刃，完全占领了沈阳城，酿成了远东有史以来最大的事变。

国难当头，以胡适为首的一批自由主义知识分子感到"学术救国""科学救国""文艺复兴"的梦幻均已破灭，痛感自己只是"乱世之饭桶"，惶惶然不可终日。为了在当时"无可如何的局势里"为国家尽一点点力，他们常在不同的地点（如胡适寓所，或清华俱乐部、欧美同学会）聚会。

一天晚上，在清华同学会聚餐，出席者有胡适、丁文江、傅斯年、翁文灏、陶孟和、任鸿隽、陈衡哲、张奚若、吴宪、蒋廷黻。蒋廷黻提议办一个周刊，讨论中国面临的重大问题，讲一些一般人不肯说或不敢说的老实话，以尽知识分子在国难时期的责任。但胡适、丁文江、陶孟和开始都表示反对，因为他们有过办刊的经验，深知创刊容易，而长期维持却很艰难。更何况当年 7 月 30 日，北平市公安局根据天津市党部的决议，派警察到北平新月书店，查抄了胡适、徐志摩、梁实秋、闻一多等人创办的《新月》月刊，并逮捕了书店的两个店员——因为该刊第二卷第八期刊登了罗隆基的文章《我对党务的"尽情批评"》，触怒了国民党党部权贵。后经胡适给公安局长鲍毓麟写信求情，那两个店员才获保释。这件事刚发生四十多天，胡适不禁有些后怕。

到了 1931 年底，胡适等人的态度有了一些变化。因为丁文江提出了一个"书生自掏腰包"的倡议：为了检验办刊热诚，不妨效仿胡适当年创办《努力周报》的办法，由同人每人每月捐助收入的 5%。如果筹集的经费不足 800 银圆，不够维持刊物，则彻底打消办刊的念头。同时，丁文江又提议邀请一位银行家加入他们的阵营，负责财物的开支和保管——这个人就是浙江兴业银行北平分行的经理竹垚生。

丁文江的提议得到了大家的赞同。经过五个月筹款，《独立评论》第一号终于在 1932 年 5 月 22 日问世。刊物发行之后捐款仍然继续，最后共筹集了 4205 元。刊名是胡适取的。在第一号的《引言》中，胡适对此作出了解释："我们叫这刊物做《独立评论》，因为我们都希望永远保持一点独立的精神。不倚傍任何党派，不迷信任何成见，用负责任的言论，来发表我们各人思考的结果：这是独立的精神。"

《独立评论》有一个编辑委员会。胡适任主编，蒋廷黻、丁文江协助编务。社址设在北平地安门内北月牙胡同二号。初期的社员共 11 人：胡适、丁文江、蒋廷黻、傅斯年、翁文灏、任鸿隽、陈衡哲、竹垚生、吴涛鸣、周炳琳、顾湛然。因为周炳琳、顾湛然、竹垚生很少撰稿，所以胡适在创刊号的《引言》中只突出了其中的"八九个朋友"。后来又陆续发展了一些新社员，如张奚若、陈之迈、陈岱孙、顾一樵等，社员扩充到了 20 人。至于撰稿人则更多，从创刊到终刊，大约有 300 多人，其中以大学教授为主，其次是大学生、专家学者、公务员、研究员。撰稿最多的是胡适。他在 244 期刊物中共发表了 123 篇文章。丁文江、蒋廷黻位居第二、第三，分别为 69 篇和 56 篇。

《独立评论》的成员大多为无党派人士，而主要撰稿者又以有留学欧美背景者居多。为《独立评论》默默作出贡献的还有一位黎昔非。他充当的是"经理人"或"发行人"的角色，一个人承担了发行、印刷、校对和其他杂务，而月薪只有 60 元。黎昔非是当时北京大学研究院的研究生，为办刊而牺牲了自己的学业。

关于《独立评论》的特色，可以用"立异"二字概括。也可以说，"立异"是该刊的一种话语策略。所谓"立异"就是既发表跟当局者不同的政见，也发表跟民众普遍心理不同的政见——如举国唱高调时唱低调，举国唱低调时唱高调。社员之间的意见也是同中有异。蒋廷黻在他的回忆录中，就专门谈到他跟胡适政见的"不同之处"。即使同一作者，前后意见也不尽一致——比如胡适谈"战"与"和"的问题，意见就有矛盾和变化之处。

应该承认，《独立评论》社的成员有着爱国情感和民族立场。但在抗日战争全面爆发之前，他们鉴于敌强我弱的客观情势，有通过妥协退让、避免损失谋求和平的倾向。

在对待国民党的态度上，他们一方面谴责执政者的腐败无能和不尽人意之处，另一方面又认为当时还没有可以替代国民党的政治力量，所以想通过进净言的方式来"补天"，力图维护国民党"做社会重心的资格"。由于中国共产党当时处于被"围剿"的地位，《独立评论》批评中共的文字自然少于批评当局的文字。但作为一个自由主义者集结的团体，《独立评论》的成员（极个别人例外）从根本上反对阶级斗争和暴力革命，因而置身于正在通过武装斗争夺取政权的中国共产党的对立面。不过，他们希望国民党能把中国共产党视为政敌而不是视为"匪类"，并建议当局采用"釜底抽薪"的办法取代"以暴止暴"。

《独立评论》的上述态度不仅招致了左翼营垒的批评，而且因为批评当局，刊物多次被扣留甚至被查禁。比如，《独立评论》第 81 号被南京宪兵司令部扣留 121 件，《独立评论》第 81 号被南京邮电检查员扣留 139 包，因批评广东的时弊被广东省政府禁止在省内行销，因批评四川的陋习被成都的几家报纸攻击。最严重的一次是 1936 年 11 月 29 日，《独立评论》第 229 号刊登了张熙若写的《冀察不应以特殊自居》，触怒了冀察政务委员会委员长宋哲元，被勒令停刊四个多月。两面受压，夹缝中求生存，正反映出中国自由主义者的尴尬处境。

《独立评论》创刊号只印了 2000 册，第二期加印至 3000 册；由于供不应求，当年月发行量就达到了 7000 册。第二年竟飚升至 13000 册——这在当时是一个相当可观的数字。刊物的影响面由大学生、公务员而直达政府的高层。

由于《独立评论》的成员在国共两党的斗争中以及在国民党内蒋介石派系跟其他派系的斗争中，基本上是站在执政的国民党一边，并公开表示蒋介石"在今日确有做一国领袖的资格"（胡适：《政治改革的大路》）；又由于民族危机的加剧和国内抗日民族统一战线的日益形成，所以执政当局为了改变在国内外的形象，逐步将《独立评论》的成员作为"海内名宿"吸纳进自己的智囊团。1932 年 6 月 18 日，汪精卫来函邀请胡适在暑假期间讨论内政外交诸问题。1933 年 3 月 13 日，胡适、丁文江、翁文灏去保定晋见了蒋介石。1933 年夏天，蒋介石约蒋廷黻到牯岭谈话。1934 年 11 月 2 日，汪精卫又约胡适长谈……此外《独立评论》成员跟最高当局还常有函电往来，真正充当了"净友净臣"和"廊庙宾师"的角色。

后来，胡适出任了驻美大使，行政院最高政治顾问。丁文江出任了国防设计委员会委员、中央研究院总干事。蒋廷黻出任了行政院政务处长、驻苏大使、中国驻联合国常任代表。傅斯年出任了中央研究院总干事、国民参政会参政员。翁文灏出任了行政院秘书长、经济部部长、行政院长，代总统府秘书长。任鸿隽出任了国民参政会参政员。周炳琳出任了教育部常务次长、国民参政会参政员兼副秘书长。吴景超出任了行政院秘书、经济部秘书、战时物资管理局主任秘书。周诒春出任了实业部次长、农林部长、卫生部长。何廉出任了行政院政务处长、军事委员会参事、经济部政务次长。张忠绂出任了外交部参事兼美洲司司长。陈之迈出任了行政院参事兼第一组主任。顾毓琇出任了教育部政务次长、中央训练团教育委员会委员、中央大学校长……就这样，他们终于一个个从"边缘"走向了"中心"。

"新生活运动"中的蒋介石和胡适

1933 年 9 月，蒋介石以军事委员会委员长的身份率领百万大军，对位于赣南和闽西的中央革命根据地发动了新一轮军事"围剿"，行营就设在江西省的省会南昌。但南昌当时市容杂乱不堪，老百姓也没有养成健康文

明的生活习惯。这使当时中国的
最高执政者蒋介石觉得脸上无光，
陪伴蒋介石"出征"的夫人宋美
龄也觉得难以适应。于是，蒋介
石决定发起一场社会改造运动，
名为"新生活运动"，想利用中
国传统文化中的"礼义廉耻"渗
透于社会生活中的"衣食住行"
为其政权粉饰太平，并改善南京
政府在西方世界的形象。1934 年
2 月 19 日，蒋介石在南昌召开了
数万人参加的市民大会，发表了
题为"新生活运动之要义"的讲
话。接着，又发布了《新生活纲要》
和《新生活须知》一类规章。于是，
在南昌街头就出现了这样的标语
口号：

1927 年，蒋介石和宋美龄举行了轰动一时
的世纪婚礼

> 吐痰在地，在所禁忌；行路运动，安全第一；
> 举止稳重，步伐整齐；走路靠边，上车莫挤；
> 窗牖多开，通光透气；捕鼠灭蝇，习劳习逸；
> 漱口刷牙，黎明即起；饮食养生，莫恣油腻；
> 互救灾难，和洽邻里；端其视听，走路莫急；
> 小孩清洁，零食勿改；厨房厕所，净扫仔细。

　　如果孤立地看，以上标语的要求，似乎每一条都是正当的，然而正是
这些要求，反果为因，模糊了人们对当时社会本质的认识。古人云："仓
廪实而知礼仪。"这就是说，经济基础决定了包括意识形态和社会生活在
内的上层建筑。当时，中国广大老百姓在贫困线上挣扎，衣不蔽体，食不
果腹；更加之战乱频仍，更造成尸横遍野，饿殍载道。在这种情况下，单
纯靠禁止烫发、禁止着泳装，要求每日每人要洗三次手，每周要洗一次澡，

1927年蒋介石和宋美龄结婚时

岂能从根本上改变社会面貌？所以，鲁迅在《花边文学》一书所收的《奇怪》《算账》等杂文中，对新生活运动中的一些荒唐举措——如禁止男女同行、同席等进行了揭露和嘲讽。

胡适其实也是明白人，他知道"新生活运动"并不是"救国灵方"，不可能因之产生"复兴民族的奇迹"，因此，"我们不可太夸张这种新生活的效能"，因为生活方式的改变并不是一个单纯的教育问题，"许多坏习惯都是贫穷的陋巷里的产物。人民的一般的经济生活太低了，决不会有良好的生活习惯"。作为政府，"第一责任是要叫人民能生活，第二责任是要提高他们的生活力，最后一步才是教他们过新生活"。（《为新生活运动进一解》，《独立评论》1934年4月8日第95号）然而，胡适在同一篇文章中也歌颂了蒋介石的私德，说"他虽有很大的权力，居很高的地位，他的生活是简单的，勤苦的，有规律的。我在汉口看见他请客，只用几个简单的饭菜，没有酒，也没有烟卷"。

蒋介石发起"新生活运动"时说过不少大话，吹了不少牛皮，如说什么要在三个月内造就一个"新南昌"，要在半年之内"风动全国，时全体国民的生活都能普遍的革新"，但由于脱离了国情和人民群众的真实需求，因而无疾而终，不了了之，仅仅表现出胡适所说的那种一时的"宗教热诚"。

第四章 批评还是拥护

"误国如此，真不可恕"：热河失守时胡适对蒋介石的谴责

"热河省"，这个行政区域已于 1956 年撤销，原辖今河北东北部、辽宁西部及内蒙古赤峰市，以承德市为省会。日本侵略军鲸吞东北之后，妄图将其魔爪伸向华北——占领热河就成为了关键的一步。日本外相内田康哉不惜篡改历史，歪曲事实，为侵占热河制造借口。他诡称："满蒙与中国系以长城为界者，由历史而言，亦无议论之余地。尤以热河省之属于满洲国之一部者，征诸该国建国之经纬，当可明了。"

从 1926 年至 1933 年，先后在热河担任都统、省保安司令、省主席的是人称"汤大虎"的汤玉麟。其人横征暴敛，鱼肉百姓，招致天怒人怨。张学良亲口对胡适说，热河百姓因痛恨汤玉麟而痛恨一切中国军队。当东北军的丁春喜旅开进热河时，途中就有两位营长失踪，估计是被当地人杀掉了。胡适曾建议张学良杀掉汤玉麟，至少将其免职，但未被采纳。正当日本觊觎热河的危难之际，作为军事委员会委员长的蒋介石正集中精锐部队进攻革命根据地。1932 年 12 月 30 日，蒋介石调集 29 个师、2 个旅约四五十万兵力，分左、中、右三路，采用分进合击战术，对江西中央苏区进行了第四次军事"围剿"。南京政府军政高层之间也勾心斗角，互相倾轧。比如行政院长汪精卫责备张学良虽"拥兵最多，军容最盛"，而且热河在其防地以内，却不出一兵不放一矢抗日。张学良却表示"自卫必先准备，准备非财莫举"，要求行政院财政部"即筹 500 万"，并且"每月筹助热河 300 万"。于是，上演了一出汪精卫坚辞行政院长、张学良坚辞北平"绥靖"公署主任的闹剧。

1933 年元旦，日军守备队首先在山海关（榆关）制造了一起在车站附近投掷手榴弹的事件，以此为借口向当地驻军——东北军的何柱国旅发动进攻。1 月 2 日，日军炮击临榆县城，3 日，山海关失陷。2 月下旬，日军在热河全面展开了军事行动，胡适将敌方的胜利形容为"疾风扫落叶"，而把我方的失败称之为"摧枯拉朽的失败"。请看当时的国耻记录：2 月 21 日，日军占

领南岭，22日占领北票，24日占领开鲁，25日占领朝阳，26日占领下窑。

为了开脱节节失败的罪责，汤玉麟竟谎称这是为了"集中兵力，缩短战线，诱敌深入，与敌决一死战"。

27日以后的战况更令人寒心。从朝阳到承德共有640多里，日军仅用了7天就全部占领：3月1日凌南失陷，2日凌源失陷。两地的守军是张学良的嫡系，共6个旅以上，但日军只出动了3个旅。日军攻占凌源时，只损失了9个士兵，而东北军却全线溃败，不但抛弃了无数辎重粮秣，而且还丢失了许多现款。3日赤峰、平泉失陷。4日承德失陷。当天日军仅动用了128人、4辆装甲车，入承德时兵不血刃，如入无人之境。

面积达60万平方公里的热河在10天中全省沦陷，引起了举国震惊。3月2日晚，胡适、丁文江、翁文灏曾用密码给蒋介石发一电报："热河危急，决非汉卿（按：张学良）所能支持。不战再失一省，对内对外，中央必难逃责。非公即日飞来指挥挽救，政府将无以自解于天下。"

3月5日，胡适听说失承德，心情极为恶劣，开始为《独立评论》撰写《全国震惊以后》一文。3月6日，文章写完，凡6000余字，刊登于3月12日出版的《独立评论》第41期。该文从五个方面总结了大溃败的主要原因：一、"军队全没有科学的设备，没有现代的训练"。比如，很多中国军官居然不会看地图。二、"军官的贪污堕落"。他引用了朱庆澜将军的一句话："军官有了两万块钱以上的财产，决不能打仗了。"三、"地方政治的贪污腐败"，"竟使人民不能不暂时投入仇敌的怀抱里以求避免当前水深火热的暴政"。四、"张学良应负绝大的责任"。五、"中央政府也应负绝大的责任"。

关于国民党中央政府应负的责任，胡适也列举了四点。一、"容留汤玉麟在热河"。二、"容许张学良在华北，又不督责他作有效的准备"。三、当此强敌压境之日，作为最高军事领袖的蒋介石不北上坐镇指挥，反而逗留在长江流域"剿共"，"轻重失宜，误国不浅"。四、代理行政院长宋子文3月5日发表谈话，说热河不能守至"一星期至七日"。明知如此，为何不电召蒋介石从江西飞回南京"来指挥挽救"？为何不"征召全国最精良军队出关补救"？明知热河不能守而不设法补救，岂不是将国土"拱手让人"？

蒋介石与胡适

张学良与蒋介石

胡适除了将矛头直指以蒋介石为首的国民党上层，还指出中国"上上下下整个的没有现代化"是最重要的教训。"养兵数百万，而器械窳劣，衣食不周，几等乌合。"一个国家没有现代化，就只能成为劲风里的落叶，利斧下的朽木，刀俎上的鱼肉，不能自存于这个世界。胡适这番话，讲的其实就是落后就要挨打这个道理。

3月7日，胡适给张学良写了一封信，劝其引咎辞职。信中说："去年夏间曾劝说先生辞职，当时蒙复书表示决心去职。不幸后来此志未能实现，就有今日更大的耻辱。然先生今日倘能毅然自责求去，从容交卸，使闾阎不惊，部伍不乱，华北全部交中央负责，如此则尚有自赎之功，尚有可以自解于国人世人之道。若不趁蒋、何、黄诸公在此之时决心求去，若再恋栈以自陷于更不可自拔之地位，则将来必有最不荣誉的下场，百年事业，两世英明，恐将尽付流水了。"屈于包括胡适来电在内的舆论压力，张学良于3月7日致电国民党中央："热河之变，未逾旬日，失地千里，固有种种原因，酿成恶果，要皆学良一人诚信未孚，指挥不当，以致上负政府督责之殷，下无以对国民付托之重，戾愆丛集，百喙奚辞……应恳迅赐明令，准免本兼各职，以示惩儆。"

3月8日，蒋介石跟宋子文、何应钦商议了张学良的下野办法。3月9日，宋子文、蒋介石先后在长辛店召见了张学良。胡适很关心这次会谈的结果。当天的情况是：首先，宋子文转达了蒋介石的意见：热河失守，张学良守土有责，中央政府更是责无旁贷。蒋介石个人同样受到国人谴责，正如两人同乘一只小船，本应同舟共济，但是目前风浪太大，如先下去一人，以避浪潮，可免同遭沉没。下午4时，蒋介石跟张学良晤面。蒋准其辞职，张接受辞职。3月10日晚7时，张学良约见了胡适、丁文江、蒋梦麟等。张学良说，蒋介石要他辞职，他就辞了；辞职后先去意大利，后去瑞士。

3月12日，何应钦取代张学良兼代执行军事委员会北平分会委员长职权。东北军改编为四个军，由于学忠、万福麟、何柱国、王以哲分任军长。何应钦对东北军表示："一切照旧，望各安心"。

3月13日，蒋介石在保定召见胡适，同行者有翁文灏、丁文江、刘子楷。下午5时见蒋介石，谈了两个钟头。蒋介石说，他实在没有料到日本进攻热河会如此神速。他原估计日本占领热河需要6个师团的兵力。日本在中国没有这么多部队，需要在日本本土和台湾进行动员。他每天都接到情报，知道日本并没有动员，所以判断日本进攻热河只不过是虚张声势。不料日本对汤玉麟、张学良的兵力部署比我们知道得都清楚。胡适在当天日记中对蒋介石这番话进行了评论："这真是可怜的供状！误国如此，真不可恕。"

这次会见时，胡适还问蒋介石能否抵御日寇入侵。蒋回答："需有三个月的准备。"胡又问："三个月之后能打吗？"蒋答："进行近代的战争是不可能的。只能在几处地方用精兵死守，不许任何官兵为保命而退却。这样做也许可以让全世界知道我们是不怕死的。"胡适心想：这其实就是说中国不能抵抗。胡适又问："那么能进行外交交涉吗？能在不承认'满洲国'的条件下跟日本进行交涉吗？"蒋回答说，他曾经跟日本方面这样交涉过，完全无效，日本决不肯放弃"满洲国"。

1933年5月23日凌晨4时30分，何应钦代表中方完全答应了日本提出的停战条件。5月31日，中方首席代表熊斌与日方首席代表冈村宁次签订了丧权辱国的《塘沽协定》：中国军队立即撤退至延庆、昌平、高丽营、顺义、通州、香河、宝坻、林亭口、宁河、芦台所连之线以西以南地区，实际上是承认了日本占领东北和热河的事实。通过这种妥协，华北实现了局部停战，换取了四年的苟安，直至卢沟桥事变发生，才揭开了中国全面抗战的新一页。

小骂大帮忙：从西安事变看胡适对蒋的态度

1936年12月12日，张学良、杨虎城将军发动了著名的"西安事变"，

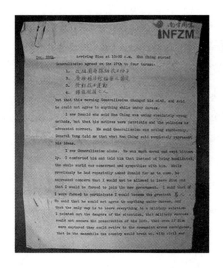

1936 年 12 月 20 日，宋子文写于西安事变时的日记

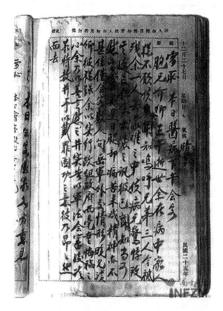

1936 年 12 月 27 日，西安事变后回到南京的蒋介石在日记中写道："晓见汉卿，彼欲强余以实行改组政府而毫无悔祸之心，余乃以善言慰之并实告以军法会审后，特赦并予以戴罪图功之意，彼乃昂昂然而去。"

拘捕了前往陕西督师"剿共"的蒋介石，提出了"三个决定""八项主张"，要求停止内战，改组南京政府，召开救国会议。这一事件举国震惊，反应不一，国际舆论有的希望事变能够和平解决，有的也希望内战继续，以利于日本进一步鲸吞中国。在中国共产党的推动下，经过跟南京政府的谈判，最终达成了停止"剿共"、联"红"抗日的共识，促成了第二次国共合作的新局面，张学良因此成为"千古功臣"。

胡适 1936 年 11 月上旬由美国旧金山启程回国，12 月 1 日到达上海，10 日回到北平。13 日一早，胡适还没有下楼，儿子思杜在楼下大喊："爸爸，张学良造反了！"胡适急忙找报纸，才知道发生了西安事变。

胡适对张学良的第一反应是"这祸真闯得不小！"并认为张学良"为人有小聪明"，但是"根基太坏"，"到如今还不曾成熟，就为小人所误"。最后，胡适列举他"勾通共产党"的事实，把他对蒋介石的"兵谏"，称为对蒋介石"下毒手"。

这一天，很多人到胡适家中来谈论此事，而且大家都很"焦急"。而对于蒋介石的态度，胡适总结式地说，"蒋之重要，今日大家都明白了。"

但胡适忍不住还是说，希望蒋介石借此得到一个教训，也希望国家和民族得一个教训，那就是，"独裁之不可恃"。①

胡适对蒋介石的态度由此可见一斑。一方面说蒋很"重要",另一方面又希望蒋明白,独裁不可取。不过骂归骂,但终究是"一家人"。

不仅如此,胡适还利用自己的影响,给张学良发了一封电报。在电文中胡适说:

> 陕中之变,举国震惊。介公负国家之重,若遭危害,国家事业至少要倒退二十年。足下应念国难家仇,悬崖勒马,护送介公出险,束身待罪,或尚可自赎于国人。若执迷不悟,名为抗敌,实则自坏长城,正为敌人所深快,足下将为民族国家之罪人矣。②

胡适在电文中对张学良的口气很严重,甚至不难辨别出"警告"的意味,要张学良"悬崖勒马",且"束身待罪",赶快护送蒋介石脱离险境。电文无法查证具体日期,但可以肯定的是,"西安事变"发生后,国内形势一片危急,多方力量角逐,对这事件的定位和定性非常敏感。胡适如果没有国民党方面的授意,单纯从一个学者的角度出发,是不会贸然发这种电报的。胡适手无兵力,又非执政者,乃一介书生,但凭借其社会地位却可以影响社会舆论,国民党方面正是看中了胡适的这一社会影响力。

与此同时,胡适还于 1936 年 12 月 17 日对美联社发表谈话,把张学良的爱国之举说成是"亲痛仇快的卖国行为"。12 月 18 日,胡适又撰写了《张学良的叛国》一文,把张学良逼蒋抗日的正义行为说成"是背叛国家,是破坏统一,是毁坏国家民族的力量,是妨害国家民族的进步"。文中攻击中国共产党的抗日主张,说这是中共"在武装叛乱失败时的一种策略"。这篇文章曾被南京政府印成传单,用飞机在西安上空散发。

胡适对"西安事变"教训的总结,是认为"先行政治制度太依赖领袖了,这决不是长久之计,也不是爱惜领袖的好法子"。③这样,他更坚定了在

---

① 参见曹伯言整理:《胡适日记》第 6 卷,安徽教育出版社 2001 年版,第 625 页。

② 参见耿云志、欧阳哲生编:《胡适书信集》(中),北京大学出版社 1996 年版,第 707 页。

③ 《新年的几个期望》,《大公报》1937 年 1 月 3 日。

中国实行"民主""宪政"的政治主张。

尽管对张学良态度激烈，但胡适对蒋介石也并非没有微词。胡适虽然承认蒋介石很重要，但另一方面又希望蒋介石通过这件事明白，独裁不可取。不过，骂归骂，终究是"一家人"。这也表明，胡适对蒋介石的批评向来是"小骂大帮忙"，关键时刻是毫不含糊的。

第五章　出使的悲剧

出山要比在山清

国难当头，在蒋介石的劝说下，胡适出任国民党政府的驻美大使。声言 20 年不谈政治的胡适，民族主义情怀压倒了自由主义情怀，终于做了"过河卒子"。

"出山"前的犹豫

对于日本的态度，胡适一向比较淡漠。但到了 1937 年上半年，随着日本侵略目的的进一步暴露，胡适的态度也发生了很大的转变。在 1937 年的 4 月间，胡适就对友人蒋廷黻说："关于日本，我近一年来真成了一个'反日者'，因为我渐渐觉得厌恶，轻视那一个民族了。我觉得这一个民族实在太不聪明，太笨，笨的令人生厌，令人生气！"胡适在信中还说，"天下尽有笨干而有小成的，决没有笨干而能大成的。日本人的成功已超过那个民族的本领的限度，此时真有人才寥落之感"①。

"太笨""太不聪明"是胡适对日本人国民性的一个总的看法，笼统而模糊，绝非双方战略战术上的一种力量分析、对比。真正的原因，笔者以为，是日本人"不悔祸"，太霸道。胡适对日本人是一种心理、情感上的看法，但这里面，未尝不蕴含着他对日本近年来对中国所作所为的不满。

然而，胡适对于日本侵华的态度和是否赴美从事外交活动的态度，经历了一个迟疑反复的过程。

1937 年 7 月 7 日，日军炮轰我宛平城外的卢沟桥，民族危机进一步加重。蒋介石迫于民众压力，于 7 月 17 日在江西庐山宣布对日作战；8 月 1 日，在中央军官学校讲话，再次表示抗战之决心。战火宣告了知识分子"坐而论道"的天真，也轰毁了胡适仅仅作为一名"诤臣""诤友"从而保全

---

① 参见耿云志、欧阳哲生编：《胡适书信集》（中），北京大学出版社 1996 年版，第 707 页。

1939 年，39 岁的胡适（右一）摄于上海

自己清誉的愿望。"卢沟桥事变"爆发后，胡适向友人这样表达自己的情绪，政府的力量还不够，还没有强大到一个可以忍辱避战的程度，况且又没有政治家担负大责任。在这最吃紧的关头，他焦急得不得了，但又没有办法。[①]

　　但直至同年 8 月 3 日，胡适仍主张"忍痛求和"，建议汪精卫、蒋介石"向日本作最后之和平呼吁，而以承认伪满洲国为议和之条件"。胡适认为，"与其战败而求和，不如于大战发生前为之"（见王世杰同日日记）。8 月 5 日，胡适亲往蒋介石处，提出他的和议主张。据王世杰 8 月 6 日日记（手稿）："蒋甚客气，但未表示意见。"当时，社会上传出胡适在国防参议会上提出承认"伪满洲国"的主张，"预备以三千万人之自由来换'和平'"。对此，陶行知先生曾致函胡适提出诘问，说他"不大相信（但也不大放心）"。现经王世杰日记印证，这种传言并非空穴来风。胡适后来承认，直至 1937 年 8 月，

---

①　参见胡适 1937 年 7 月 31 日致蒋廷黻信，耿云志、欧阳哲生编：《胡适书信集》（中），北京大学出版社 1996 年版，第 729 页。

他仍想忍辱避战，"彻底调整中日关系，谋五十年之和平"。直至同年 9 月才完全改变了态度，提出了"和比战难百倍"的见解。①

战火纷仍，胡适虽有"二十年不谈政治"的说法，但书生报国的热情未减，蒋介石也在寻找合适的机会让胡适"出山"。1937 年，从 7 月 9 日开始，蒋介石开始邀请社会各界知名人士在庐山举行关于国是问题的谈话会，胡适也在应邀之列。胡适 7 月 9 日离开北平，12 日由南京飞往庐山，胡适"想在此出一分一厘力量，于大局稍稍有所挽救耳"。在胡适看来，国家值此危难之际，一家一校都还是小事，都得跟着国家大局转移，若青山不在，何处还有柴烧？①胡适有此意，蒋介石也在寻找机会发挥胡适等人的力量。

1937 年 8 月下旬，蒋介石欲派胡适赴美进行宣传。其实，早在两年前的 1935 年，蒋介石就已经非常重视胡适等这批文人学者的力量，希望他们能够对政府建言献策。因而，蒋介石在当时网罗了一批这样的学者进入政府或准政府机构组织等。胡适、翁文灏、丁文江、蒋梦麟、陶孟和、杨振声等人，纷纷挂名于政府高级咨询机构——国防设计委员会名下，翁文灏时任该委员会的秘书长。

胡适是庚款留美的第二批学生。他在康奈尔大学读书 5 年，把那里看作"第二故乡"。胡适不仅以其学术地位和声望享誉学界，而且以其留美经历及亲美的思想言论成为"英美派"在学界的代表。蒋介石正是看到了胡适在美国的经历以及他的国际影响，有意让胡适出使。

1937 年 8 月 17 日，在陈布雷的安排下，蒋介石约见了胡适和陶希圣。这次谈话，在胡适看来，依旧没有什么实质性的结果。原因是，彼此比较生疏，有许多话不方便谈。但胡适这次和蒋介石的见面，也使他对蒋介石多了一些理解，胡适在日记里这样记载：蒋"是最明白战争厉害的，不过他是统兵的大元帅，在这时候不能唱低调"。这次谈话，蒋介石再次确定要胡适去美国进行游说的想法，胡适也答应去。但作为一介书生，丝毫没有从政经验，胡适忍不住疑惑地自问：我能做什么呢？②

① 参见胡适 1937 年 8 月 11 日致张元济信，见耿云志、欧阳哲生编：《胡适书信集（中）》，北京大学出版社 1996 年版，第 730 页。
② 曹伯言整理：《胡适日记》第 6 卷，安徽教育出版社 2001 年版，第 705 页。

据王世杰 8 月 21 日日记："蒋院长意欲胡适之赴美宣传，促予与之商宣传纲要。"对于蒋介石的委派，胡适曾多次推诿。他对蒋介石表明的理由是"性情能力不相宜"，对王世杰表明的理由是"战争已经发生，我不愿在这时候离开南京，我愿与南京共存亡"。台湾李敖先生收藏了一份王世杰给蒋介石的秘密呈文：

谨密呈者：日前蒙示，与胡君适之商洽赴美宣传事。近曾一再遵示，与之商酌，胡君现已病愈，对于赴美宣传，则以与彼本人性情能力不相宜为理由，迄今犹豫。应否另觅他人赴美，与应否兼派他人赴欧工作之处，乞公裁定（现时抵京教授能担任此等工作者就杰所知有张彭春、钱端升两君）。至赴美宣传计划，兹就愚见所及，拟定纲要数则，是否有当，谨附奉核夺。谨呈行政院院长蒋

教育部部长王世杰
八月三十日

王世杰草拟的"宣传纲要"是：

一、宣传对象　侧重教育界、报界、议会议员与教会。

二、宣传人员　最好就与美国大学、报界及教会有相当关系或认识者，各遴选一二人前往。

三、宣传目标　宣传目标侧重以下四事：

（一）事实之宣传　对于日本侵华事实及其扰乱世界合作与和平之计划，为有系统之宣传。

（二）太平洋会议之召集　促美国有力人士出面主张，由英美两国联合领导，召集太平洋会议，决定英法俄等国共同应付远东问题之态度与手段。

（三）中国之解放　美国有力人士有主张欧美诸国应放弃其在华租界权、驻兵权及领事裁判权，同时即逼迫日本至少在关以内亦同样放弃者。此种议论应设法使其流行。欧美日本放弃此项特权时，则上海天津，即由中国定为不驻兵区域，亦无不可。

封锁问题　促美国与英法等国,共采强硬态度,抗拒日本对华之封锁。①

虽然胡适一度犹豫,但蒋介石立意已决,无可回旋。同年8月31日,蒋介石以国民政府军事委员会快邮代电京字第26853号,对王世杰下达了命令:

本京教育部王部长:卅日函件均悉。仍须请胡先生赴美,并多派二三员如钱端升君等同行更好。至所拟宣传计划纲要,准予照办。中正。世午侍秘京。

同年9月初,王世杰跟蒋介石商定,加派钱端升、张忠绂跟胡适一起赴美宣传。经傅斯年等友人的劝说,胡适接受了这一使命。在民族大义面前,胡适的自由主义思想让位于民族主义情怀,他和当时热血沸腾的文化同人一样,加入到了全民抗日的队伍中来。9月8日,胡适乘船离开南京前往武汉。临行前,他明确告诉汪精卫、高崇武和陶希圣,说他抛弃了求和的梦想。1937年9月13日,胡适等一行从武汉乘飞机飞抵香港,开始了他们的国民外交之旅。胡适在旅途中写了一首小诗,记录了自己的心情:棕榈百扇静无声,海上中秋月最明。如此海天如此夜,为谁万里御风行。②最后一句"为谁万里御风行"除了怅惘,恐怕里面还蕴含着一种大丈夫一去不复返的沧桑与抱负吧。

胡适此行,尽管有"我能做什么"的自我质疑,但还是积极地以北大文学院长的身份赴欧美各国开展国民外交,希望能够得到欧美各国的道义支持。9月23日,经多次转机抵达美国檀香山。9月26日,胡适与钱端升、吴忠绂教授,一行到达旧金山,领事馆率队欢迎。当天下午,胡适应华侨邀请在大中华剧院作了题为"中国能战吗?"的演讲,他以"算盘要打最不如意的算盘,努力要做最大的努力"来勉励华侨,并表示了国内民众团结抗日的决心和争取胜利的信心。在回答美国合众社记者提问时,胡适说:此次中日战争,已暴露日方兵力上之弱点,日本侵略者并不可怕,最终会

① 转引自李敖:《胡适·胡适·擦》,李敖出版社1990年版,第87-90页。
① 见曹伯言整理:《胡适日记全编》第6卷,安徽教育出版社2001年版,第717-718页。

失败。9 月 29 日，胡适在联邦俱乐部做午餐演说，题为"中国能赢吗？"现场有人称赞说这是空前的大会。

10 月 1 日，胡适又应旧金山哥伦比亚广播电台邀请，以"中国处在目前危机中对美国的期望"为题发表演说，正面、直接地对美国抛出了自己的态度，并提出了自己的希望。这次演说中，胡适以一个朋友的身份，站在美国的角度分析其对中国抗战表示同情又不愿卷入战争的中立态度，认为这是由于美国人民热爱自己的国家而抱有的想法，于情于理都是应该的。胡适不无恳切地说："我曾经住在贵国七年半，我深信美国人民是真正厌恶战争的，真正爱好和平的。我十分了解贵国至少有 99% 的人民对中国人民目前保卫自己抵抗侵略的奋斗是寄予很大同情的，但是这种同情是不会也不应该把你们引入武装干预中国战争之中。"但是胡适随即又提出警告说，美国人民如果仅靠这种消极的绥靖主义，战祸将是不可避免的。他以第一次世界大战为例说明，那时美国虽同情英国，但不愿卷入战争，可是后来形势转变，迫使美国又不得不加入战争。胡适指出，历史雄辩地说明：战争是不以人们的和平意愿为转移的。在演讲中，胡适大胆地预言美国将不可避免地卷入这场战争之中，他说：

将来这种事将会变为无限制的空军战争，把贵国拉入这次战争之中……那时候你们爱好和平的国家会突然感到自己陷于一种战争的心理状态和一种战争的情况之中。那时候列位会发现在热切努力以求在第二次大战中再一次地以战争来努力，以求使贵国不卷入战争之中的绥靖主义机构可能会同样热切制止战争。

胡适的演说可谓一针见血，这种只有用战争来阻止甚至消灭战争的说法客观而深邃，有力地抨击了美国社会上空当时所弥漫的孤立主义幻想和中立情绪，也无形中批判了美国奉行的绥靖主义外交政策。

关于这次演讲，还有一个小插曲。演讲的当天下午，广播电台看了胡适的演讲词之后，说演讲稿太激烈，要胡适修改一下。胡适很生气，说，告诉电台中人，宁可取消广播，也不修改。电台一看胡适这种态度，反而变得很客气。晚上 7 点 45 分，胡适到电台做了长达 13 分钟的演讲。

10 月 20 日，胡适与当时驻美大使王正廷一同去拜访美国总统罗斯福，

1926 年，胡适在伦敦

他希望罗斯福"果断放弃妥协思想，用明快的眼光来判断是非"。11 月
13 日，胡适在纽约外交政策协会又作了一次重要讲演——"远东冲突后面
的问题"，旨在说明日本侵华的罪恶企图和中国抗战的世界意义。12 月 9 日，
胡适又应邀在华盛顿"女记者俱乐部"发表演说，当时日军正向南京进攻，
胡适说："南京如果失守，中国将继续抗战，虽战争延长至二三十年，亦
在所不惜。"胡适的演说提出了持久抗战的问题，并表达了中国持久抗战
的决心，在国际上产生了重大影响。

此后胡适又去加拿大、瑞士、法国、英国等国巡回演讲，向这些国家
的政府和人民介绍中国抗日战争的情况，申说中国抗战的意义和信心，指
出中国是为自由而战，争取国际上的支持。

从 1937 年 9 月至 1938 年 9 月，胡适进行了为期一年的海外宣传工作，
充当非正式的外交使节。足迹所至，从檀香山至旧金山、华盛顿、纽约、
芝加哥等地；又从美国至法国、英国、瑞士。讲演的场所有团体、电台、
大学。胡适此次以民间身份出访欧美，历时一年，足迹遍布欧美大陆，产
生了比较大的影响，基本上达到了蒋介石对他的期望。

书生大使：还是做了"过河卒子"

为了争取美国的援助，蒋介石此时决定重用"英美派"。1938 年 7 月

20 日，胡适在法国夏浦港口接到从美国转来的蒋介石签名电报，要他出任驻美大使，并说已由行政院院长孔祥熙"专电敦劝"。未出一个星期，国民政府和蒋介石本人又分别致电胡适，敦请其出任驻美大使。

对于"出使"一事，胡适颇为犹豫，他曾想以"二十余年疏懒已惯"为由谢绝，并推荐曾任驻美大使的施肇基重担此任。但一些朋友（如林斐成、傅斯年等）力劝他不要推辞，胡适便采取了"既不能辞，'伸头也是一刀，缩头也是一刀'，不如伸头更爽快的态度"。7 月 27 日，他回复蒋介石一电："……国家际此危难，有所驱策，义何敢辞。惟自审廿余年闲懒已惯，又素无外交经验，深想不能担负如此重任，贻误国家，故迟疑至今，始敢决心受命。"胡适电文中说他"素无外交经验"，陈述的是实情，不是故作谦虚。中国驻美大使，如施肇基、王正廷、魏道明、顾维钧、周书楷等，均为职业外交官出身。叶公超、蒋廷黻、董显光、沈剑虹等人此前也有外交经历或从政经历，只有胡适是从学界直接走进政坛的。

经过民族大义和个人小我的权衡较量，胡适还是答应出任了。他认为"现在国家是战时，战时政府对我的征调，我不敢推辞"，终于应允，打破他二十年不入政界的誓言。1938 年 9 月 13 日，国民党政府正式对外公布胡适为驻美大使，胡适在日记中这样记录了自己的心声："今天得外部电，说政府今天发表我驻美大使。……二十一年的独立自由的生活，今日起，为国家牺牲了。"[①]

9 月 17 日任命正式下达，胡适在回复政府中枢的电文中说："国家际此危难，有所驱策，义何敢辞。"在此后给太太江冬秀的家信中也说道："我二十一年做自由的人，不做政府的官，何等自由？但现在国家到这地步，调兵调到我，拉夫拉到我，我没有法子逃，所以不能不去做一年半年的大使。"[②]又说："我是为国家的事来的，吃点苦不要紧，我屡次对你说过，'留得青山在，不怕没柴烧'。国家是青山，青山倒了，我们子子孙孙都得做奴隶了。"这可以说是道出了胡适担任驻美大使的初衷或者动机。危难之中，

---

① 参阅 1948 年 1 月 12 日胡适在 1937 年 7 月 31 日致蒋廷黻信后的补注。

② 胡适 1938 年 9 月 24 日致江冬秀信，见耿云志、欧阳哲生编：《胡适书信集》（中），北京大学出版社 1996 年版，第 758 页。

知识分子身上的爱国情怀被大大地激发出来。他郑重表示："自身以民族国家大义为重，吃苦奔命的责任则万难推卸。"

9月28日，胡适从英国乘坐玛丽皇后号（Queen Mary）轮船启程，10月3日抵达纽约，这是胡适第六次到美国。10月6日胡适正式到馆上任，入住双橡园。10月28日，胡适向罗斯福总统递呈了国书。在国事维艰之时，胡适开始了他的战时外交生涯，直到1942年9月离任。

打定"二十年不谈政治"的胡适，此刻彻底做了"过河卒子"。后来，他在给一同共过事的好友陈光甫的一张留念照片上，背后题了一首小诗，这首略带自嘲性质的小诗很能反映他当时复杂的心情：

> 偶有几茎白发，
> 心情微近中年。
> 做了过河卒子，
> 只能拼命向前。

这其中，透露着走上仕途的无奈，也流露出知识分子为国家出力的责任感和使命感。1946年11月，胡适把这首诗写成条幅时，将"偶"字改为"略"字，"微"字改为"已"字。在另一些版本中，又将"卒子"改为"小卒"，"只能"改为"只许"，表现出他对此诗的反复斟酌。

由于诗中"过河卒子"的提法受到讥评，胡适后来在诗后加了一段短跋予以说明："光甫同我当时都在华盛顿为国家做点战时工作，那是国家最危急的时期，故有'过河卒子'的话……""过河卒子"成了胡适这段岁月的一个象征。

胡适曾对陈光甫等人说，我们是最远的一支军队，是国家的最后希望，决不可放弃责守。他曾给馆员们鼓舞士气说，我是明知国家危急才来的。国家越倒霉，越用得着我们。我们到国家太平时，才可以歇手。[1]

针对胡适上任驻美大使一事，美国《纽约时报》评论说："除胡适外，没有人更够资格向美国说明中国的情形，同时向中国说明美国的情形。"罗斯福总统盛赞"胡大使名遍世界，今出任中国驻美大使，必能更进一步

---

[1] 曹伯言整理：《胡适日记》第7卷，安徽教育出版社2001年版，第184页。

促进中美谅解"，表示"美国对于中国亦随时准备与之合作"。胡适出任驻美大使得到美国各界的信任和支持，基本上达到了蒋介石起用他的效果。

上任后的困境

胡适的大使任命经过了一番波折。自蒋介石拍发了签名电报之后，大约又经过了两个月，直到1938年9月17日，国民政府外交部才正式颁发命令，免去王正廷驻美大使，特任胡适接替此职。9月24日，胡适在给妻子江冬秀的一封信中坦露心迹：

> 七月十九我到巴黎，次日即得蒋先生电，劝我做美国大使。二十五在英国又得到政府电。二十七又得到蒋电。我想了七八天，又同林行规先生细谈。他说，我没有理由可以辞此事。我也明白这是征兵一样，不能逃的。到二十七日，我才发电允任，二十九日写信托新六对你说。

> 后来此事有阻力，一直搁了六十天，到九月十七日，忽然发表了。政府要我飞去。不知道大西洋上没有飞机。我昨天回到英国。四日之后，九月二十八日就坐船到美国去了。王正廷大使也是九月二十八日离美国，我十月二日到纽约。

> 我二十一年做自由的人，不做政府的官，何等自由？但现在国家到这地步，调兵调到我，拉夫拉到我，我没有法子逃，所以不能不去做一年半年的大使。

> 我声明做到战事完结为止，战事一了，我就回来仍旧教我的书。请你放心，我决不留恋做下去。

同年10月5日，胡适正式赴华盛顿就任驻美大使；10月27日，向美国总统罗斯福呈递了国书。

由于胡适在美国享有很高的威望，他一上任就获得了广泛的好评。1938年9月20日，《纽约时报》在一篇社论里说："凡是知道胡适的美国人，都会因胡适的新任命而欢呼。……胡适的同胞很少能比胡适更宜于代表新旧两派中国文化的精华。很少中国人能如此适于沟通中美两国的情形。"在数月之后出版的Inside Asia杂志上，约翰·根室（John Gunther）介绍说：

胡适和夫人江冬秀

"胡适，毫无疑问，是当代最为出色的中国人，从各方面看，并非只从狭窄的政治方面看……在思想上也是一位巨人……是最为睿智明断的国家主义。"①

然而，新官上任之后却面临着不少困难。胡适任驻美大使之初，使馆经费入不敷出。使馆创办的太平洋通讯社和聘用的美国雇员均欠资。馆无定址，只有一位女管家照料生活。胡适夫人江冬秀在国内不明实情，一度误认为胡适在美国有一位天仙似的美女陪伴，来信祝他们两位"长生不老，百百岁"。胡适解释道："我在这里，身边没有一个人，更没有女人。……我是孤伶伶的一个人，每晚上总是我一个人最晚一个去睡。自从去冬病后，每晚睡觉之前总喝一杯热的俄勿廷（Ovaltine），再吃一粒安眠药。……今晚上家里有十三个客人，客散时已十二点，人都去睡了，只有我还在这里写家信给妻子申冤枉！"

常年的操劳使胡适迅速衰老。他在家信中说："今早上，我洗脸时，镜子里看见我的眉毛白了几根，鼻子里的毛早就白了几根。吃早饭时，我对同事说，'这一仗打完，我的头发眉毛也许要全白了。'"（1940年5月21日致江冬秀）这一年，胡适刚50岁。然而，胡适用自我牺牲的精神面对这些艰难困苦。他在致夫人信中说："我常常想，我过的日子总算顶舒服的了。比起打仗的兵士，比起逃难的人民，比起天天受飞机炸弹惊恐的人民，我这里可算是天堂了。"（1939年4月23日致江冬秀）他还说："我是为国家的事来的，吃点苦不要紧。我屡次对你说过，'留得青山在，不怕没柴烧'。国家是青山，青山倒了，我们的子子孙孙都得做奴隶了。"（1939年9月21日致江冬秀）"我此次出门，既不为利，更不为名，只

---

① 转引自［美］贾祖麟《胡适之评传》，南海出版公司1992年版，第255–256页。

为国家有危急，我被征调出来，不能不忍起心肠，抛家别友，来做两三年的孤家寡人。"（1939 年 11 月 14 日致江冬秀）

然而，比物质条件更艰难的，是他肩负的外交使命。

书生大使的外交理念和策略

胡适从 1938 年开始就任驻美大使，到 1942 年 9 月 18 日离开华盛顿双橡园由魏道明接任，历时 4 年。在驻美大使任上的 4 年时光，他是否达致了蒋介石的期望和初衷？从一个学者转身投入政治，胡适在大使任上到底做了哪些成绩，他的外交理念和手段有什么与众不同之处？本书有必要就这些问题进行解释，以便廓清罩在一些历史史实上的迷雾。

史学界对于他这一时期的是非功过，至今仍褒贬不一。肯定者认为胡适在美国进行了有力的宣传，争取到了可观的贷款，有力地支持了中国的抗战；罗斯福总统改变对日本的政策，也跟胡适的游说有关，因为美国对胡适这位"书生大使"的慷慨陈辞是很重视的。否定者认为，国民政府交付胡适的主要任务，胡适完成得都很有限，四年中达成的两项贷款协定，不但是杯水车薪，而且主要功劳还应归之于陈光甫。至于胡适热衷的演讲活动，也是舍本逐末，借用安徽的农谚说，就叫"捞鱼摸虾，耽误庄稼"。

有一个夸大胡适政绩的掌故。美籍华裔学者唐德刚告诉胡适一件趣事：哥伦比亚大学一位有名的教授查理·毕尔，在一部同样有名的历史著作《罗斯福总统与大战之序幕》一书中，竟把胡适说成是日本偷袭珍珠港的罪魁祸首。这位史学家说，美日之间的战争本来是可以避免的，而罗斯福为了维护美国资本家在亚洲的利益，不幸上了那位颇为干练的中国大使胡适的圈套，才惹怒日本前来偷袭。胡适听了这个故事大为高兴。他连忙要唐德刚把这部书借来，并在对他"不虞之誉"的那一段下面，画了一道道的红线。但当唐德刚问胡适当年究竟要了些什么圈套终于使罗斯福上钩，胡适想来想去也无法做出圆满的解答。①

---

① 《胡适杂记》，广西师范大学出版社 2005 年版，第 18 页。

比较持平的是王世杰的评价。1940 年 8 月 8 日，王世杰在致胡适信中说："兄自抵华盛顿使署之后，所谓进退问题，便几无日不在传说着。有的传说，出于'公敌'；有的传说，出于'小人'；有的传说，也不是完全无根。同时与这些公敌或小人对抗的，也不少。譬如最近返国的陈光甫，就是一个。我不相信兄是头等外交人才；我也不相信，美国外交政策是容易被他国外交官转移的。但是我深信，美国外交政策凡可以设法转移的，让兄去做，较任何人有效。"

这里以原始资料为据，力争对胡适的这一段人生经历作一客观评价。

外交理念："苦撑待变"与"和比战难"

9 月 28 日，胡适乘玛丽皇后号船（Queen Mary）离开英国驶向纽约。9 月 29 日，胡适收到从伦敦转来的一封蒋介石电报，向他布置了出任大使期间的四项任务：

一、欧局变动中，如何促美助我。

二、中立法。

三、财政援助。

四、禁军用品售日。

1938 年 10 月 1 日，外交部长王宠惠又致电胡适下达指示：

……大使就职伊始，朝野期望甚殷。兹将政府对美方针列举于下：（甲）欧战发生时各问题：（一）英美对于远东合作素为我国所期待，欧战发生，英俄倾向与日妥协且必须求美国援助。我应与美成立谅解，请美严促英国勿与日本妥协，增我抗日之困难。（二）促请美总统实行其"隔离"（quarantine）侵略者之政策，对日实行远距离之封锁。（三）日本企图夺取英法在华利益，望美勿置身事外，尤以维持在上海公共租界之地位及现状为要。（乙）美国实行中立法问题：（一）促成美国修正中立法，区别侵略国与被侵略国。（二）日本未对华实行战时封锁前仍望美国避免施用中立法。（三）日本断绝中国交通时，应请美国将中立法中禁止军火及军用品之输出及财政援助问题应继续重视，并努力促美政府于最短期间助成对华现金或信用之借款。（丁）军用品售日问题，美国现劝商民勿以飞机售给日本，应相机商请美国扩大其劝告范围，使煤油钢铁亦不售给日本，俾各国对于国联盟约第十六条之实施较易实现。（戊）情报问题：美国朝野之主张及活动应多方采探，随时报告。

10月8日，胡适上任第三天又接到蒋介石要求转交罗斯福的电报，内容是："中国人民深信惟有美国政府为唯一可以为获取公平和平之领导者，如美国有意发起邀集有关国家举行永久和平之会议——如华盛顿会议之先例，此正其时。"蒋介石此时寄希望于美国，希望借助美国的力量召开和平会议。

鉴于美国当时上空笼罩的孤立主义情绪和民众的反战、厌战心理，罗斯福总统也不敢贸然表示支持中国抵抗日本的战争，他在给蒋介石的回电中，委婉地回绝了蒋向美国寻求援助的建议。10月19日胡适转交了罗斯福总统给蒋介石的复电，罗斯福总统在电文中婉转地表示："本人期望基于真正平等标准以转移冲突之因素使趋向和平。本人谨保证，一俟适当时机来临，自当尽力以赴。"

胡适在1938年10月20日给蒋介石的电报上详细分析当时的国际形势，向蒋介石提出了自己的理念，"和比战难"及"苦撑待变"。"'苦撑'是尽其在我，'待变'是等候世界局势变到于我有利之时。"[1]

胡适在给蒋介石的电报中还说："今美国舆论必定不容许美国领袖去支持一不公正的和平。至于美国以实力主持强制的公正和平的机会，今日尚非其时。"[2]胡适还提醒蒋介石，罗斯福前天电报中的弦外之音，可听明白了？按照胡适的理解，美国和苏联都不愿意中国和日本讲和，苏联不愿意中国讲和，所以用武器来支持；美国则用经济援助来支持。因此，就目前的国际形势来说，唯有苦撑待变了，等待时局变得于我有利。

应该说，在这种情况下，胡适坚持抗日，主张和比战难、苦撑待变是

---

[1] 曹伯言整理：《胡适日记》第7卷，安徽教育出版社2001年版，第454页。

[2] 见胡适1938年10月20日致蒋介石电，耿云志、欧阳哲生编：《胡适书信集》（中），北京大学出版社1996年版，第760页。

十分难得，也是十分必要的。比照国内曾出现的主和势力，胡适则彰显了民族主义的气节。1939 年 7 月，美国政府搁置"中立法案"，胡适致电重庆称这是世界局势变化的开始。1940 年 3 月，汪伪政权成立，胡适分析说美国不会因此"变更对我态度"。11 月美国大选结束，罗斯福连任总统，胡适致电孔祥熙："此后两年，政府对内对外，应能稍稍放手做去"，随后又电告了罗斯福政府的方针。太平洋战争爆发前，胡适密切关注美日关系的变化，1941 年 9、10 月间，多次电告重庆政府，判断美国将参加第二次世界大战。胡适传递出来的信息基本上是积极的。

外交策略

胡适把演说看作"诚实与公开的外交"的核心。他在美任大使四年，赴全美各地演讲 400 多次，这其中有政治演说，也不乏学术演讲。其政治演说的主要内容和思想核心，就是上述的"和比战难"和"苦撑待变"，即坚决持久抗日和积极争取外援的主张。

用演讲的方式，争取美国支持。

1938 年 11 月胡适在谒见罗斯福总统后即向新闻界发表谈话，说"至必要时，中国有长期抗战的准备"。

胡适驻美期间与罗斯福等在一起

12月4日，胡适应邀在纽约作了重要演讲，题为《北美独立战争与中国抗日战争》。这次演说明确表达了他主张持久抗日，反对和谈及争取美援的思想。他把中国的抗日战争和美国当年抗击英国殖民统治争取独立的战争相类比，认为两者的正义性相同，所遇到的艰苦程度也相同。中国的抗战条件再艰苦，也同样要坚持到最后的胜利，当然也同样需要友邦的支持。他总结说：凡是革命的战争，都是武器不全而为理想所激发的民众和操有装备优越的正规军的压迫者或侵略者作战，结果最后的胜利总是归于笃信主义勇敢牺牲而能征服一切困难的一方面。中国抵抗侵略者的战争最后胜利也一定要依靠两件事：第一，中国必须继续作战；第二，在这一段漫长的时间中，国际情势转变对中国有利，对敌人不利的时候一定会到来的。胡适的这篇讲演，对美国来说是希望他们不要忘记历史，放弃绥靖主义立场和超然态度，支持中国抗战；对国内政府来说，就是要继续作战，"苦撑待变"，以求抗日战争的最后胜利。欧洲战争爆发后，胡适更加注重宣传中国抗战的决心及其世界意义，力图减轻美国人重欧轻亚的心理。

1938年12月4日，胡适在纽约哈摩尼俱乐部发表了题为《日本在中国之侵略战》的讲演。当时，中国经历了16个多月的抗战，北平、天津、青岛、济南、上海、杭州、南京、芜湖、九江、厦门、武汉和广州等大中城市都相继沦陷，中国所有的出海口通通都被日本占领。蒋介石以委员长身份向全中国和全世界表达了一个新的决心："中国决定继续其持久全面抗战的方针。因为抗战已经真正变成'全面的'了，敌人已经被我们诱入内地了，在地理上和时间上，我们都站在有利的地位。十六个月的抗战，已经达到我们延迟敌人西进的目的。因此我们能够发展广大后方的交通和运输，若干的工业，也能安然地迁到内地。必须经过绝大的艰难和牺牲，我们才能希望获得最后的胜利。我们必须认清这次的抗战，是个革命的战争，正像美国的独立战争，法俄的革命战争，土耳其的解放战争一样。在这种革命战争的过程中，民族精神必定获得最后的胜利。"

为了让美国朝野各界了解、同情并支持中国的抗战，胡适参阅了费斯克（John Fiske）的《美国革命》和贝密史的《美国外交史》等论著。他在讲演中援引了1777年冬天华盛顿统率美军在福奇山谷跟殖民军鏖战的生动战例：当时士兵吃不饱，赤着足在雪地行军，冻疮流出来的脓血印在洁白的积雪上……经过四年的顽强奋斗，终于在1781年10月取得了最后胜利。中国当时的处境正好比华盛顿军队当年在福奇山谷的处境。最后，胡适呼吁美国各界人士受公正观念和人道正义的驱使，阻止武器和重要军需原料继续输入日本这个不人道的国家。胡适渊博的学识，雄辩的口才，赢得了美国听众的共鸣，讲演的中文译稿在 1939 年 2 月 10 日至 11 日重庆的《大公报》上连载。

此外，值得指出的是，胡适本人是非常重视演讲的，有时候还要为演讲做大量的准备工作。演讲完毕后，胡适也会非常满意地对自己点评两句，类似因为准备的充分，所以成绩也不坏之类的。这从一个侧面反映出胡适拿演讲当成了自己展开外交工作的主要手段。

如上所述，胡适在美国的一项经常性工作是讲演，内容当然是宣传蒋介石和国民政府的对日政策。为此，他险些付出了性命。

12 月 4 日讲演之后，胡适跟他在康奈尔大学的同学荷洛德·雷格曼律师到一位朋友家宵夜。其时，雷格曼兼任中国驻美大使馆的法律顾问。他们同坐在一张小沙发上，胡适忽然站起来，说他胸口疼痛，脸上汗流如注。有人递给胡适一杯白兰地，他一饮而尽。雷格曼委托另一位朋友彼得·格林送胡适回到旅馆。他睡下之后，仍然大汗淋漓。12 月 5 日晨，他推辞了上午的约会，一直休息到 11 点。午饭后又抱病出席纽约中国文化协会的活动，发表题为《日本对中国的战争》的讲演，为时 30 分钟。回到旅馆，请医生检查，又做了心电图，才知道胸口痛的原因是心脏的一根血管受伤，

摩根索

一时梗塞，凝了一个小血块。这是很危险的疾病，立即被抬进了医院。

医生说，昨晚的那杯白兰地也许救了胡适的命。所以后来胡适出远门，车上常放着一小瓶白兰地。这次住院共 77 天，全都静养。这是胡适首次犯心脏病。医生特别优惠，住院费给他打 6 折，只收了 3000 多美元。但胡适当时月薪只有 540 美元。这一场病花了他 8 个月的俸金。胡适出院时，医生说，静养好了，还可以工作二三十年。胡适 1962 年因心脏病突

发逝世，距离此次犯病 24 年。

1939 年 11 月 12 日，国民党召开五届六中全会。蒋介石对抗战两年来的情况进行了检讨，指出中国抗日力量比战争初期增加了一倍，拥有了 200 万人的军队，但彻底胜利尚须五至十年之久。蒋介石说："欧战在中日战争已进行了廿五月后发生是一件幸运的事。""日本今日无疑的想从欧战乘机浑水摸鱼。可是日本陷在中国泥淖中无法自拔，因而大大地削弱了其用侵略武力威胁世界的力量。"为了宣传蒋介石这次讲话的精神，胡适于同年 12 月 5 日在纽约市政协会发表题为《中国目前的情势》的讲演。胡适列举中国正规军和游击队的战果，证明蒋介石"以空间换取时间""集小胜为大胜"战略的意义，并援引统计数字揭示日本军事、经济上的弱点。胡适还非常策略、非常客观地介绍了苏、英、法、美援助中国的情况，在对苏俄的援华表示充分肯定的同情，也委婉表达了对美国援华的更大期望，再次呼吁禁止向日本供应铁、石油、铜、镍、棉花与其他军需物资。

胡适在美国的一系列宣传演讲，使美国人民和部分政界人士如美国财政部长摩根索等人及时地较为清楚地了解到中国抗战的立场，认识到中国人民的持久抗战对于制止日本帝国主义扩大侵略战争，维护美英等国在中国及亚太地区的利益有着重要的意义，因而有必要援助中国的抗战。胡适演讲所产生的影响，还可以从日本帝国主义者当年的反应中得到明证。1940 年日本一家报纸曾以社论形式激烈攻击胡适在美国的演讲活动，说他煽动美国人的仇日情绪，诱导美国同日本打仗，是一种"非美活动"。1941 年 11 月 5 日，即太平洋战争爆发前一个月，在一次御前会议上首相东条英机也谈到胡适在美的活动对日本的不利影响。可见胡适使美期间频繁的演讲活动为中国的抗战作出了重要的贡献。胡适卸任时《纽约时报》评论说："他所到之处，都能为自由中国得到支持。"就连批评胡适只能"空文宣传"的宋子文也不得不承认，美国的"援华空气""逐渐浓厚"。总之，胡适宣传演讲的贡献绝非一般外交官可以企及。

胡适虽然尽力宣传中国的抗战，但有时仍遭到猜忌和误解，比如 1938 年 11 月 26 日晚，胡适出席一个集会，听一位英国名人（Laski）的演说，集会主席宣称，会上的谈论均不发表。当时在座的还有苏俄代表和西班牙大使，听众多为左派人士。不料会后有消息传到国内，揭发胡适在讲话中说中国政府对日动摇，军队已不能再作战。1939 年 1 月 27 日，外交部致

银行家陈光甫

胡适电进行质问。胡适在复外交部和致外交部长王宠惠电文中两次辟谣，并"请转呈蒋总裁"。

筹措贷款，支持中国的抗战事业。

相对争取美国政界和民众的道义支持来说，争取更多的经济援助似乎是当时蒋介石政府更迫切的需求。因此，蒋介石在"开启四事"中，争取美国的财政援助是比较重要的一条。1938年10月1日，国民党政府外长王宠惠在"对美方针"中电告胡适：财政援助问题应继续重视，并力促美政府于最短期间助成对华现金或信用之借款。随即国民党政府又派陈光甫协办借款事宜。胡适出使美国期间签订的两笔贷款协定，都是跟陈光甫联手谈判达成的。

陈光甫（1881—1976年），美国宾州大学商学学士。1915年创办上海商业储蓄银行。1933年10月任全国经济委员会委员。1937年任行政院财政部贸易委员会主任委员。前文引用的那首七言绝句，就是胡适在签订中美桐油贷款协定之后题写的，既表达了他对陈光甫的感谢，也表达了他此时从政的决心。

1935年11月3日，国民政府实行币制改革，白银收归国府，以中央银行、中国银行、交通银行这三家银行发行的钞票为法定货币——法币。当时各发行银行库存现银约4亿银元，老百姓遵守命令上交的生银与银元约3亿银元，两项合计生银5.7亿盎司。由于中国国际收支连年入超，只有在国际市场抛售生银换取外汇，才能维持国际收支平衡，巩固法币的信用。然而当时国际银价大跌，上海的日本银行更纵容日人私运白银出境，以破坏法币的信用。

在中国金融险象环生的困境中，陈光甫于1936年3月13日以中国币制代表团首席代表名义跟财政部次长郭秉文、中孚银行副总经理顾翊群启程赴美，跟美国财政部官员进行谈判。5月14日，中美双方达成协议，

支持中国保持币制独立，美国财政部根据银元购物法案承购中国白银 7500
万盎司，另接受 5000 万盎司，作为两千万美元贷款的担保。这批白银，
从 1936 年 6 月至 1937 年 1 月，8 个月内分批运往美国。美国财政部长摩
根索（Herny Morgenthau，Jr.）表示：中国币制的改善稳定，有助于国际货
币的稳定。在这次谈判过程中，陈光甫给美方留下了很好的印象。摩根索
说：“陈在中外均有极佳之声誉，为一自力奋斗、有信誉而诚实之银行家。
陈对于促成中国银行现代化，在方法上贡献甚多，虽常避免参加政治，而
对于中国政治，有甚深之认识。”摩根索还表示，他对陈光甫完全信任。
陈光甫的诚实坦白与对财政问题的精湛知识，是中国方面可与之进行经贸
谈判的惟一人选。这项“白银协议”达成之后，蒋介石任命陈光甫为贸易
调整委员会（后改称“贸易委员会”）主任委员，享受中将待遇。

　　1938 年 10 月 25 日，历时四个半月的中日武汉会战结束，汉口沦陷。
当晚，美国财政部长摩根索邀请陈光甫与胡适至其寓所宣布：美国在中国
军队能力与精神显现低落之时，同意给中国一批贷款。因为桐油是中国当
时最大的出口农产品，而美国又需要桐油这种军需物资，所以双方同意以
桐油偿还贷款。这项贷款的数额虽然不大，但却间接使中国获得美金 5000
万元的贷款，无异于给抗战处于困境的中国注射了一剂强心针，所以摩根
索将这天晚上称为“值得纪念的夜晚”。蒋介石也特发贺电表示嘉奖：“借
款成功，全国兴奋，从此抗战精神必益坚强，民族前途实利赖之。”1939
年 2 月，中国方面即以“世界贸易公司”的名义与美国进出口银行正式签
订 2500 万美元的借款合同，5 年之内中国以桐油 22 万吨作价偿还，是为“桐
油借款”。胡适自言：“正当中国局势危急的时候，这笔钱，对于中国真
有救命及维持体力的作用，也是心脏衰弱时的一针强心剂。”

　　中美第一次桐油借款的要点是：

　　一、此为商业借款，数额为 2500 万美元。

　　二、借款利息定为年息四厘半，每半年付息一次。

　　三、中方向美方出售 22 万吨桐油——

　　　　25000 吨

　　　　35000 吨

　　　　45000 吨

55000 吨

60000 吨

四、桐油售价之半，用于偿付借款本息，余半数用以在美购买商品。

五、桐油海运由美籍船只承运。

六、桐油借款不能用作稳定币制或偿付第三国债务之用。

"桐油借款"（tung oil project）达成之后三个月，即 1939 年 5 月，国民政府财政部长孔祥熙致电陈光甫，希望他再次跟美国政府磋商，争取能得到一项数额较大的财政借款。5 月 23 日，陈光甫从纽约前往华盛顿跟胡适商谈。5 月 26 日，陈光甫在日记中写道：

适之病已告愈，本有抱负，常思为国出力，对于借款事宜，发挥甚多……渠意今后向美借款可有三个途径：第一，直接与大总统谈判。第二，彼与最高法院之推事佛兰克福特（Frankfurter）有旧，可托其从中斡旋，因此人与大总统颇接近，如由其居间谈判进行可较顺利。第三，彼以大使资格直接与美国外交部（国务院）谈判。未知余意若何云云。余聆其言，知其愿为借款尽力，心中不胜欣喜。因告以三项途径之中，自以为与外交部接洽为正常途径。余此次借款完全因人成事，苟非摩根索君极力帮忙，及大总统表示好感，借款实无万一希望；且余不善应付，如他人前来，结果或可更为圆满，亦属可能也。按财部根本不应与外国接洽借款事宜，此次接洽舍外交部而就财部，其主动力在大总统，因大总统实欲帮助中国，毛君系其随时呼唤之熟人，易于指挥，故由毛君与余谈判……今后谈判，余告适之向外交部接洽，外交部虽以守旧不管闲事著称，但据适之言：目下对于此事亦有相当兴趣，是前途接洽殊有成功希望也。

可见在争取美国财政援助过程中，胡适与陈光甫是密切商榷、相互配合的。

由于锡矿跟桐油一样，也是美国急需的国防物资，陈光甫建议把云南的锡运到美国，作为第二次向美国借贷的抵押品。陈光甫后来在日记中描述自己的处境，好比是赌徒在赌场中掷注，每天都在揣度美方人士的心理，"等候其喜怒闲忙之情境，窥伺良久，揣度机会已到，乃拟就彼方所中听之言词，迅速进言，借以维持好感。自（1938 年）9 月来此，无日不研究

如何投其所好，不敢有所疏忽。"（陈光甫
1939年6月4日日记）陈光甫的一片苦心，
在这段日记中被描绘得淋漓尽致。

1939年6月21日，胡适走访了美国国务
卿赫尔，说明2500万美元的桐油借款已经用
完，希望能获得美国的第二次借款。赫尔表
示这件事应跟联邦贷款主任琼斯商榷。同年9
月1日凌晨，德国法西斯大举进攻波兰。3日，
英、法对德宣战，第二次世界大战全面爆发。
重庆的电报如雪片般飞到中国驻美大使馆，
再三催促再次向美国借款，以维持法币价值。
9月8日，胡适拜会罗斯福总统，请求美国给

任国民政府行政院长的孔祥熙

予以滇锡为抵押的第二次贷款。罗斯福表示将跟摩根索商谈此事。9月26
日和10月4日，胡适和陈光甫先后分别拜会了摩根索，均无结果。当时，
中国的达官富商在美国存款很多，他们在大后方仍过着纸醉金迷的生活，
就像影片《一江春水向东流》中描写的那样，因此受到美国舆论的批评，
增添了向美借贷的阻力。

经过胡适和陈光甫一年半的努力，直到1940年3月7日，美联邦贷款
主任琼斯才迟迟宣布，愿意再给中国2000万美元贷款，以滇锡为抵押。胡、
陈二人正为此高兴，国民政府财政部长孔祥熙突然于3月8日来电提出异
议，理由之一是美国对芬兰贷款并无抵押，却向中国要抵押物，这是一种
歧视。理由之二是以抵押品借款，恐对其他借款产生影响，尤担心英法两
国援引此例。接到此电，胡、陈二人大感诧异，因为半年以来，孔祥熙从
未反对以滇锡为抵押，有多次往返的函电为证。当美方宣布达成协议时，
我方突然反悔，恐使国家失信于人。3月13日，陈光甫致电孔祥熙进行解释，
说美国跟英法两国国情不同，受《中立法》限制，援华方式必须基于互利。
此外，芬兰有关北欧安全，美国有大量北欧移民，所以在议会能得到支
持，美国对中国和芬兰的态度，的确存在不同。3月25日，胡适也致电孔
祥熙：

　　……此次借款以锡作抵，此议实由政府发之。自九月至三月，兄与光

甫往来电报盈寸，均无异议，故谈判始终依原议进行。今借款7日始发表，而8日尊电忽令尽变原议，光甫与适此时实难如此翻覆，即向美当局开口，非但无益，徒使毛财长及琼斯诸人为难耳。因彼等已迭向国会及报界宣传我国按期付款，此次借款以锡作抵，全系商业性质，彼等实亦无法翻覆也。尊电所云中美云云，当系局外人不明实情，轻易主张，未可轻信。适与光甫事事合作，深知此中困难，故特电陈，务乞复按14日英文电，速电光甫，依原议进行商订合同，以免贻误事机，此事至关重要，故敢直陈胸臆，千乞垂听。

由于胡适和陈光甫的据理力争，孔祥熙终于收回成命。4月24日，中美滇锡借款协议正式达成。陈光甫代表中方在协议上签了字。"滇锡借款"协定的要点是：

一、借款数额为2000万美元。

二、借款担保品是云南出产的中国一号九九纯锡四万吨，分七年交货。

三、自第二年开始，在七年内归还本金。

四、年息四厘，每半年付息一次。

五、借款可用于购买军需物资，如钢、铜、铝、镍等，而不能用于购买军械。

六、借款内拨出100万美元作为改善滇锡生产之用。

跟桐油借款相比，此项借款利率略低，还本期限较长，借款用途较宽，表明美国对华援助进一步松动。

游说美国政府，抛弃"中立法案"，放弃绥靖政策。

美国《中立法》规定对发生战争的双方国家，美国完全保持中立态度。胡适到美国的一大任务就是促使美国抛弃《中立法》。中国希望美国对中日双方暂不施用中立法。因为现有的中立法规定，美国不输出物资给交战国，但不禁止交战国"现购自运"。这种规定最使中国吃亏，日本可依"现购自运"在美国取得它所需要的东西，而中国既无现款购货，又无自己的交通工具运输。为此胡适多次奔走于国会、国务院与白宫，敦促美国抛弃"中立法案"。

在国民政府赋予胡适的外交任命中，最核心的内容是争取美援。1938
年10月15日蒋介石致罗斯福电中渴望美国予以相当巨额之贷款："举凡
阁下之措施，一方足以增加中国之实力，他方足以唤醒日本，俾恍然於其
现行之政策之谬误，借以迅速恢复远东之和平，本人自当竭诚感谢。"22
日外交部致电胡适，要求胡适会晤美国总统或外长时，"切望予我更大之
协助"。11月15日，外交部长王宠惠又以私人名义致电胡适："此间政
府同人对美态度最为关心，每周集会二次，咸愿听闻兄处消息。"但是，
当时美国的朝野上下却力求避战，保持中立。受美国制定的《中立法》
（Neutrality Act）的限制，美国政府在抗日战争初期不愿区分侵略国与被
侵略国的界限，也不敢对中国进行大规模的援助。国民政府要求胡适促成
美国修订《中立法》，然而完成这项使命比克服使馆的经济窘境更艰巨万倍，
因为美国制定国策依据的是本国的切身利益而不是其他。正如王世杰所言：
"我不相信，美国外交政策是容易被他国外交官转移的。"

抗日战争爆发之后，国民政府向苏、英、法、美寻求军事物资和财政
上的援助，其中援华最力的是苏联。仅1938年至1939年的两年间，苏联
就向中国提供了三笔贷款，总数为2.5亿美元，用于向苏联购买军火。胡
适说："最靠近我们，最不怕日本军事力量，在中国境内最没有既得利益
受到威胁的是苏俄。当然苏俄对中国的援助是最不必忌惮什么的，其援助
最大的地方有二：一、沿着满蒙边界集结大军牵制了日本驻北满和内蒙古
三十多万训练精良武器锐利的军队；二、半以贷款方式半以易货方式运来
卖给中国大量武器弹药，并包括大量的作战飞机、大炮和石油。"①

英法两国也给中国慷慨的援助——虽然两国在欧洲都面临着法西斯国
家的威胁。当时英属殖民地香港是中国武器弹药的大运输站。法属安南（越
南）通往广西的桂越铁路和英国帮助筑成的滇缅路都是中国对外的交通命
脉。英国于1939年向中国提供了贷款和信贷共800万英镑。法国于1938
年和1939年提供了铁路贷款约1.8亿法郎。

应该承认，在当时的中日冲突过程中，美国大多数民众（包括罗斯福

---

① 《中国目前的情势》，《胡适文集》第12卷，北京大学出版社1998年版，第
763–764页。

总统本人）其实是倾向中国的。罗斯福的外祖父年轻时到过中国，跟广州商人从事茶叶与香料贸易。他对罗斯福说，中国人言而有信（讲究"言必诺"），使罗斯福从小就钦佩中国文化，因而对中国人也能善意相待。1937年11月11日，日本军队炸沉了停泊在扬子江的美国军舰帕奈号，造成2死30伤的惨剧。此时，日本还炸沉了美孚公司的两艘油轮。事后日本方面虽然宣称这是所谓"误炸"，并赔偿了200多万美元，但对美国人民的感情却造成了无法弥合的伤害。

胡适讲述过几个小故事：有一次，他在华盛顿省司卜更城一个饭店吃饭。饭店一个穿白色制服的茶房给他3美元，诚恳地说："大使先生，这是我一点小小贡献，请你收下，代我救济中国的难民吧。"还有一次，胡适的邻居巴美莉太太送一封信来，里面附了两张支票，共美元1000元：一张给美国医药助学会，另一张给宋美龄，请她代为救济中国难民。两天后，胡适将捐赠证书送去请她签名，不幸这位老太太当晚竟与世长辞。

然而向美国政府寻求财政援助却十分艰难，因为第一次世界大战期间各国战债总数约为300亿美元，始终未能偿还，故美国以此为前车之鉴，不借款与交战国几被视为天经地义。此外美国有一派人士认为，美国当年参战，原因是英法等协约国国家在美国购买军用品太多，经济关系极深，因此美国不能坐视英法战败，所以美国的中立主义者都反对借款与任何交战国，以免卷入战争旋涡。

在太平洋战争爆发之前，实施《中立法》是美国的一项重要国策。鉴于罗斯福出任美国第32届总统之前，美国面临着经济大萧条：货币贬值到无以复加的程度，工业企业尽成枯枝败叶，农产品失去了市场，大批失业公民面临严峻的生存问题，所以这位总统上任之后极力要让选民相信，在诡谲多变的国际形势中，美国应该闭门孤立，远离战争，构造一个"美国安全带"。在这方面，美国没有任何政治对手比他更值得信赖。受《中立法》的限制，美国政府限制向海外的交战国出售武器军火，禁止美国船只运输战略物资给交战的任何一方，在贷款方面也有诸多限制。这自然给胡适的外交活动带来了巨大障碍。

1939年，美国决定修改《中立法》。胡适对此事表示"日夕注意"。从胡适当时跟国民政府外交部往返的电报来看，他跟某些有影响的参议员——如毕德门进行了沟通。毕德门有"重欧轻亚"的倾向，他提出的修正意见多有对中国的不利之处。经胡适指出，毕德门修正了他提案的要旨。胡适在 7 月 22 日致国民政府电文中说明："此次中立法之争，虽无结果，然亦不无进步。毕德门原案之打消，实为一大幸事。"胡适还专门为此事谒见罗斯福。罗斯福说："依据现在的形势，众议院可望通过直接废止中立法，但参议院形势稍复杂。"后经过修改的《中立法》撤销了武器禁运条款，采取现金购买、自行运输原则。美国外交部长赫尔表示："美国立法避免牵入国际战争固属重要，而谋维持世界和平使战争不致发生尤为根本要图。美国在今日决不能孤立，如此一个大国所立法令之内容不独影响本国，亦是影响其他各国，吾人切勿妄想普遍而无弹性之原则可以随时应付一切新兴之境地。"（转引自胡适 1939 年 5 月 29 日致外交部电）可见美国中立政策的松动，跟胡适施加的影响多少也有一些关系。

抗议几乎达成的日美妥协。

胡适还就美日会谈时日方提出的《临时妥协方案》进行了多次交涉和抗议。

1941 年 3 月，美日政府之间开始进行高层谈判。日本派出的特使是海军上将野村，美国的谈判代表是国务卿赫尔。当时日本正面临着战略原料短缺的困境，而美国则是日本最大的石油供应国。所以野村在美国四处游说，企图缓和日美之间的紧张关系，在罗斯福的授意下，赫尔要求日本从中国南方撤出其全部军队——但仍可以在伪满洲国行使最高权力。作为回报，是美国给予日本贸易自由。也就是说，美国以满洲割让给日本为代价，争取日本从中国南方撤军，日本首相、陆军大臣东条英机坚决反对从中国撤军。谈判一度陷于僵局。于是，日本增派前驻德大使来栖为专使，增援野村，一面谈判一面备战。

这显然是拿中国做交易。就此问题，胡适于 1941 年 11 月 18 日和 25 日两次拜会了美国国务卿赫尔，向他提出严重抗议，坚决反对牺牲中国与日本妥协，胡适的态度非常强硬，使赫尔感到吃惊。11 月 22 日，赫尔国务卿约见胡适，出示了美国准备跟日本达成临时妥协的一份草案，内容有：（一）日本撤退在越南南部的驻军，并将越南北部驻军减少到 25000 人。（二）有限度地恢复美、日通商。（三）中日间任何问题之解决应基于和平、法律、秩序、公正的原则。日本则向美国提出"停止对中国政府的一切道德与物质的援助"。

11月24日，美日之间的妥协方案临近通过。胡适急电重庆当局："情势紧迫，难于遏阻。"这种局面使蒋介石大为震怒，宋美龄也介入了此事。蒋介石和外交部于11月25日密电胡适，训令他表示反对态度。11月26日，胡适代表中国政府向赫尔提出了严重抗议；同日，又跟宋子文一起拜谒了罗斯福总统。11月27日，美国取消了跟日本之间的临时妥协政策，准备以《十点和平解决办法》取代。蒋介石对胡适在日美谈判过程中表现的软弱极为不满。1941年11月30日，蒋介石在日记中的《本月反省录》中写道："倭派专使来栖赴美交涉，彼仍抄袭甲午战争时迁就列强，而独对中国之故智，以售狡计。果尔，美国务院主张妥协，几乎为其所算，且其势已成百分之九十九，只差妥协条件尚未提交来栖而已……当千钧一发之际，转败为胜，内助之力，实非鲜也。妻云：无论商家与偏室，若非家主与老板娘时刻贯注业务，则必不成。其言以鉴于历次外交部与驻美大使胡适对于彼使命与任务之成败，几乎毫不在意而发也。此等官僚与政客，无胆、无能而不愿为国家略费心神，凡事只听其成败，是诚可痛、可悲之至也。"对于宋美

蒋介石与宋子文

龄在处理这一事件中所发挥的作用，笔者不知其详，但蒋介石视胡适为官僚、政客，对其在外交事务上无胆、无能的不满已溢于言表。

1941年12月7日晚，胡适正在纽约参加一个宴会。觥筹交错之际，突然接到白宫来的电话，说罗斯福总统第二天约见。胡适于是半夜乘火车赶回华盛顿。12月8日上午见罗斯福。总统说："胡适！那两个家伙（指野村与来栖）方才离开这里，我把不能妥协的话坚定地告诉他们了。你可以即刻电告蒋委员长。"直到临近中午，罗斯福才接到报告，说就在这一天的清晨，日本出动了军舰33艘，包括航空母舰6艘、主力舰2艘、巡洋舰3艘、驱逐舰11艘、潜艇3艘及供应舰等，以及飞机353架，对珍珠港的美军突然袭击。击毁美舰18艘，飞机202架，美军死亡3067人。这成为了美国历史上"一个永久耻辱的日子"。

与此同时，日军还对夏威夷群岛、马来亚、香港、关岛、菲律宾群岛、威克岛、中途岛进行袭击。这种骇人听闻的暴行使整个美国，整个太平洋区域均感惊讶、震撼。当天，罗斯福在美国国会上发表了不到十分钟的演讲。他慷慨激昂地说："昨天，1941年12月7日，将成为我国的国耻日。""美国人民已经清楚地了解到这是关系我国存亡安危的问题。""我要求国会宣布：由于日本在1941年12月7日在星期日对我国无故进行卑鄙的袭击，美国同日本已经处于战争状态。"胡适后来说："这使我国家民族松了一口气，太平洋局势大变了。"

珍珠港事件的爆发客观上促使美国放弃绥靖政策，并彻底抛弃《中立法案》，投入世界反法西斯战争，之后中美合作共同反日的战争开始了。而这其中，也不难看出胡适的努力和斡旋。

"忠而获咎"：被抛弃的"过河卒子"

1942年1月，中、美、英、苏等26个国家在华盛顿签订了《对法西斯轴心国共同行动宣言》（即《二十六国公约》）。宣言规定：签字国保证使用全部军事和经济资源，共同对抗德、意、日法西斯侵略。至此，国际反法西斯统一战线正式形成。然而，一度因这种形势而欢欣鼓舞的胡适个人命运却发生了逆转。胡适愿为国民政府做"过河卒子"。如今"河"已过，胡适这个"卒子"就可以舍弃了。同年 8 月 15 日，国民政府以"心脏衰弱，不胜繁剧"为由免去了胡适驻美大使职务，由曾留学法国以致说英语也带法语音调的魏道明接任。其实，不论是辞职还是被免职，胡适继续留在美国已经丝毫发挥不了作用。被免职的当晚，胡适致蒋介石电："蒙中枢垂念衰病，解除职务，十分感激。"在致蒋介石电文中，胡适又力称魏道明"庸劣"，美国报纸已有指摘，并推荐郭泰祺或蒋廷黻取代魏道明，以此表现他的净臣气度。然而木已成舟，蒋介石不可能采纳胡适的意见。为了对胡适稍加抚慰，9 月初，国民政府行政院给了他一个"高等顾问"的虚位。孔祥熙又给胡适来电，问他是否缺钱花，归国川资够不够。胡适于 9 月 14 日复电婉谢。

胡适被免去驻美大使一职，美国舆论界曾表示震惊和遗憾。1942 年 7 月 2 日，重庆《大公报》转载了一则《华盛顿邮报》的消息："中国驻美大使胡适，最近六个月来曾遍游美国各地，行程达三万五千里，造成外国使节在美旅行之最高纪录。胡大使接受名誉学位之多，超过罗斯福总统；其发表演说次数之多，则超过罗斯福总统夫人；其被邀出席公共集会演说之记录，亦为外交团所有人员所不及。"1942 年 9 月 4 日，王世杰日记写道："美国政府对于以魏道明继任中国驻美大使事，虽照例表示同意，实则颇感不满。美国舆论亦然。适之已向国务院及白宫辞行，并一面以上述情形报告蒋先生。当三星期前，蒋先生嘱（陈）布雷向予言驻美使节更动问题，予曾力称魏君不适宜于此职。"王世杰 9 月 8 日日记又说："政府发表以魏道明继胡适之为驻美大使，中外均感失望。"魏道明本人的说法更印证了这一点。他后来回忆道："风云际会使我继任最孚人望极受敬重的中国驻美大使之一——胡适博士。除了他的学者与哲学家声名誉满中美两国之外，在他四年大使任内，他还结交极多朋友。他英语的优美典雅，待人的殷勤有礼，和做人的风趣，使得所有认识他的人都对他敬爱有加。突然间消息传来说胡博士职务将要变更，仰慕他的人群一定对于一位亲密朋友即将离去而深感遗憾。"①

也有人分析胡适被免职的深层原因。美国国务院政治关系顾问司坦·侯

① 魏道明：《使美回忆录》，（台湾）《传记文学》第 36 卷第 3 期，第 33 页。

恩百克（Staley Hornbeck）发表评论，认为这是大使侵犯了外交部长（按：宋子文于 1941 年 12 月出任外交部长）的权限所致。他由中国驻美大使馆获得了确切消息，说胡适与宋子文曾拟定了双方的权限。据说国民政府最高当局嫌胡适在华盛顿为美国政府的政策辩护得多，而为重庆政府的政策向美国解释得少。于是胡适成为了这种猜忌的牺牲品。

说胡适一直站在体谅美方的立场并为之辩解，这恐怕是事实。直到被免职前不久他还说："眼前第一要义，在于弘大度量，宽恕待朋友，体谅朋友在大患难之中，有时顾不到我们，切不可过分责备朋友。英美大强国，岂自甘心情愿失地丧师？岂不关心我们的痛痒？我们总得体恤朋友，朋友明白我们够得上做患难朋友，将来才有朋友永远和我们同安乐……今日我们所受困难，只是因为英美自己也受更大困难，更大耻辱。他们顾不到我们，他们的领袖心里实在认为最大耻辱。但他们日夜图谋雪耻，嘴里说不出，只是咬牙苦干。我们必须体谅他们的苦衷，才够得上患难朋友。"（1942 年 5 月 17 日致翁文灏、王世杰）1942 年 7 月 1 日王世杰日记也有这方面的记载："胡适之来信，力称我政府领袖对于盟邦务取大度，不可因其意识不能充分估计我之需要而多所责难，并以政府中无人为诤言为可虑。"胡适的书生之见，当然不会得到国民政府当局的认同，反而激起了蒋介石的更大不满。

胡适向国民政府转达美国政府的意见也会引起蒋介石的不满。1941 年初，蒋介石以"整饬军纪"为借口，动用了数十万大军"围剿"新四军，制造了被称为"千古奇冤"的"皖南事变"。消息传到美国，引起了不同的反响。1941 年 3 月，胡适在致陈布雷电中转达了美国政府的意见：a. 避免直接冲突，以息外间反感；b. 官场营私舞弊恶习竭力肃清；c. 资产阶级应使平均负担战争责任；d. 现中国米珠薪桂，必有极多不满分子，政府当设法助之，以免左倾；e. 农工情形，当有明显救济办法，如此共党或可失去其号召能力，而不再扩充云云。① 这些意见，在蒋介石看来也是用美国政府压国民政府，他是不希望听到这些逆耳之言的。

胡适被免职一个多月之后，即 1942 年 10 月 9 日，美国国务卿赫尔约见中国新任驻美大使魏道明，宣布美国政府决定放弃在华治外法权。美国政府在一份草约上声明："美国政府准备立时与中国政府谈判，缔结一规

---

① 转引自《胡适书信集》（中），北京出版社 1996 年版，第 857 页。

定美国政府立时放弃在华治外法权及解决有关问题之条约。美国政府并望在最近期内完成上述目的之草约，提交中国政府考虑。"美国政府的这一决策，是基于国际阵营的历史性变化，也是基于英国政府也准备采取放弃在华治外法权之态度。其实美国政府在胡适的大使任内也表示过"废弃美国在华所享有之一切参与特权"的态度，不过以"一俟中国境内和平恢复"为前提。魏道明即日发表声明，认为这是中国与西方关系进入新时代的标志。此时蒋介石在欣喜之余，更感到他此前免去胡适大使职务的正确。如果胡适任内又多了这样一项功劳，那撤换起来就更加困难了。

免去胡适驻美大使职务显然有多种因素，但最终拍板的是胡适愿意为之效命的蒋介石。1942 年 10 月 13 日，蒋介石在日记中的《上星期反省录》中对胡适作出了"毫无贡献"的评价："胡适乃今日文士名流之典型，而其患得患失之结果，不惜借外国之势力，以自固其地位，甚至损害国家威信而亦在所不惜。彼使美四年，除为其个人谋得名誉博士十余位以外，对于国家与战事毫无贡献，甚至不肯说话，恐其获罪于美国，而外间犹谓美国之不敢与倭妥协，终至决裂者，是其之功，则此次废除不平等条约以前，如其尚未撤换，则其功更大，而政府令撤更为难矣！文人名流之为国乃如此而已。"

这就是蒋介石对胡适外交生活所作的政治结论，也是胡适"忠而获咎"的可悲结局。

制衡还是驱逐：书生大使和太上大使的龃龉

胡适在驻美大使任上虽然做了不少事情，但远远没有达到蒋介石的要求。如前一章所述，胡适开展外交在方式上注重演讲，在演讲上也很下功夫。尽管他的演讲取得了很不错的效果，使美国朝野对中国的同情氛围比较浓厚，但对于迫切需要获取经济援助的蒋介石政府来说，这显得有些远水解不了近渴，缺少立竿见影的实惠性。在国内形势日益严峻的情况下，从美国获得经济援助成了一个更迫切的任务。也正是出于这种考虑，蒋介石更加急需获得美国的援助。1940 年 5 月 14 日，蒋介石致电罗斯福，申述日本对中国进行经济战，请求美国贷给现款，以维持中国币制。紧接着，蒋介石派出了宋子文，以敦促在美贷款的进一步开展。

胡适大使去和留的流言

鉴于胡适在美国的表现缺乏实惠，蒋介石有意召回胡适，另派他人接任。1940 年 6 月～7 月间，国内外关于胡适在驻美大使任上的去留成了一则新闻。

1940 年 6 月 26 日，蒋介石派出了自己的私人代表宋子文赴美开展外交。宋子文到美不久后，7 月 12 日，蒋介石在给宋子文的电报中透露说："此时拟招胡使回国，未知有否不便之处。"[①] 从这封电报来看，蒋介石是有意将胡适召回的，只是担心有负面效果，在国内外产生波动。

而《基督教科学箴言报》7 月 18 日的一则新闻则似乎透露了蒋介石的心声，新闻以肯定的语气说，胡适不日将离开驻美大使任，改任中央研究院院长。

与此同时，胡适也先后听到了一些消息。7 月 22 日，他怀着复杂的心情给王世杰发了一封航空信。胡适在信中说：如果我真的不做大使了，那么我也决不担任中央研究院院长一职。我舍不得北大，我要回去教书。中

胡适

① 吴景平、郭岱军编：《宋子文驻美时期电报选》，复旦大学出版社 2008 年版，第 41 页。

研院院长，我看翁文灏和朱家骅都比我合适。我要回复我自己独立说话的权力，因此不愿意做大官。再者说了，让我当大使，这是这是"战时征调"，我不敢避辞；但是，中研院院长一职可不是"战时征调"可比的。①

其实，从中不难看出，胡适是有"怨"气的，不满于蒋介石政府对他的调遣。

没隔几天，重庆方面就发表声明，否认要召回胡适，并指责这种变动外交使节的说法纯属谣言，毫无根据。

此时，胡适的夫人江冬秀也写信来询问。重庆关于胡适留任的消息公布后，胡适对他的太太解释说，这些都是流言。我当然盼着回去了，但我不愿意当中研院院长。胡适在信中还斩钉截铁地说，跟你的意见一样，要是回去，我就去昆明北大教书。别的事一概不做。②

这场风波看起来是只是一场自生自灭的流言，实际上却是蒋介石对胡适心生不满，有意要撤换他的征兆，或者说试探，但此时时机并不成熟。胡适到任还不满两年，在美国的影响和声望很高，如此走马灯似地更换使节，会使在美国开展外交工作很不顺利。况且，胡适是留英美派，熟悉美国的政治体制、风土人情。顾忌到胡适在美国的声望，蒋介石自然是按兵不动。但出于对胡适借款、购械等工作的不满，蒋介石派出了自己的私人代表宋子文，全权处理他在美国的事务。

书生大使遭遇太上大使

胡适曾反对宋子文赴美开展外交。

1939年10月，报纸传说蒋介石兼任行政院长将改组各部，宋子文将取代孔祥熙出任财政部长或贸易部长，宋子良将取代陈光甫出任贸易委员会主任。胡适听闻宋子文将要出任要职的消息后，随即给蒋介石的亲信陈布雷发了一封电报，陈述他对宋子文的疑虑。胡适之所以将电报发给陈布雷，是因为陈布雷是蒋介石政府军委会委员长侍从室第二处处

① 曹伯言整理：《胡适日记》第7卷，安徽教育出版社2001年版，第398页。
② 参见胡适1940年7月29日致江冬秀信，见耿云志、欧阳哲生编：《胡适书信集》（中），北京大学出版社1996年版，第828页。

长，和蒋介石关系密切。侍从室中与外交关系最密切的当属第二处，它负责党务、政务、外交和情报工作。蒋的来往电函均通过侍从室上呈下达，凡是有关党政各部门向蒋委员长提出的报告或请示，包括情报在内，都由第二处先整理或加注意见，然后呈报。可见，胡适将电报密呈陈布雷，是深谙蒋介石政府内部权力构造的，也是希望能够通过陈布雷进言蒋介石。

胡适在电报中毫不掩饰地说：

> 鄙意对行政各部改组消息，颇有顾虑：（一）虑子文个性太强，恐难与光甫合作。（二）虑报纸所传贸易委员会改由宋子良代光甫之说如属实，则光甫所办事业，恐不能如向来之顺利。（三）子文今年（按：指1939年）夏间，曾向美财部重提棉麦借款，美财部疑为另起炉灶，印象颇不佳。
>
> ……
>
> 以上各种情形，国内恐无人为介公详说，故弟不敢避嫌疑，乞吾兄密陈，供介公考虑。

在电报中，胡适毫不掩饰对宋子文人品能力的极大怀疑，也不忌讳对宋本人的极力排斥，并希望陈布雷能够代为转达蒋介石，最好继续让陈光甫负责借款等事。原先孔祥熙在时，因为他和陈光甫交情深厚，有三十多年的情谊，比较容易合作；即使是后来换了邹秉文，和陈光甫合作也很好。电报最后，胡适嘱托陈布雷，这事最好不要向别人说，就你知我知介公知就行了。而且，介公知道后，能够回复一个短电，让他明确此事就更好了。[①]

一向谨慎的胡适这次可谓"大胆"主动出击，竭尽全力排斥宋子文主持外交工作。而且，一向有"我的朋友胡适之"美誉的胡适，也不再是一副温和的好好先生模样。显而易见，宋子文非常不受胡适欢迎。

后来，宋子文出任财政部长并没有成为事实，但这并不意味着蒋介石采纳了胡适的意见。因为蒋宋之间在解决西安事变的问题上原有矛盾，而

---

① 参见胡适 1939 年 11 月 17 日致陈布雷电，见耿云志、欧阳哲生编：《胡适书信集》（中），北京大学出版社 1996 年版，第 797 页。

且英国驻华大使克拉克·卡尔希望宋子文的复出跟张学良、宋庆龄的复出联系起来，向外界显示牢固的对日统一阵线。这当然是蒋介石无法接受的，不过蒋介石赋予了宋子文另外一个使命。

国民党内部权力分配的结果，还是宋子文要以私人代表的身份赴美开展外交。胡适虽然表达了对宋子文的意见，但蒋介石却无视胡适的看法，依旧派遣宋子文赴美进行借款、购械等外事活动，这也验证了蒋介石要撤换胡适、对胡适不满的传言不是空穴来风。

1940 年，蒋介石委任宋子文出任中国银行董事长，并派他为处理对外借贷的"私人代表"出使美国。宋子文的美籍顾问杨格随行。同年 6 月 14 日，蒋介石在致美国总统罗斯福的信函中，表达了他对宋子文的完全信任："因世界局势之剧变，余觉有与阁下交换意见并请给予援助之迫切需要。因余不能亲来承教，特派宋子文先生为代表，前来华府晋谒，彼固为阁下素所熟悉者。余已授予宋先生代表中国政府在美商洽一切之全权，彼受余之完全信任，且其对国内之情形与对外之关系完全明瞭。敬请阁下惠予亲切之洽谈，一如与余私人接触者然，不胜企盼。"

胡适是国民政府派赴美国的特命全权大使，宋子文是蒋介石派赴美国的特命全权代表。在这种人事安排下，两者之间产生摩擦和矛盾是不可避免的。更何况胡适一向对孔祥熙、宋子文等"皇亲国戚"不满，而对宋子文的印象尤差。

1944 年 9 月在重庆，从左至右：宋子文、罗斯福总统的中国事务私人代表唐纳德·尼尔森、蒋介石、赫尔利将军

"书生大使"和"太上大使"的明争暗斗。

宋子文于 1940 年 6 月 26 日抵达美国。7 月 2 日，胡适带宋子文拜见了美国政要杰西·琼斯、国务卿赫尔以及萨姆勒·韦尔斯，当天下午 1 时还陪宋子文去白宫拜见美国总统罗斯福，晚上陪他到汉密尔顿家吃饭。

当晚，结束一天的事务后，二人在宋子文住的旅馆里小坐。谈话间宋子文流露出很乐观的样子，认为既然总统答应帮忙，借款的事情就有希望。胡适根据以往借款的经验，给他泼了一瓢冷水。

胡适对宋子文说："子文，你有不少长处，只是没有耐心！这事没有这么容易。"宋子文转而批评陈光甫此前借款的条件太苛刻，不够优惠。胡适忍不住又说："子文，我要 warn〔忠告〕你：第一，借款时间不能快。第二，借款条件不能比光甫优多少！光甫的条件是在现行法律之下，无法更优的。"①

胡适当天可谓是给宋子文碰了一个"软钉子"。面对宋子文对借款条件的指责，胡适以有经验的"资深"姿态，提出了忠告。胡适的这些与其说是忠告，不如说是一种"辩白"，一种"自卫"。面对一来到纽约就指手画脚急于建功立业的宋子文，胡适看起来似乎也不那么好"惹"。

不仅如此，当 8 月 15 日霍恩贝克告诉胡适，财长今天面告宋子文，借款事现在没有什么希望时，胡适在日记中这样写道：

> 此是意料中事。我当初所以不愿政府派子文来，只是因为我知道子文毫无耐心，又有立功的野心，来了若无大功可立，必大怨望。②

不难看出，胡适始终对宋子文持一种否定的态度。二人开始了一场看不见硝烟的较量。

宋子文抱怨胡适演讲太多，不管正事。

7 月 12 日，英国政府在日本的胁迫下，不顾损害中国的抗战利益，决定在缅甸问题上对日本做出暂时让步。中国不能再通过缅甸进行运输。如

---

① 曹伯言整理：《胡适日记》第 7 卷，安徽教育出版社 2001 年版，第 395 页。
② 曹伯言整理：《胡适日记》第 7 卷，安徽教育出版社 2001 年版，第 402 页。

此，相当于切断了中国接受其他国外物资等援助的渠道。一时间情况危急。

胡适得知后，非常焦急，频频与美国外交部接触，与霍恩贝克深谈，请求他能够代为转达中国现在不利的现状，希望美国能迅速公开地对中国表示支持。宋子文对此也很着急，他对胡适说："你莫怪我直言。国内很有人说你讲演太多，太不管事了，你还是多管管正事吧！"①

宋子文的话在胡适心中激起了何种反应不得而知。当天，胡适在日记中将和宋子文的谈话重重地记上了一笔。仅从胡适日记的只言片语似乎很难看出他的情绪好恶，但可以想见的是，宋子文的话让胡适很难堪。胡适自认为在国外这两年很辛苦，事事艰辛，而宋子文却一到美国后就如此责难他。

其实，关于胡适演讲太多又岂是宋子文一人的看法，就连蒋介石也认为胡适借驻美大使的位置除了为自己谋取盛名，对国家战事没有什么贡献。目前胡佛档案馆公开的蒋介石日记提供了更多的信息。在胡适离任后，蒋介石曾这样评价他：

胡适乃今日文士名流之典型，而其患得患失之结果，不惜藉外国之势力，以自固其地位，甚至损害国家威信而亦在所不惜。彼使美四年，除为其个人谋得名誉博士十余位以外，对于国家与战事毫无贡献，甚至不肯说话，恐其获罪于美国，而外间犹谓美国之不敢与倭妥协，终至决裂者，是其之功，则此次废除不平等条约以前，如其尚未撤换，则其功更大，而政府令撤更为难矣！文人名流之为国乃如此而已！②

在这则日记中，蒋介石说胡适借助外国势力给他施压，并且道出了他对胡适的所有抱怨，胡适在四年大使任上，自己谋得博士学位十余个，巩固了自己的社会政治地位，对于国家、战事毫无贡献；并且蒋认为胡适胆小，关键时刻不敢说话，怕得罪美国。蒋介石还万幸地说，要不是早把他撤了，这回的废除不平等条约，恐怕别人还认为是胡适的功劳呢，到那时候想撤他，恐怕更难了。蒋介石最后感慨地说，文人名流也就是这个样子。

---

① 曹伯言整理：《胡适日记》第 7 卷，安徽教育出版社 2001 年版，第 396 页。

② 《蒋介石日记》手稿，1942 年 10 月 13 日《上星期反省录》。

总之，胡适让蒋介石非常失望。

出于对胡适外交期间成绩和开展外交方式的不满，蒋安排宋子文赴美展开外交工作，是一步"失误"后的补救棋。

信息封锁：宋子文不给胡适看电报。

此后，宋子文在蒋介石的授意下，开始积极张罗借款等事情，并且撇开胡适，单独进行。尤其是在 1941 年底宋子文被任命为外交部长后，这种情况更加有增无减。为此，胡适曾在日记和友人的通信中多有抱怨。

1942 年 5 月 17 日，胡适给翁文灏和王世杰写了一封长信，信中发泄了对宋子文的强烈不满："某公在此，似无诤臣气度，只能奉承意旨，不敢驳回一字。"对自己和宋子文合作过程中的种种情况大倒苦水："我则半年来绝不参与机要，从不看出一个电报，从不听见一句大计。"同时求去之意更坚，说自己早在去年 12 月 8 日就已生退意，但后来宋子文刚刚执掌外交部，考虑到当时求去，人们必会认为自己"不合作"，甚至产生更大的误解，所以一直忍耐下来。并感叹"我在此毫无用处，若不走，真成'恋栈'了"。

两天后即 19 日，胡适在日记中记下了几乎同样的内容，说宋子文任外交部长以来，从不给他看一封国内来的电报。宋子文要求驻美使馆把使馆和外交部、政府等往来电报每天抄送一份给他，却从不把他收到的电报给胡适看。据宋子文的手下施肇基对人说，有时蒋介石致胡适和宋子文两人的电文，他也不给胡适看，自己单独就回复了。胡适还说，他昨天给王世杰发了一封电报，特意抄给他看，并且写了一封亲笔信，意在问他如何答复。结果没想到，宋子文以这样的外交辞令敷衍他：

My dear hu,

Thanks for your letter of the 18th enclosing copy of your telegram to Mr. Wang Shih-chien.

I replied much in the same vein.

Yours sincerely,
Tseving Soong.

1930 年重返北大的胡适

亲爱的胡：

您 18 日的来信以及您致王世杰先生的电报抄件悉收，非常感谢。

我已经用同样的意思答复了。

您真诚的　宋子文

宋子文的回复避重就轻，对胡适故意封锁信息。

从目前公开的资料来看，宋子文一些电报不给胡适看，的确是蒋介石的授意，一些事项由宋子文全权负责，也是蒋介石的安排。宋子文到美不久，蒋介石 1940 年 7 月 2 日在给他 的电报中就直接指示："借款事不必与胡使相商，请兄径自进行为便。"

不仅如此，蒋介石还在 12 月 13 日给宋子文的电报中如是说："胡大使在美不得力，故中在正式提出方案以前召其回国。然现在电召或调换，据中所得消息，彼或仍留美，不愿奉召，故对此事处理当须研究至当方能决定。"[①] 蒋介石认为，胡适自己不愿意回国，不听指挥，他可能还会在美国驻留。召回或者调离，时机还不成熟。但毋庸置疑的是，蒋介石认为胡适办事不力，在美开展外交没有达到良好效果。此时，蒋介石还在积极物色驻美大使的人选，顾维钧就是其一。

胡适和宋子文的冲突已经到了白热化的地步。

---

① 蒋介石 1940 年 12 月 13 日致宋子文电，参见吴景平、郭岱君编：《宋子文驻美时期电报选（1940—1943）》，复旦大学出版社 2008 年版，第 59–60 页。

争功贷款。

宋子文以私人身份赴美后，一连争取到了三笔贷款，势头显然压倒了胡适。

宋子文到达美国之后，立即跟罗斯福总统、赫尔国务卿、摩根索财政部长、国务院政治事务顾问贺百克等主要领导人进行了频繁接触，要求美国提供1亿美元援助，其中7000万美元用于购买飞机、军火、兵工厂设备；2000万美元用于改善交通状况，如滇缅公路和铁路、从北缅到中国的空运等。作为交换条件，在5年之内，中国至少可向美国出口价值5000万美元的钨、锑、锡。然而与美方的会谈颇费周折，开始时四处碰壁，半年之后才摸到一些门路。

1940年10月22日，宋子文跟美国签署了"钨砂借款"：美国提供2500万美元贷款，年息四厘，中国向美国出售价值3000万美元的钨矿。1941年2月4日，宋子文跟美国签署了"金属借款"：美国提供5000万美元的贷款，年息四厘；中国提供价值6000万美元的华锡和其他军用原料，还本付息。宋子文争取的这两笔贷款，不仅比陈光甫、胡适争取的那两笔贷款数额巨大，而且得到的是国民政府急需的美元现款。

1941年4月25日，宋子文又跟美方签署了《中美平准基金协定》，内容为：中国设立中美平准基金，用以稳定法币对美元的兑换价格；中国政府银行拨与基金2000万美元及其它财产，美国应于1941年6月30日前，向中国购入不超过5000万美元的法币，设平准基金委员会。5000万美元一次照拨。中国在不须付出任何担保的情况下，获得了可用以稳定币制的大量美元外汇，有效地遏制了严重的通货膨胀。蒋介石来电感谢宋子文的劳苦与成功。

以上三笔美援的取得，当然会反衬出胡适外交工作的低效，也因之增添了蒋介石对胡适的不满。宋子文的成功不仅因为他在美国建立了一个庞大的关系网，而且更主要的原因是国际形势发生了有利于中国的变化。

据胡适分析，从1937年卢沟桥事变发生的前三年半，曾四次连任美国总统的罗斯福对华政策有一个发展过程。第一时期是中国抗战之始，美国《新中立法》成为法令刚第三个月，当时罗斯福的策略是"不承认中日战争不适用中立法，不承认日本有交战国权利"。1938年10月，广州、武汉相继沦陷，美援华政策出现松动，才达成了"桐油贷款"。第二时期是 1938 年 10 月至 1940 年 11 月罗斯福蝉联美国总统。这一时期是中国战局出现危机时，美国在形式上依据现行法令给中国一定援助，以不引起国内明哲保身的和平中立论者的强烈反对为度。第三时期是罗斯福第三次出任总统之后，其政策急转直下，公开援助抗战国家，表示"凡敢于抗拒侵略之民族所急需之物资，美国应尽力供给。倘一时不能付现款，亦应许其继续采办，俟战事结束后陆续抵还"。（参阅胡适 1941 年 1 月 10 日致陈布雷电）宋子文争取的"中美平准基金"，正是在罗斯福改变政策之后获得的。

宋子文在美国取得的贷款成绩有目共睹，但他还是怕胡适抢了他的功劳。1940 年 11 月 29 日，也就是日本准备正式承认汪伪政权的前一天，美国为表示对重庆政府的支持，决定将拖了很久的 1 亿美元对华借款即刻发放。当时在华盛顿的宋子文买了车票准备去纽约，听到这个消息后立刻对手下说："赶快打电话到纽约找到胡大使，说，我有要紧事要和他谈，请他今天莫回来，请他在纽约等我，我半夜可到。"在没能联系上胡适本人后，他又给胡适所在的旅馆留了电话，并分别让李国钦和夏屏方等人转告胡适，务必在纽约等他。

宋子文的做法显然是不想让胡适分享借款成功的功劳。胡适得知后忍不住轻视地说，我早就明白了他的"巧计"，讽刺宋子文的做法"真是'公忠体国'的大政治家的行为"。①

12 月 17 日，这一天是胡适的生日。胡适对自己这一年来的工作感慨万千：这一年，跑了不少的路，做了很多演说，也认识了一些新朋友。做事的困难，一方面减少了，因为国际局势演变得对中国有利了；但另一方面，可以说是稍稍增加了，因为来了一群"太上大使"。但胡适随即又开导自己，既然是自己为了一个主张、一个理想而来，那么也应该有"忍这种闲气"的准备和心态。胡适仍然抱守自己的主张，想"为国家做点面子"，"叫人少讨厌我们，少轻视我们，——叫人家多了解我们"。②

---

① 曹伯言整理：《胡适日记》第 7 卷，安徽教育出版社 2001 年版，第 432 页。
② 曹伯言整理：《胡适日记》第 7 卷，安徽教育出版社 2001 年版，第 423 页。

"太上大使"，是胡适对宋子文一个讽刺性的称谓。

1941 年 1 月 23 日，白宫发表劳林·柯里等将赴中国调查财政情形的任命。28 日，胡适从霍恩贝克处得知，柯里等人去中国的事情全是宋子文一人策划的，最初他想请凯恩斯，遭拒后转请柯里。美国外交部和财政部均不知情，柯里请示外交部时，外交部也仅表示并不反对，因为柯里等人的赴华费用均是由中国政府支付的。胡适认为宋子文此举太不值得，因为柯里尽管对中国很友好，但他却不懂得币制，让他去调查中国的财政情形显然是不行的。

1941 年 4 月 15 日，罗斯福总统约见胡适和宋子文，在座的有摩根索、财政部次长贝尔，以及从中国返美的柯里等人。宋子文滔滔不绝，出尽了风头，胡适连插话的份也没有。胡适没有像以往那样事无巨细地在日记中记录谈话内容，一句"全是子文一人谈话"暴露了对宋子文的极大不满。

1941 年 4 月 21 日，摩根索突然致电胡适，下午 3 点一刻要约见他和宋子文。会谈没有了以往较为轻松的气氛，在座的有美国财政部次长贝尔、美外交部远东司司长汉密尔顿等人，会场有人进行速记。摩根索突然声色俱厉地对宋子文大发其火，痛责宋子文不应与美国政客勾结，向他施加高压。主张诚实外交的胡适对宋子文的一些"小动作"也不太赞成，他认为

1943 年 5 月，罗斯福(坐者)与宋子文（右）在白宫

摩根索的愤怒可能是"几个月的积愤，一齐涌出来了"。胡适说，是日所见是一场大风波。[①]

宋子文多次建议撤换胡适。

胡适任驻美大使期间，多次受到宋子文的排挤。

1940年10月14日，宋子文在致蒋介石电中，暗指胡适为"高谈空论"者，并推荐由施肇基接替其职。同年12月3日，宋在致钱昌照电中，攻击胡适是"和蔼可亲，唯实际上不能发生助力"。

1941年1月3日，宋再致钱昌照电，担心胡适不但不能相助，而且还将掣肘。钱复电，认为"适之能力薄弱"。接着，李石曾与钱昌照和宋子文密商，由李出面暗示蒋介石，说明施肇基的长处。

同年6月22日，德军进攻苏联，宋子文再次委托李石曾向蒋介石进言，说明在国际形势巨变的情况下，胡适不能成为他的得力助手。7月6日，宋子文直接致电蒋介石，再次提出以施代胡的问题。在宋子文的再三要求下，蒋介石终于同意。

7月12日，宋致蒋电称："仰蒙俯允，尤感荩筹。"但由于郭泰祺的力谏，蒋介石又收回成命。这使宋子文十分丧气。为了跟胡适争功，宋子文不惜违反外事纪律，擅自披露了美国将对中国进行军援的消息，因而受到了批评。事后宋对胡更为不满，在9月4日致钱昌照电中攻击胡适"屡次不顾事实，腆颜自我宣传"。[②]

宋子文胜出，胡适败走。

1941年12月23日，蒋介石以国民党总裁身份向五届九中全会提出，调任外交部长郭泰祺任国防最高委员会外交专门委员会主任委员，由宋子文继任外交部长。

胡适听闻后打电话给宋子文，宋子文说自己此前也是一无所知，也未决定是否就任。12月24日，宋子文主动来找胡适，说决定接受就任外长一事。

[①] 曹伯言整理：《胡适日记》第7卷，安徽教育出版社2001年版，第452页。

[②] 参阅杨天石《排挤驻美大使胡适——宋子文档案管窥之三》，载《团结报》1992年3月18日第2版。

胡适说，你是我的老朋友，新上司。如果政府要更动驻美使节，请你不要迟疑。我随时可以走。①

不论胡适是否预感到了即将面临的人事变动，还是此前一些媒体传言他要出任中央研究院院长等信息，抑或是和宋子文这一年半以来的合作不顺畅导致，胡适主动谈到离职。宋子文说，"我不是你的上司，我们只是老朋友，我们要合作。"而关于宋子文任职一事，胡适一直不能释怀的是，他并没有得到蒋介石政府方面的来电。② 这从另一个方面来所，也意味着胡适已经被蒋介石政府边缘化了，甚至可以说，被弃用了。

在胡适的大使任上，还发生过一件似为"趣"事实为丑闻的荒唐事。1942年2月11日，宋子文用外交部公文给胡适一个荒唐奇怪的命令——"请求美国财政部通过国务院不要冻结我在下列银行的账目：里奇斯国立银行，华盛顿；欧文信托公司，纽约；州立银行，旧金山。"其中列出了三家银行，实际上这些银行的资金也是宋子文利用战时所发的"国难财"。所以战后美国联邦调查局调查发现宋子文"开始担任公职的财力十分有限，而（到1943年1月）他已经积蓄七千多万美元"。

胡适在给友人的信中表达了对宋子文做法的不满，同时求去之意更坚，说自己早在1941年12月8日就已生退意，但后来宋子文刚刚执掌外交部，考虑到当时求去，人们必会认为自己"不合作"，甚至产生更大的误解，所以一直忍耐下来。并感叹"我在此毫无用处，若不走，真成'恋栈'了"。

1942年9月18日，胡适离开他在华盛顿的官邸——双橡园，结束了他曾经既充满抱负又有些黯然神伤的大使生涯，也结束了和宋子文的是是非非。

蒋介石的用人和胡适的离任

1942年8月15日，蒋介石决定免去胡适的驻美大使职务，由魏道明

---

① 曹伯言整理：《胡适日记》第7卷，安徽教育出版社2001年版，第457页。

② 参见曹伯言整理：《胡适日记》第7卷，安徽教育出版社2001年版，第457–458页。

继任。胡适得到免职电报，以一身轻的心情致电当局："蒙中枢重念衰病，解脱职务，十分感激。"胡适 1942 年 9 月从大使任上卸任，离开华盛顿双橡园。

而此前两年，就一直传闻胡适要离开大使任，一度传闻他要出任中研院院长一职。胡适缘何从一开始的"红人"走向了"边缘"？当然，有多种原因促使胡适离任，而这其中，宋子文的排斥、蒋介石的用人制度，以及胡适本身的好恶是几个关键的因素。

首先，宋子文以蒋介石私人代表的身份赴美展开外交后，和胡适的龃龉日渐升级，如前一章所言，"书生大使"和"太上大使"展开了一场看不见的硝烟战。此处不再赘述。下文着重说明的是蒋介石的用人原则和胡适自身的好恶对他离任的影响。

蒋介石的用人方式

从蒋介石 1938 年 7 月看中胡适，决定委以驻美大使的重任，到 1940 年中又曾打算召回胡适担任中央研究院院长一职，前后不到两年的时间，蒋介石就决定"放弃"胡适了。而从表面看来，是胡适不力，不能完成借款、购械等任务所致。

目前胡佛档案馆公布的蒋介石日记中关于胡适的两则，为我们提供了蒋介石心目中的胡适形象，也折射出蒋胡的微妙关系。一则是 1941 年 11 月 30 日蒋介石在"本月反省录"中对胡适的综合评价：

> 驻美大使胡适对于彼使命与任务之成败，几乎毫不在意……此等官僚与政客，无胆、无能而不愿为国家略费心神，凡事只听其成败，是诚可痛、可悲之至也。[1]

在这则日记中，蒋介石骂胡适"无胆、无能"，不肯为"国家"费点心思，遇事只听任成败，不做任何努力。语气之重，令人感觉出蒋对胡适等人的成见之深。

---

[1] 《蒋介石日记》手稿，1941 年 11 月 30 日《本月反省录》。

另一则是又过了一年后，胡适从驻美大使任上退下来，蒋介石对胡适更深刻地批评："文人名流之为国乃如此而已？"

蒋介石对胡适的这些评价，无疑是一种全面否定的态度。语气之重，批评之深，似有胡适万难再为其"效力"之意。

按照时人对蒋介石的回忆，蒋介石用人，不外乎三缘——地缘、血缘、学缘。蒋介石是浙江人，地缘指的就是老乡关系。血缘自不必说。学缘则是同学或同窗、校友等。蒋介石的高级谋士熊式辉对蒋有相当深刻的了解，他认为："蒋一切用人行政（地缘、血缘、学缘）。"[1] 董必武在《大后方的一般概况》一文中也指出："蒋和他的干部有三种关系"，即"亲戚关系""同乡关系""同学或部属关系"[2]。二人说法很接近，也相对准确地概括出了蒋介石的用人原则。

如果按照这种原则来考察，胡适显然不在蒋介石的用人范围之内。胡适既不是浙江人，不是蒋介石的老乡，也不是他的亲戚或同学，所以从渊源上就缺少优势，这也注定日后他很难进入蒋介石的亲信核心层。因此，胡适的被"舍弃"，也在意料之中。

此外，还有一点，蒋介石将国事看成"家事"。如上所引，宋美龄曾对他总结式地说："无论商家和住室，若非家主与老板娘时刻贯注业务，则必不成。"这"家主"和"老板娘"的说法，无不折射出蒋介石和宋美龄二人对待国家的态度和方式。既然是家事，那岂是"外人"所能参与的了，肯定要用亲信了。

蒋介石将外交事务视作家事一般，将国家要务在家信中附托

蒋介石、宋美龄、蒋经国（后左）、蒋纬国（后右）

---

① 《张治中回忆录》，中国文史出版社 1985 年版，第 763 页。

② 《中共党史教学参考资料》（抗日战争时期下册），中国人民大学中共党史系资料室 1981 年编印，第 408–409 页。

亲友。如 1938 年 1 月 14 日，他致电在香港的中央银行秘书孔令侃，要其转信给同在香港的"三姨母"宋美龄，谓"现在急需步枪三十万杆，每杆配弹一千发；自来得手枪三万杆，每杆配弹一千发；重机枪二万挺，每挺配弹一万发；法国迫击炮五百门，每炮配炮弹二千发；三生的七口径战车防御炮五百门，每门配弹一千发。请在港设法购买为盼。"如此大事，蒋介石不命令专职机构执行，却让亲信家人去办，难怪黄仁宇讽刺说，"以乡人进城托买衣饰鞋袜之姿态，通过家人行之"，真是不可思议。[①]从中不难看出，蒋介石"家天下"的治"国"心态。

因此，胡适从驻美大使任上被免职，也是意料之中的事了。

胡适的学者情结

除了这些，胡适自身的原因也不可忽视。蒋介石对胡适最不满的就是借款不力。蒋介石曾在胡适赴美大使任的途中，发一电报开启四事，其中之一就是寻求美国的经济援助——借款。此外还有，敦促美放弃中立法、让美助我、禁止军用品卖给日本等。

忙于演讲，接受名誉学位。

胡适到美国后，忙于演讲，接受名誉学位。有统计称，胡适在美国演讲 400 余次，接受名誉博士学位 27 个。事实上，胡适在美引人瞩目且发生较大影响的也并非其外交活动，而是作为文化使节和一位杰出的演说家所从事的活动，即所谓的"行万里路，讲百次演"。1942 年上半年美国《华盛顿邮报》载："中国驻美大使胡适，最近六个月来遍游美国各地，行程达三万五千里，造成外国使节在美旅行之最高纪录。胡大使接受名誉学位之多，超过罗斯福总统；其发表演说次数之多，则超过罗斯福总统夫人；其被邀出席公共集会演说之纪录，亦为外交团所有人员所不及。"

胡适做大使时也曾向好友流露他行万里路、讲百次演的苦差："今年体质稍弱，又旅行一万六千英里，演讲百余次，颇感疲倦。我在此三年，不曾有过一个周末，不曾有一个暑假。"据他自己回忆："本人在美任大

---

① 黄仁宇：《从大历史的角度解读蒋介石日记》，九州出版社 2008 年版，第 182 页。

使数年，赴全美各地演讲四百次之多。"胡适把讲演看成自己作为一个学者从事外交的最佳手段。

不仅如此，由于胡适和美国的渊源，一些大学鉴于他现在的地位和身份，纷纷授予他名誉博士学位。而胡适，虽然认为这没有多大实际价值："这些玩意儿，毫无用处，不过好玩罢了。"但却依然乐此不疲。因而，这也成为胡适在大使任上为人诟病的一个理由。

作为战时的驻美大使，百务缠身，却花费这么多的时间和精力来接受学位，并忙于学术演讲，借款和外交却成绩薄弱，难免使人看起来"不务正业"。

书生气重，借款不力

胡适到美不久后，给孔祥熙发了一封电报。这封电报很能代表胡适当时对"外交"工作的认识。胡适对孔祥熙说："鄙意外交至重要，当以全副精神应付。此外如借款、购械、宣传、募捐四事，虽属重要，均非外交本身，宜逐渐由政府另派专员负责。"[1]胡适理解的"外交"显然和蒋介石的"寄望"不同。胡适在电报中，要求派专人来负责这些事项，因为这不是外交本身。如果我们从胡适四年大使任上的成绩来看，他用力最多的，也就是演说了。向美国民众灌输中国抗战的意义和决心，争取美国的道义同情，似乎能成为胡适所说的"外交"之意。

胡适在驻美任上达成的借款意向，基本上是在银行家陈光甫的辅助下完成的。而且，当"滇锡借款"时，重庆这边提出要更改谈判条件时，胡适表示出了为难的意思来。胡适对孔祥熙解释说，这次借款，是我方政府倡议的，从1939年9月到1940年3月，往来电报数次，协议一直没有更动。而这次借款刚一发表，您那边就让我改变原议。我这里实在不能如此反复。胡适还说，如果向美国开口，不但没有好处，相反还会让摩根索和琼斯等人为难。[2]这恐怕就是蒋介石认为胡适关键时刻不敢说话，恐获罪美国的原因之一。

---

① 见胡适1938年10月致孔祥熙电，耿云志、欧阳哲生编：《胡适书信集》（中），北京大学出版社1996年版，第759页。

② 见胡适1940年3月25日致孔祥熙电，耿云志、欧阳哲生编：《胡适书信集》（中），北京大学出版社1996年版，第806页。

相比于胡适，宋子文在借款问题的处理上就老练很多。比如，1942年初中美就签署5亿美元"财政援助"谈判时，因是否应该保留条件发生重大分歧，宋子文在美一直搪塞美国财长摩根索，最后甚至以蒋介石出访印度"只带去了旧的密码本，我不敢用旧的密码与他传递重要文件"，作为挡箭牌，为谈判赢得了缓冲。显然，宋子文远比胡适更为成熟老到，他周旋于各利益集团，深谙外交手段，再加上亲戚关系，自然更深得蒋介石的信任。

免职余波：胡适痛骂宋美龄

1942年11月27日，宋美龄因荨麻疹复发，秘密离开抗战时期的陪都重庆，搭乘美国D.C-3型军用飞机前往美国。她在纽约哥伦比亚长老

美国国会议员们聆听宋美龄演讲

会医疗中心接受治疗后，立即开展了频繁的外交活动。她不仅拜会了罗斯福总统夫妇，而且以非官方身份在美国的参议院和众议院发表演说，争取美国国会和公众对中国抗战的支持，最重赢得了 15 亿美元的巨额援款。这场外交活动历来是宋美龄的骄傲，也赢得了当时中外媒体的赞誉。美国《时代》杂志说宋美龄是一位"与众不同的特使"。又援引罗斯福夫人的话，说宋美龄"是一个很可爱的人，意志坚强"，"她的到来，标志着对一位妇女的承认。这位妇女靠自己的品德和所作的贡献，在世界上取得了地位"。

然而，胡适对宋美龄的此行却另有一番评价。且看胡适的两条日记：

1943 年 3 月 2 日

晚上到 Madison Sq. Garden 听蒋夫人的演说。到者约有两万人。同情与热心是有的。但她的演说实在不像样子，不知说些什么！

1943 年 3 月 4 日

今早黄仁泉打电话来，说蒋夫人要看我，约今天下午五点五十分去看她。我说，于总领事的茶会五点开始，她如何能在五点五十分见我？黄说，她要到六点十五分才下去！

我下午去见她，屋里有林语堂夫妇，有孔令侃，有郑毓秀（后来）。一会儿她出来了，风头正健，气色很好，坐下来就向孔令侃要纸烟点着吸！

在这些人面前，我如何好说话？只好随便谈谈。她说，她的演说是智识阶级说法，因为智识阶级是造舆论的。（指她前天的演说）原来黄忠马失前蹄的古典诗为智识阶级说的！

她一股虚骄之气，使我作恶心。

我先走了，到下面总领事的茶会，来宾近千人，五点就来了，到六点半以后，主客才下来，登高座，点点头，说，谢谢你们，就完了。有许多人从 Boston 来，从 Princeton 来，竟望不见颜色！

令人感兴趣的是：胡适是一位温文尔雅的绅士派文人，他在日记中骂一位女人"恶心"，这是绝无仅有的事情。这是为什么呢？首先，胡适对宋美龄在中国驻美国纽约总领事馆茶会上的表现是如实描绘的。这反映了宋美龄骄傲自负的一面，当然可信。至于对宋美龄在麦迪逊花园广场讲演的评价，自然见仁见智。其次，胡适对宋美龄的评价也有情绪化的一面。这种情绪跟他和宋子文的矛盾，以及1942年8月15日（即宋美龄此次访美的三个月前）被国民政府免去驻美大使职务有关。而胡适最终被免职，则是因为蒋介石的拍板，这是显而易见的。

第六章 竞选的闹剧

要请政府为国家留一两个独立说话的人，在要紧关头究竟有点用处。

我决不是爱惜羽毛的人……但我不愿意放弃我独来独往的自由。

——胡适

蒋介石劝说胡适竞选总统

胡适坚辞国府委员

1942年9月18日胡适离开在华盛顿双橡园的馆舍之后，移居纽约，准备重拾他的学术研究，回到学术生涯中去。翻看此时的胡适日记，经常会发现上面记载着学术研究的心得体会。而且，此时胡适日记记得相对勤奋和完整，和在驻美大使任上那些时断时续的日记有了很大的不同。

1946年6月5日，胡适离开他驻留了8年零8个月的美国，准备回到北平。彼时，胡适已经接受了国民政府任命他为北大校长的邀请。7月5日，胡适回到上海，见到了9年未曾见面的小脚太太江冬秀。7月29日，胡适回到了阔别已久的北平。9月，赴任北大校长之职。

胡适在美国的这8年间，太平洋战争爆发，联合国成立，第二次世界大战结束，国共关系进入了新的阶段……国际局势发生了翻天覆地的改变。胡适这次回到北平，蒋介石对他的期望显然不仅仅是北大校长这一身份。此时因为中国共产党力量的壮大，国民党在一系列战役中的失利，美国已

1946年胡适回国，与傅斯年（前左）和李宗仁（前右）等在一起

经对他产生了很大的不满情绪。蒋介石尽管此前在日记中对胡适这种"文士名流"表示不满，认为其凭借美国力量壮大稳固自己的地位，甚至损害了国家的威信等，但作为一介政客，蒋介石更知道不满归不满，在这种内忧外患之时，他最终还是要仰仗胡适在美国的影响力。正是如此，他向胡适抛出了橄榄枝，希望借助胡适在美国的影响，改变或者扭转美国对蒋介石政府的看法。

果然，半年后，也即1947年2月，蒋介石就要求胡适出任国民政府考试院院长和国府委员。2月21日，蒋介石派出王世杰进行游说，胡适申明了自己的态度。次日胡适又和王世杰细谈此事，晚上胡适又写信给王世杰申说坚辞不就的理由：

> 考试院长决不敢就，国府委员也决不敢就。理由无他，仍是要请政府为国家留一两个独立说话的人，在要紧关头究竟有点用处。我决不是爱惜羽毛的人……但我不愿意放弃我独来独往的自由。……国府委员而兼北大，尤为不可。当日北大同人要孟邻辞去北大，是依据大学组织法。我决不能自己解释国府委员不是官而不辞去北大校长。……总而言之，我请求蒋先生容许我留在此地为国家做点有用的事。……①

胡适的意思很明白，如果让他在北大校长和考试院院长以及国府委员之间选择的话，他选择在北大治学问。而且，胡适又拿出20世纪30年代的那套说辞，要做独立的诤臣，要在体制外保留独立说话的权力，情辞真切。

3月13日，胡适和周寄梅、蒋廷黻等人同去南京，参加中央博物院理事会、中基会预备会。当天晚上8点，蒋介石邀请胡适一起吃饭，先和胡适小谈。胡适在谈话中再次申说了自己不愿加入政府的意见。

蒋介石问胡适，你看见我给你的信没有，托何市长转交的那封？胡适说没有见到。蒋介石表态说，国家不到万不得已的时候，是不会勉强你的。胡适听了很高兴，出来后对傅斯年说，"放学了！"

然而没有几天，3月17日，王世杰奉蒋介石之命再次找到胡适，对他说，国民政府考试院院长你可以不用当了，但是得加入国民政府委员会，做无

---

① 曹伯言整理：《胡适日记》第7卷，安徽教育出版社2001年版，第642页。

1946 年，55 岁的胡适就任北大校长

党无派的一个代表。胡适再次回绝说，国府委员会是当局的最高决策机关，需要全力为之，不可兼任。[1]

次日也即 3 月 18 日下午 4 点钟，蒋介石约见胡适。蒋介石对胡适表示，国府委员不是官，每月集会两次；而且，许诺胡适不用常到会，同时还可以兼任北大校长。

胡适对蒋介石说，现在国内像自己这样独立超然的人太少了，并委婉地指出，前些年蒋介石把翁文灏、张嘉璈、张伯苓、蒋廷黻这些人拉入政府就是一次失策。蒋介石承认了这点，但还是要求胡适考虑一下国府委员的事。

告辞时，蒋介石问胡适，胡太太在北平吗？胡适赶紧抬出太太说的话，胡适说，内人送我上飞机时说："千万不可做官，做官我们不好相见了！"

蒋介石笑着说："这不是官！"[2]

胡适回到北平后，收到了 3 月 18 日在南京蒋介石接见他时提及的那封信。

不仅如此，胡适 3 月 29 日在接到傅斯年传来的信后，立即和郑毅生、汤锡予、陈雪屏等人商量此事，最后决定由他们三人分别给政府去电，表达胡适不能担任国府委员之意。此外，胡适也给蒋介石发了一封电报，表达同样的意思。可谓坚辞不就，意志坚决。

4 月 5 日，胡适又给蒋介石发了一封电报，重述自己坚辞不受国府委员的想法。胡适可谓动员了多方力量来坚辞这个国府委员之职，在这种情

---

① 曹伯言整理：《胡适日记》第 7 卷，安徽教育出版社 2001 年版，第 648 页。

② 曹伯言整理：《胡适日记》第 7 卷，安徽教育出版社 2001 年版，第 649 页。

况下，蒋介石对于胡适也只能是无可奈何。

两周后，胡适收到了蒋介石的电报："此次尊重兄意，不克延致，殊为耿耿。若有两全之道，则必借重以慰群望也。"并希望胡适能够随时表达自己对政府的意见，"国事艰虞未已，尚盼时赐尊见"[1]。

至此，蒋介石邀请胡适出任考试院长和国府委员的事情才画上了句号。

胡适不做大使的三个理由

然而，到了1947年年底，随着世界局势的进一步转变，蒋介石有意让胡适重返驻美大使一职，从而获得美国的支持。

1947年12月12日，胡适到南京开中基会预备会，王世杰邀请胡适晚上到寓所长谈。王世杰表示希望胡适再去美国一趟，胡适感到很意外。王世杰说：国家需要你去。胡适回答说：我老了，十年的差别，如今不比从前了。大使是说什么都不敢做了![2]

12月16日，蒋介石约胡适吃晚饭，胡适到了才发现只有自己一个客人。席间蒋介石力劝胡适再去美国做大使。胡适认为蒋介石的意思很诚恳，尽管如此，胡适还是没有答应。胡适从蒋介石官邸告辞后，就去会见了王世杰，细说了自己不能上任的理由。次日是胡适的56岁生日，晚上，胡适又给王世杰写了一封长信，重新申说了自己不能再做驻美大使的三个理由：

（一）受命办学，才一年半，毫无成绩，即去作他事，在道义上对不住国家，学校，自己。

（二）我今年五十七了，此时若改行，便是永远抛弃学术上的事业了。这是不是一件大损失？至少我自己有点不甘心！

（三）我一九三七～八出任外交事，确有了点准备——五年编辑《独立评论》，三次参加I.R.P.会议，都是好训练。但一九四二（年）九月以后，我用全力理旧业，五年不注意国内外形势，实已是很"外行"了，一时不容易恢复从前的自信力。[3]

---

① 曹伯言整理：《胡适日记》第7卷，安徽教育出版社2001年版，第653页。

② 曹伯言整理：《胡适日记》第7卷，安徽教育出版社2001年版，第689页。

③ 曹伯言整理：《胡适日记》第7卷，安徽教育出版社2001年版，第691页。

胡适在当天的日记中详细记录了给王世杰的这封信，并且认为，这三点理由中，第二点最重要。必须承认，胡适对自己此时的境遇有了客观的认识，他的拒绝驻美大使一职显然也是深思熟虑的结果。从道义、国家以及个人愿意出发，做学问显然是此时胡适的理性选择。这其中或许有第一次出任驻美大使时对蒋介石、宋子文等政治角逐的尴尬甚至不满，但也不乏胡适此时专心学问的志向选择。

王世杰随即向蒋介石转达了胡适的意见。鉴于胡适的态度，蒋介石只得同意。

"总统"候选人的政治闹剧

1948 年，不仅蒋介石重视对美国的宣传，就是蒋介石政府的幕僚等也纷纷关注起对美国的宣传来。比如陶希圣、李惟果等人就询问胡适，对美国的宣传，以什么方式最好。胡适对他们说，好好地把这次立法院选举办好，把总统选举办好，就是最好的宣传！ [①]

1948 年底，胡适行将告别北京大学

[①] 曹伯言整理：《胡适日记》第 7 卷，安徽教育出版社 2001 年版，第 690 页。

因而，总统选举就成了一次蒋介石政府演示和宣传民主的绝好机会。1947年下半年，人民解放军由战略防御转变为全面进攻，各地民主运动掀起高潮。1948年，国民党在全国的形势更加不利，国民政府风雨飘摇，权力朝不保夕，时刻面临被瓦解的危险。在这种情况下，国民党宣布施行宪政，力图用"国民大会"来挽救即将崩溃的政权。

1948年3月29日，国民大会开幕。胡适作为国大代表参加了会议。

次日，也即3月30日，王世杰向胡适转达了蒋介石的意见：蒋介石欲宣布自己不参加总统竞选，提胡适为总统候选人；而蒋介石本人，更愿意做有实权的行政院长。因为蒋介石认为，按照宪法规定，总统没有多大权力，如果他担任总统，将会受到很大约束，不能发挥更大作用。所以他考虑再三，觉得让胡适担任总统，自己担任行政院长更为合适。蒋介石说："请适之先生拿出勇气来。"

胡适说，他承认这是一个很聪明也很伟大的见解，可以一新国人的耳目。胡适还认为，蒋介石意欲提名自己为总统候选人之事，也是很诚恳的。然而，胡适却说，"我实无此勇气！"

其实早在当年1月间，舆论界就流传如果蒋介石不做大总统，胡适将是第一任大总统候选人的消息。在声闻李宗仁要竞选副总统时，胡适就去信表示赞成，并说"第一个虽然只有一个，还要大家加入赛跑，那个第一才是第一"，实则主张通过民主、公平竞争进行总统选举。而李宗仁回信劝说胡适也要本着"大家加入赛跑"的精神，来参加大总统的竞选。李宗仁在信中说，这是行宪后第一次大选，要多些人参加，才能体现民主的精神。胡适和李宗仁的往来信函被发表在当时的媒体上，实际上表明国民党已经在为总统大选做舆论的准备。

3月31日上午，胡适的好友、法学家周鲠生来看胡适，胡适把昨天的事情跟他说了，并要求他替自己出出主意。下午，胡适又和王世杰、周鲠生谈了3个小时。胡适此时还是很犹豫，不敢接受，觉得自己没有信心。当天晚上8点一刻，王世杰来讨要回信，胡适终于转变了态度，接受了提名为总统候选人的要求。但还是显得很优柔寡断，说自己没有信心。胡适承认，蒋介石这样做，真是有很伟大的意思。

在接受提名总统候选人的同时，胡适请王世杰向蒋介石转达两个意见：第一，请他继续考虑其他更合适的人选；第二，如果提名有困难，有阻力，那么则请蒋介石立即取消，因为"他对我完全没有诺言的责任"。

胡适就带着这样复杂的心情暂时接受了蒋介石的提名。

但仅仅过了一个晚上，胡适就反悔了。次日也即4月1日晚上，胡适又找到王世杰，对他说，他已经仔细考虑过了，还是觉得不干了。并说："昨天是责任心逼我接受。今天还是责任心逼我取消昨天的接受。"胡适的态度来了个180度的大转变，由犹豫接受总统候选人提名转而坚辞。

胡适前后态度上的大转变不难揣测，也许是胡适已经提前预感到了这只是一场闹剧，明白了这只是蒋介石的权宜之计，是确保权力不会旁落到李宗仁等政敌手中的权谋策略；这也许，更是蒋介石在总统候选人提名中为自己制造政治舆论的常用伎俩。总之，当天晚上，胡适坚决要求退出总统候选人的提名。

又过了三天，4月4日这天，国民党召开临时中全会，蒋介石用一篇事先预备好的讲稿发表演说，声明自己不参加总统候选，建议国民党提一个无党派的人出来候选，并提出要求，这个候选人必须具备五种条件：（1）守法；（2）有民主精神；（3）对中国文化有了解；（4）有民族思想，爱护国家，反对"叛乱"；（5）对世界局势，国际关系，有明白的了解。

虽然没有指出姓名，但明眼人都知道这指的就是胡适。

会场登时大乱。这会上午下午开了6个小时，但是没有人赞成蒋介石的提议。蒋介石摆出了不做总统的大度姿态，也借此试探了舆论反应。胡适的尴尬可以想见。

第二天下午，王世杰又找到胡适，代替蒋介石表达他的歉意。三天后，也即4月8日晚，蒋介石邀请胡适到官邸吃完饭，席间没有别人，宋美龄也没有出来。会谈大概进行了一个小时二十分钟，席间蒋介石再次向胡适表示歉意。并说提胡适为总统候选人是自己在牯岭仔细考虑的结果，不幸党内没有纪律，他的提议行不通。

胡适回答说，党的最高干部敢于公开反对总裁的主张，这是好现象，不是坏现象。

席间蒋介石建议胡适组党。胡适则说，自己不配组党，但建议国民党分化为两三个党比较好。

至此，提请胡适为总统候选人的闹剧彻底谢幕。胡适欢呼，自己"得救了"。①

胡适为蒋介石作足了面子，他不仅亲手向蒋介石致送当选证书，还竭力为其登上总统宝座而进行舆论上的支持，声称蒋介石当选是"真正自由意志的表现"。

其实，在这个过程中，蒋介石和胡适双方，不知是否体会到了这仅仅是一出政治闹剧而已。

"我这个人，可以当皇帝……"：胡适在"行宪国大"上的表演

"我这个人，可以当皇帝，不能当宰相"，这番话是胡适1948年在"行宪国大"期间讲的。何谓"行宪国大"？原来国民党政府于1946年11月25日通过了一部《中华民国宪法》，决定1947年1月1日颁布，同年12月25日正式实施，其目的是为了通过"宪政"巩固其摇摇欲坠的统治地位，在国际上树立"民主"形象，以争取更多的美援。1948年3月29日至5月1日，国民党又在南京召开了"行宪国民大会"（简称"行宪国大"），选举"总统""副总统"，"完成中华民国政府之组织"。会议期间上演了一幕又一幕的滑稽剧，而胡适在其中扮演了他生命史上最不光彩的角色。由于这次会议是在国共和谈彻底破裂的炮火硝烟中进行的，完全违背了1946年1月10日召开的政治协商会议的精神，所以中国共产党认为"行宪国大"是分裂的"国大"，实行的宪法是"独裁的宪法"。

蒋介石让胡适当"总统"

1948年3月29日，第一届国民大会第一次会议（即"行宪国大"）在南京国民大会堂开幕，胡适出席。30日，举行第一次预备会议，胡适任临时主席。当天早上，蒋介石对外交部长王世杰说，他考虑了很久，不

---

① 参看曹伯言整理：《胡适日记》第7卷，安徽教育出版社2001年版，第700–709页。

时任外交部长的王世杰

愿当选总统，但愿意担任行政院长，他想请胡适为总统候选人，要王世杰出面跟胡适洽商。下午3点，王世杰向胡适传达了蒋介石的意图，要胡适拿出勇气来。胡适在当天日记中写道："我承认这是一个很聪明很伟大的见解，可以一新国内外耳目。我也承认蒋公是很诚恳的……但我实无此勇气。"

当天下午，胡适跟王世杰、周鲠生谈了三个多小时，仍没有自信。晚8时15分，王世杰前来听最后答复，胡适终于表示接受，并补充说，蒋介石可以考虑更为适当的人选，如有阻力，可立即取消原议。还说："蒋总裁对我完全没有承诺的责任。"

王世杰把胡适的上述态度转告蒋介石。蒋说："很好，我当召集中央执监会议，由我提出。"然而到了4月1日，胡适又有些迟疑，感到昨天的决定有些仓促，希望王世杰再向蒋介石表示："昨天是责任心逼我接受，今天还是责任心逼我取消昨天的接受。"4月2日晚，蒋介石在官邸约见胡适，正式表示他将在国民党中央执行委员会全体会议上提名胡适为总统候选人，他自己当行政院长。又虚假地说：或者由他当总统，要胡适出任行政院长。胡适认为蒋介石的态度非常诚恳，令他感动。他当即表示："让蒋先生决定吧。"事后胡适不无得意地对曾担任他秘书的胡颂平说："我这个人可以当皇帝，不能当宰相，现在这部宪法里，实权是在行政院，我可以当无为的总统，不能当有为的行政院长。"①

4月4日，国民党中央执行委员会在"行宪国大"期间召开临时全体会议，讨论总统及副总统候选人的产生方式。蒋介石宣读了一份事先准备好的演说辞，声明他决不竞选总统，并提议由国民党提一个无党派的人出来候选，此人须具备五个条件。据胡适当天日记记载，这五个条件是："一、守法。二、

---

① 胡颂平：《胡适之先生年谱长编初稿》第6册，（台湾）联经出版公司1984年印行，第2024页。

有民主精神。三、对中国文化有了解。四、有民族思想，爱护国家，反对'叛乱'。五、对世界局势，国际关系，有明白的了解。"胡适说，蒋介石在会上始终没有说出这位候选人的姓名，但在场与不在场的人都猜想说的就是胡适。这次会议从上午开到下午，一共开了六个多钟头。

蒋介石为什么想把"总统"的交椅让给胡适呢？

原来蒋介石要当的"总统"，是在行动上不受任何约束的"总统"。但根据当时宪法的第 39 条及第 43 条规定："总统依法宣布戒严，须经立法院之通过或追认。及总统于立法院休会期间，依严重情况发布紧急命令后，须于一个月内提交立法院追认。如不同意，该紧急命令立即失效。"这就是说，总统行使权力必须受到立法院的约束，这当然是蒋介石不能接受的。

据王世杰 1948 年 2 月 10 日日记记载："蒋先生往庐山休息。临行前蒋先生语岳军（按：指当时的行政院长张群），谓彼是否做总统尚须考虑。宪法中有行政院对立法院负责之语，因此总统如过分干涉行政院，则与宪法精神不合；但时局如此危险，蒋先生如无充分权力，将不能应付一切。此在蒋先生考虑之中。"可见蒋介石需要的是不受宪法限制的充分权力，他假借不当总统来扩张总统的实权完全是在"行宪国大"召开之前的预谋。

在 4 月 5 日国民党中央常委会讨论总统候选人的会议上，张群忠实贯彻了蒋介石庐山谈话的精神。他直言不讳地捅破了那层窗户纸："并不是总裁不愿意当总统，而是依据宪法规定，总统是一个虚位元首，所以他不愿意处于有职无权的地位。如果常委会能想出一个补救办法，规定在特定期间，赋予总统以紧急处置的权力，他还是要当总统的。"当天下午，中常会通过了张群提出的"赋予总统以紧急处理权"的建议，蒋介石于是欣然接受担任总统候选人。

4 月 5 日午饭后，蒋介石让王世杰将国民党中常委临时全体会议的情况通报胡适。蒋说，如果他仍然拒绝为总统候选人，一定会有别人出来竞选总统，那结果必定很坏。这样，蒋介石就取消了提名胡适为总统候选人的原议。胡适顺水推舟，跟吴稚晖、于右任、张伯苓等 200 余人联名提议蒋介石为首届总统候选人。

不知是否跟被取消总统候选人提名有关，胡适此后生了三天病。4 月 8 日晚 8 时，蒋介石请胡适到他的官邸吃晚饭表示慰抚，除宋美龄之外没有其他客人。蒋特意向胡适致歉，说他做了一生中对人最抱歉的一件事。他虚情假意地说，提名胡适竞选总统是他在牯岭考虑的结果，不幸党内没有纪律，他的决策行不通。胡适对蒋说："党的最高干部敢反对总裁的主张，这是好事，不是坏事。"蒋介石再三表示要胡适出面另行组织政党。胡适说："我不配组党，但建议国民党分化为两三个政党。"

同年4月15日，由国大代表、东北元老莫德惠领衔，771名国大代表联名提出了一份《请制定动员"勘乱"时期临时条款案》，明文规定"总统在动员'勘乱'时期，为避免国家或人民遭遇紧急危难，或应付财政经济上重大变故，得经行政院会议之议决，为紧急处置，不受宪法第39条或43条所规定程序之限制"。就是这个"临时条款"，赋予蒋介石为所欲为的权力，以致他后来在台湾实行了长达40年的"戒严"，自己先后连任了五届"总统"。在这份提案上，率先呼应的就是胡适。他是在这个"后果很严重"的提案上联署的第一人。

4月19日，"行宪国大"进行国民党执政以来的第一次总统选举，作为蒋介石陪衬的总统竞选人是国民党元老居正。当天出席代表2734名，蒋获2430票，得票率为88.9%；居正获269票，得票率为11.1%。这样蒋介石就如愿以偿地当上了中华民国第一任总统。

具有讽刺意义的是，他这位"总统"于1948年5月20日举行就职典礼之后，只在中国大陆执政了8个月：1949年1月10日，淮海战役结束。1月14日，平津战役开始；同日，《中共中央毛泽东主席关于时局的声明》发表，宣布将"召开没有反动分子参加的政治协商会议，成立民主联合政府，接收南京反动政府及其所属各级政府的一切权力"。除了中共施加的强大政治压力和军事压力外，美国政府也希望蒋介石下台，转而支持李宗仁。大势已去，蒋介石只得于1949年1月21日上午10时黯然"引退"。

需要补充说明的是，蒋介石在"行宪国大"上一度想提名胡适为总统候选人，除了出于"以退为进"的谋略之外，还跟美国政府的对华政策息息相关。美国为了称霸全球，一直在输出他们的价值观念和政治体制。国民党于1946年召开的"制宪国大"就是在美国的竭力推动下召开的，但由于中国共产党和民盟拒绝参与，美方表示非常失望。美国政府既希望蒋介石按美国的自由民主模式制定宪法，也希望这位独裁者改革人事制度。当时的美国驻华大使司徒雷登曾向蒋介石建议："一是在除行政院以外的

1949 年，蒋介石退守台湾，这一年他 62 岁

政府机构中普遍地增补非国民党员；二是注重行政院的内部调整；三是短时期内集中实权于国民政府委员会。"①

　　司徒雷登希望蒋介石按照美国的意图改组国府委员会，大量吸收自由主义知识分子，由开明的无党派人物组成政治核心。在美国看来，胡适就是最符合西方民主标准的政治人物。美国总统杜鲁门曾经暗示：胡适是有利于拯救国民党颓势的总统人选。"行宪国大"召开期间，正值美国国会通过了以 4.63 亿美元支持国民党政府进行内战的《援华法案》。

---

① K.W. 瑞阿、丁·布留尔编：《被遗忘的大使——司徒雷登 1946—1949 年的报告》，江苏人民出版社 1990 年版，第 57 页。

蒋介石为了获取美国的经济援助，也不能不接受美国设计的政治改革方案。

胡适支持李宗仁竞选副总统

由于蒋介石政府在政治、军事、经济诸方面危机深重，美国政府逐渐将希望寄托于以李宗仁为代表的国民党非主流派，认为他们是新兴力量的代表。早在抗日战争期间，原燕京大学校长司徒雷登就认为曾指挥台儿庄战役的李宗仁是"思想境界高尚的爱国者"，跟对日本姑息迁就的蒋介石有所不同。1946年司徒雷登担任美国驻华大使之后，又向美国国务院递交报告，说"李宗仁的资望日高"，而"象征国民党统治的蒋介石，其资望已日趋式微甚至被视为过去的人物"。[①]

有了美国官方认可，李宗仁的底气倍增。1948年1月8日，李宗仁在"行宪国大"召开之前在北平举行记者招待会，宣布了竞选意向。胡适很了解司徒雷登及美国驻华使馆的意图，立即于1月11日写信表示支持——

德邻先生：

前天看报上记的先生愿作副总统候选人的消息，我很高兴。从前我曾做《中国公学运动会歌》，其第一章说："健儿们！大家上前，只一人第一，要个个争先，胜固可意，败也欣然。健儿们！大家向前。"此中"只一人第一，要个个争先"，此意出于《新约·保罗遗札》。第一虽只有一个，还得大家加入赛跑，那个第一才是第一。我极佩服先生此举，故与此信，表示敬佩，并表示赞成。匆匆敬祝双安。

胡适敬上　三十七，一，十一早

收信后，李宗仁复信表示感谢，并动员胡适也加入"大总统竞选"：

适之先生：

接到来信，先生对于我参加竞选副总统的热情与鼓励，非常感谢。我

---

① 《中美关系资料汇编》，世界知识出版社1956年版，第230页。

的参加竞选，恰如先生所说"第一虽只有一个，还得大家加入赛跑，那个第一才是第一"的意义。昨日北平《新生报》登载南京通讯，《假如蒋主席不参加竞选，谁能当选第一任大总统》一文中，有先生的名字。我以为蒋主席会竞选，而且以他的伟大人格与崇高勋望，当选的成分一定很高，但我觉得先生也应本着"大家加入赛跑"的意义，来参加大总统的竞选。此次是行宪后第一届大选，要多些人来参加，才能充分表现民主的精神，参加的候选人除了蒋主席之外，以学问声望论，先生不但应当仁不让，而且是义不容辞的。

敬祝大安

李宗仁　一月十四日

　　然而，蒋介石最不愿意李宗仁在政坛上得势。因为李是桂系首领，属拥有军事力量的地方实力派。早在1927年，桂系曾联合其他反蒋派系逼蒋介石下野。1929年，又爆发了真枪实弹的蒋桂战争。1930年和1936年，桂系还先后联合冯玉祥、阎锡山以及陈济棠共同反蒋。直至抗日战争全面爆发，桂系才貌合神离地皈依"蒋记中央"。所以，蒋介石口头上表示对李宗仁毫无成见，国民党员均可公开竞选，暗中却采用了多种手法，动员了多方面力量迫使李宗仁放弃竞选。蒋介石首先采取的措施，是让张群召集于右任、居正、程潜、吴忠信、陈果夫、孙科、丁维汾和李宗仁等人开会，由吴稚晖出面传达蒋介石的旨意，宣布副总统竞选由国民党内部提名，以统一全党意志，避免党内摩擦。但李宗仁严词反对，主张"一切应遵循宪法常规办理"。时任武汉行辕主任的程潜赞同李宗仁的意见。会议的决定，是由张群出面把不同观点反馈给蒋介石。接着，蒋介石亲自出马，逼李退选。在《李宗仁回忆录》中，记录了蒋、李之间一场剑拔弩张的对话[①]：

　　李："委员长，我以前曾请礼卿、健生两兄向你请示过，你说是自由竞选。那时你如果不赞成我参加，我是可以不发动竞选的。可是现在就很难从命了。"

　　蒋："为什么呢？你说给我听。"

[①]　《李宗仁回忆录》，广西师范大学出版社2005年版，第665—666页。

李："正像个唱戏的，在我上台之前要我不唱是很容易的。如今已经粉墨登场，打锣鼓的，拉弦子的都已丁丁东东打了起来，马上就要开口而唱，台下观众正准备喝彩。你叫我如何在锣鼓热闹中忽而掉头逃到后台去呢……"

蒋："你还是自动放弃的好，你必须放弃。"

李："委员长，这事很难办呀。"

蒋："我是不支持你的，我不支持你，你还选得到？"

李："这倒很难说！"

蒋："你一定选不到。"

李："你看吧！我可能选得到！"

在这场不欢而散的谈话之后，蒋介石一方面召集黄埔系和 CC 系的心腹聚会，说李宗仁竞选副总统，恰如一把匕首插到他心中，他要求效忠他的人帮他拔出这柄匕首；另一方面，蒋又派宋美龄出面劝孙科竞选副总统。孙科是孙中山先生的哲嗣，又是广东人，既有影响，又可从李宗仁手里争得部分西南地区的选票。孙科时任握有实权的立法院长，不愿争取副总统的虚位，颇为犹豫。蒋只好亲自出马劝驾，不但允许他胜出之后仍兼立法院长，而且承担其全部竞选费用。这样孙科就不再坚持了。此后，陆续参加副总统竞选的还有程潜、莫德惠、于右任、徐傅霖，共 6 人。

4 月 23 日"行宪国大"选举副总统：李宗仁得 754 票，孙科 559 票，程潜 522 票，于右任 493 票，莫德惠 218 票，徐傅霖 214 票。由于无人票数过半，后三人被淘汰，前三名进入第二轮选举。4 月 24 日再选，李宗仁得 1163 票，孙科 945 票，程潜 616 票，又均未获半数通过。当天，蒋介石示意程潜退选，劝说其支持者将票投给孙科。同时，与会的粤籍将领率领大批代表捣毁了攻击孙科的南京《救国日报》。当晚，黄绍竑建议李宗仁采取"以退为进"策略自动退选；孙科、程潜为表示清白，亦必相继退出。

4 月 25 日，程潜跟李宗仁采取同一步调，在南京各报发表弃选声明，并揭露国民党最高当局破坏民主，操纵选举，舆论一时大哗。孙科迫于压力，也只好于 4 月 26 日退出竞选。

这一招果然奏效。蒋介石为避免"行宪国大"的选举流产，只好派人动员李宗仁等人继续参选。当天，由蒋介石授意，大会主席团推举胡适、

蒋介石和李宗仁

于斌、曾宝荪、陈启天、孙亚夫五人为代表，对李宗仁等三人进行劝慰。结果李宗仁表示："放弃竞选系个人权利，而是否接受余之放弃系大会之权。"孙科表示"唯大会决定是从"。程潜表示："对于副总统竞选事，已决定接受大会之解决办法，在不影响党的团结，不增加行宪困难，有利于诸选举人之谅解的大前提下，个人不再坚持己见。"

4月28日，胡适担任主席，第三次选举副总统。李宗仁得1156票，孙科1040票，程潜515票。当天与会代表共3045人，竞选者仍无人得票超过半数。程潜由于得票太少，依法退出。

4月29日上午9时，大会第四次选举副总统。蒋介石在官邸屏息静听电台直播选举情形。结果，李宗仁以1438票击败了仅得1295票的孙科，成为了第一届副总统。消息播出，气急败坏的蒋介石一脚踢翻了收音机，立即备车外出：先从官邸驶向中山陵，未入陵园即返回官邸；再开向陵园，又调头驶往汤山，惶惶然如丧家之犬。

5月1日上午，胡适、于斌、周钟岳、吴稚晖作为大会代表，迎接总统、副总统莅会接受当选证书。黑幕重重、丑闻不断的"行宪国大"历时44天终于闭幕。当天，毛泽东在致民革主席李济深和民盟中央常委沈钧儒的信中，宣布在目前形势下，召集人民代表大会，成立民主联合政府不仅业已成为必要，而且时机亦已成熟。

蒋介石要胡适出任行政院院长

蒋介石出任总统后，接下来的工作是组阁，其中最重要的是物色行政院院长的人选。对这一职位的争夺相对激烈。蒋介石最早相中的是张群，但 5 月 21 日立法委员投票时，何应钦得票最多，张群只好尴尬地辞职离开南京。

何应钦知道这种结果有悖蒋介石的意愿，知难而退，于 5 月 23 日发表谈话，谢绝行政院长提名。5 月 24 日，蒋介石以"总统"名义，提出"统（一）字第一号"咨文，送交立法院，提名前资源委员会主任翁文灏（咏霓）任行政院长，获立法院通过。胡适跟翁文灏虽是几十年的老朋友，但却不同意这一任命。他说："总统"谬采书生，用翁咏霓组阁。翁咏霓自在长沙撞车以后，思想不能集中。同时，他患得患失，不知进退，他对朋友嘻嘻嘻地一笑，没有诚意，而对部下则刻薄专断，他不能做行政院长。

翁上任后，面临国统区通货膨胀，物价狂涨（大米卖到了每斤 36 万元，玉米面每斤 17 万元），为了力挽颓局，翁文灏实行币制改革，发行金圆券，用以取代原来流通的法币和东北流通券，并限期收兑民间黄金、白银、银币、外币，结果造成了新的通货膨胀，迫使他 11 月 2 日在立法院召开的质询会上承认币制改革失败。

胡适的判断不幸而言中。当陶希圣把胡适对翁文灏的评价告诉蒋介石之后，蒋表示："好了，你现在就去北平请胡先生担任行政院长，所有政务委员与各部委首长的名单由他开，我不加干涉。"说完，蒋立即交代空军武官夏功权为陶希圣安排军用飞机，从南京飞往北平西直门外的北苑机场。

陶希圣晚十点才抵达下榻的北京饭店，匆匆用餐后，又急速赶到东厂胡同的胡适寓所。不料胡适见他后即说："你来的任务我已经知道了。这是美国大使馆及三两个教授的主张，这是万万做不得的。"又说："我可以做总统，但不能做行政院长。这部宪法，既不是总统制，也不是内阁制。我如果做总统，就提名蒋先生为行政院长，造成一部内阁制的宪法。"胡适还再三表示："在国家最危难的时候，我一定与蒋先生站在一起"。

在这种情况下，孙科于 11 月 26 日接任了行政院长之职。

胡适成了"罪大恶极的帮凶"

应该说，胡适在这次"行宪国大"上的种种表现，相当滑稽而拙劣，玷污了他这位以爱惜羽毛自诩的学者的清白。即将在全国执政的中国共产党对此有什么反应呢？

首先应该指出，中国共产党并没有因此放弃对胡适的统战态度——这种态度一直持续到了1956年。1947年12月，毛泽东在陕北杨家沟中央会议上，提出了"可叫胡适当个图书馆馆长"的设想。1948年11月，当解放大军把北平城团团包围之时，有关领导部门曾指示北平地下党做胡适的工作，争取他能够留下。汪子嵩、王汉斌对此已提供了回忆。胡适通过共产党电台的广播宣传也得知了这一消息。他一笑置之说："他们会用我吗？"

另一方面，鉴于胡适于1948年12月16日被蒋介石派飞机接往南京，中共权威人士曾考虑是否将胡适列入战犯名单。据党史研究专家龚育之查证：1948后12月25日，新华社宣布了43个头等战犯名单，其中并无胡适。但1949年1月20日经毛泽东修改定稿的中共中央贺淮海战役胜利电文中指出："现在南京城内尚有头等战犯……及其他罪大恶极的帮凶们，例如胡适、郑介民、叶秀峰等人，企图继续作恶。"可知中共中央至少已将胡适划入了"罪大恶极的帮凶"范畴。1949年1月26日新华社电称：国统区人民讨论战犯名单时，许多学生和教授认为必须包括战争鼓吹者胡适、于斌和叶青。[①]

1949年8月14日，毛泽东为新华社撰写了《丢掉幻想，准备斗争》一文，指出：为了侵略的必要，帝国主义给中国造成了数百万区别于旧式文人或士大夫的新的大小知识分子……到了后来，帝国主义及中国的反动政府只能控制其中的极少数人。毛泽东提到的第一个人就是胡适。

如果站在政治斗争的立场，毛泽东的上述评价并不过分，因为胡适不仅在"行宪国大"上带头支持莫德惠提出的《动员勘乱时期临时条款》（"勘乱"，就是消灭共产党）；而且1948年12月16日他还跟美国驻华大使司徒雷登长谈，含泪进言，试图说服美国帮助蒋介石进行内战。他支持蒋介石不妥协地抵抗共产主义的立场，并表示自己"决心放弃学术事业而为

---

① 　龚育之：《毛泽东与胡适》，《读书》杂志1995年第9期。

国服务"。胡适万万没有料到，12年后，他也吃了"勘乱"条例的苦头。他在《自由中国》杂志的一彪人马都被扣上了"涉嫌叛乱"的罪名，有的竟锒铛入狱。此为后话。

蒋介石说"这不是官"：解读蒋介石给胡适的一封信

胡适秘藏书信中，有一封蒋介石给他的毛笔信，"国民政府用笺"，共5页。全文为——

适之先生：

日前雪艇兄返京，极称先生坚不愿参加政府，但愿以私人地位匡辅国家，协助政府，闻之心感。惟改组后之国民政府委员会为集议决策机关，并无行政烦琐工作，其职权大于参政会而性质则相同，且系过渡时期机构，为期不过数月，倘先生并此而不参加，岂惟政府决定政策之最高机构失一重大助力，一般社会且将不免致疑于政府革新政治之诚意。用敢重违尊意，推定先生为国府委员，倘因时间匆促，不及于发表前商得先生之同意，尚望体念时局之艰难，务请惠予谅察，是为至荷。

并颂时祉

弟中正手启

中华民国卅六年三月五日

要读懂此信，先要从"国民政府"说起。

国民政府最早成立于1925年7月。1928年2月蒋介石执政之后，恢复这一政治机构，并出任主席。1930年11月12日至18日，国民党在南京召开三届四中全会，修订了国民政府组织法，作为主席的蒋介石又兼任了三军总司令和行政院长，在"一个党，一个主义，一个领袖"的法西斯专政道路上迈出了关键一步。蒋介石的独裁统治破坏了国家统一，酿成了外侮频仍、内战不息的混乱局面。抗日战争胜利之后，国共两党于1945年签订了《双十协定》，蒋介石一度被迫同意迅速结束国民党训政，召开政治协商会议，并承诺实施人民自由，承认政党之合法地位，进行普选，释放政治犯。但《双十协定》的墨迹未干，蒋介石即对解放区发动了全面进攻，内战旋即爆发。在解放战争初期，蒋介石虽然占领了解放区的 105 座城市，但却损失了 71 万兵力。国统区内物价暴涨，国民经济濒临总崩溃的边缘。这样就把广大民众推向了"反饥饿，反独裁，反内战"的第二条战线。蒋介石致胡适信中所说的"时局之艰难"，以及同年 11 月 30 日日记中所说的"此诚存亡危急之秋也"，指的就是这种形势。

为了支撑风雨飘摇的残局，缓和错综复杂的矛盾，蒋介石急于召开一次国民大会，通过一部强化其独裁统治的宪法，故称这次会议为"制宪国大"。"国民政府委员会"，就是蒋介石想在 1948 年 3 月国民大会正式召开之前设立的一个过渡时期机构。

蒋介石为了通过"国民大会"来孤立中国共产党，不惜用高官厚禄收买人心，并拉拢一部分自由主义知识分子，然而愿意追随他的只有青年党和民社党这两个小党派。正是在这种政治背景下，蒋介石摆出了一副礼贤下士的姿态，动员胡适、陈光甫、莫柳忱、胡政之四人以无党派人士身份出任国府委员。

1947 年 2 月初，蒋介石通过制宪国民大会代表傅斯年试探胡适是否愿意出山。

2 月 6 日，胡适在致傅斯年信中披肝沥胆，慷慨陈词。他写道："我因为很愿意帮国家政府的忙，所以不愿意加入政府。蒋先生的厚意，我十分感谢，故此信所说的都是赤心的话。我在野，——我们在野，——是国家的政府的一种力量，替他说公平话，给他做面子。若做了国府委员，或做了一院院长，或做了一部部长。……结果是毁了我三十年养成的独立地位，而完全不能有所作为。结果是连我们说公平话的地位也取消了。"以上这些话，把胡适甘当蒋介石"净友"的真实心态表达得淋漓尽致。在同一封信中，胡适建议蒋介石多提拔信用国民党内的自由分子，给他们做事的机会，抬出一个"全明星"（all star）的政府与国人、世人看看。胡适最反感当时担任行政院长的宋子文，认为宋"自私自利"，王世杰、孙科要比宋子文强出一万倍。胡适对宋子文的看法，跟民社党张君劢的看法一致。蒋介石表示考虑。

傅斯年将胡适的态度转告蒋介石之后，蒋通过胡适的友人、国民参政

胡适一家合影

会主席团主席王世杰再进行动员。2月下旬，王世杰到东北视察，蒋介石要他先到北平看望胡适，希望胡适出任国府委员、考试院院长。

21日晚和次日，胡适与王世杰进行了两次细谈。22日晚，胡适又给王世杰补写了一封信，再次陈述他"决不敢就"的主要理由："仍是要请政府为国家留一两个独立说话的人，在要紧关头究竟有点用处。我决不是爱惜羽毛的人，前次做外交官，此次出席国大，都可证明。但我决不愿意放弃我独来独往的自由。"胡适补充说，他当时正担任北京大学校长，愿意在这个岗位上再干五年或十年。如果出任了国府委员，显然违背了前任校长蒋梦麟制定的《大学组织法》。胡适在信中还谈到，1946年11月中旬，他到南京出席国民代表大会之后，受到了中共和民盟刊物的攻击。"听说郭沫若要办七个副刊来打胡适"。所以，他不希望因为参加政府而给国民党的政敌提供子弹。

1947年3月13日早晨，胡适在上海参加协和医学院董事会之后，跟周寄梅、蒋廷黻同赴南京参加中华教育文化基金董事会年会（他是该会董事），下午两点到。当晚8时，蒋介石邀请胡适吃饭，饭前先约他短谈。胡适请蒋不要逼他参加政府。蒋问："你看到我3月5日给你的信没有？是托北平市何思源市长转交的。"胡适说："还没看到。"蒋介石说："如果国家不到万不得已的时候，我决不会勉强你。"

有趣的是，这次谈话之后，胡适以为蒋介石已答应不再勉强他了，而蒋介石却以为胡适已经答应他了。3月17日晨，王世杰奉蒋介石之命来找胡适，说考试院院长就不要他做了，但仍要他出任国民政府委员会委员。胡适再三申说："国府委员会是最高决策机关，应以全力为之，不宜兼任。"

3月18日下午4时，蒋介石再次约见胡适，坚持说："国府委员不是官，每个月只开两次会，不必常到会，你可以继续兼任北京大学校长。"蒋介石还问："胡太太在北平吗？"胡适答道："在，她临送我上飞机时说：'千万不可做官，做官我们不好相见了！'"蒋介石笑着再次强调："这不是官！"

3月21日下午两点，胡适从南京飞回北平。22日，北平市政府才转来蒋介石3月5日的那封亲笔函。胡适读后又托教育部长朱家骅转给蒋介石一封密电：

主席赐鉴：在京两次进谒，已力陈适不能参加政府之苦衷，北归后始得读公3月5日手示，极感厚意，但反复考量，并曾与北大主要同事商谈，终觉适不应参加国府委员会。府委是特任官，决不应兼任大学校长，况此是最高决策机关，尤须常川专任。北大此时尚在风雨飘摇之中，决不许适离开，道义上适亦不愿离开北大。万一命下之日，学校人心解体，不但北大蒙其害，亦甚非国家之福，故只有恳请我公许适不参加国府委员会，许适以超然地位继续为国家社会尽其绵力。迫而陈辞，务恳鉴察原宥。胡适。

胡适在直接出面表态的同时，又动员了北大文学院院长汤用彤、理学院院长饶毓泰、秘书长郑天挺联名给教育部长朱家骅致电：

南京教育部朱部长骝先先生钧鉴：密。顷闻中央拟推适之先生为国府委员，逖听之余，深感惶恐。窃意北大方始复员，适之先生万不能中途离校。

国府委员会为国家最高决策机关，更不宜由国立大学校长兼任委员，此事倘经实现，不惟妨碍北大前途，又与大学组织法不合。今日大局不安，教育界往往为不安之主因，适之先生在北大，对整个教育界之安定力量异常重大。同人爱护政府，爱护学校，并深知适之先生之立场，用敢冒昧陈辞，务祈婉为上达，力为挽回，不胜迫切待命之至。

3月29日，陈雪屏给胡适带来一封傅斯年的亲笔信。

信中透露，蒋介石在跟胡适的接触过程中，似乎感觉他"已答应"当国府委员。胡适立即请李宗仁给蒋介石转去一封长电，表明他之所以坚辞"实以国家为前提"。4月5日，胡适再给蒋介石拍一短电，仍由朱家骅转。由于胡适再三拒绝，蒋介石终于收回了成命。4月18日，何思源转来了蒋介石的复电："微电（五日）敬悉。此次尊重兄意，不克延致，殊为耿耿。若有两全之道，则必借重以慰群望也。……"至此，蒋介石终于收回了要胡适出任国府委员的成命。胡适如释重负。他模仿学生口吻调皮地说："这回我终于逃学了。"

胡适坚辞国府委员的这番曲折过程，能否真正说明蒋介石礼贤下士和胡适清高自爱呢？未必尽然。

首先应该看到，胡适对于蒋介石长期抱有幻想。1947年3月15日，蒋介石在国民党六届三中全会致词，声称实行"民主"，"结束训政"，"改组政府"，胡适大为振奋。他在3月20日致王世杰信中说："这是近代政治史上的一件稀有的事：一个政党抓住政权二十多年了，现在自己宣告取消一党专政，而愿意和别的政党共同担负政权。这是第一个重要意义。"胡适友人陈光甫似乎更加天真，竟宣称这是一场"不流血的革命"。在是否加入国府委员会的问题上，胡适的态度似曾有过动摇。及时给他泼上一盆凉水的是傅斯年。1937年3月20日，傅斯年写信告诉胡适：政府现在改革政治缺乏起码的诚意，例证就是蒋介石仍偏袒贪污公款的孔祥熙、宋子文。在蒋介石心目中："孔宋是不能办的，CC是不能不靠的，军人是不能上轨道的。"在这种前提下，借重胡适，"全为大粪堆上插一朵花"。1937年3月28日，傅斯年又明确告诉胡适，国府委员会的法定名词为"最高决策机关"，"绝与参政会不同"。他对胡适再进忠言，希望胡适不要让名声废于一旦，使亲者痛心，学校瓦解。由汤用彤等三人联名致电教育

胡适喜爱收集火花

部表示反对，就是傅斯年替胡适出的主意。傅斯年跟王世杰的共识是，胡适"在政府并不能发生政治作用，反失去社会上的道德作用"。胡适承认，傅的这些忠言对他采取坚辞态度有极大关系。

其次，蒋介石企图借重胡适也并非出于诚意。据王世杰日记透露，这是美国特使马歇尔的主张。1946 年初，马歇尔出任调停国共关系的"三人小组"成员（另两人为中共代表周恩来，国民党代表张群——后为张治中）。1947 年 11 月 7 日，马歇尔突接美国总统杜鲁门电，要他立即返国，接任国务卿之职。1 月 8 日，马歇尔离开中国前发表声明，认为"和平障碍国共两党均有责任"。王世杰 1 月 11 日日记记载："马歇尔之声明，谓中国目前之希望，寄于国民党中之自由主义分子与其他党派中之自由分子，竟欲支持此种分子组织政府。予虽深觉其观察之正确，然以外国使者之资格而为此言，俨然欲以外国人左右吾国之政治，殊令予不快。"这就充分表明，蒋介石政府利用胡适这类自由主义知识分子，原来是屈从于美国太上皇的旨意。当时给蒋介石军援和经济援助的主要是美国：帮蒋介石政府建立拥有 1000 架飞机的空军，赠送了 271 艘舰艇，并以 1.75 亿美元的低价售给蒋介石政府 8 亿多美元的剩余物资（主要用来组建机械化部队）。所以"不快"归不快，顺从归顺从。傅斯年一针见血地指出：（蒋介石）"表面之诚恳，与其内心之上海派决不相同，我八九年之经历，知之深矣。此公只了解压力，不懂任何其他。今之表面，美国之压力也"。屈于"美国之压力"，想用胡适装点当时牛粪一般肮脏的政坛，这就是蒋介石反复动员胡适担任"国府委员"的实质。

第七章　民间外交

胡适劝说毛泽东放弃武力

1945 年 8 月 29 日至 10 月 10 日，国共两党在重庆举行了举世瞩目的和平谈判。当年 8 月 14 日、20 日、23 日，蒋介石三次电邀毛泽东到重庆，共商"以建国之功收抗战之果"的大计。这其实是蒋介石"假和谈，真备战"的一项缓兵之计。毛泽东明知蒋介石"消灭共产党的方针没有改变也不会改变"，仍然愿意亲赴龙潭虎穴，以便争取主动权。经过了 43 天的艰苦谈判，双方都作出了让步：蒋介石一方表示承认中国共产党提出的和平建国的基本方针，同意召开有各党派代表及社会贤达参加的政治协商会议；中国共产党一方同意将 120 万军队编为 20 个师，并将 8 个地区的抗日军队撤至陇海路以北及苏北、皖北的解放区。在此基础上，国共双方在 10 月 10 日签署了《国共谈判会谈纪要》（即《双十协定》）。当时双方分歧实际上

1945 年 10 月 10 日，国共两党签订《双十协定》

1945 年重庆谈判期间，毛泽东与蒋介石、赫尔利（左）等合影

并不是是否表面上承认中共的合法性，而是军事调停问题。因为没有了军事后盾，一切政治协商全是一纸空文。果然如前面预料的那样，《双十协定》墨迹未干，蒋介石便向解放区发动了进攻，挑起了内战，最终导致其政权流亡于台湾一隅。

正是在关系中国共产党生死存亡的军事问题上，胡适提出了要中共放弃武力的政治主张。因为毛泽东此前会见傅斯年时曾表达了他对胡适的问候，所以，胡适于 1945 年 8 月 24 日致电毛泽东，全文是：

润之先生：

项见报载，傅孟真兄转述兄问及胡适之语。感念旧好，不胜驰念。22晚与董必武兄长谈，适陈述鄙见，以为中共领袖诸公，今日宜审察世界形势，爱惜中国前途，努力忘却过去，瞻望将来，痛下决心，放弃武力，准备为中国建一个不靠武力的第二政党。公等若能有此决心，则国内十八年之纠纷一朝解决，而公等二十余年之努力皆可不致因内战而完全消灭。美国开国之初，吉福生（杰斐逊）十余年和平奋斗，其所创之民主党遂于第四届大选获得政权。英国工党五十年前仅得四万四千票，而和平奋斗之结果，今年得一千二百万票，成为绝大多数党。此两事，足供深思。中共今日已成第二大党，若能持之以耐心毅力，将来和平发展，前途未可限量。万万不可以小不忍而自致毁灭。以上为与董君谈话要点，今特陈达，用供考虑。

胡适　三十四年八月二十四日

电文中提到的董必武，是著名中国共产党人。当时他跟胡适同为中国代表团成员，出席在美国旧金山召开的联合国制宪会议。会议期间胡适跟董必武长谈，发表了一通希望中共走议会道路的议论，遭到董必武的批驳。胡适又将这次谈话的要点写成电文，通过参加重庆谈判的国民党代表王世杰面交毛泽东。这实际上是在重庆谈判前夕为蒋介石营造政治舆论，在最根本的问题上给蒋介石以支持。电文行文绵里藏针，语含恫吓之意，实则昧于国情，低估了当时中共的实力，主张"枪杆子里面出政权"的毛泽东当然不能接受。

兵临城下，蒋介石"抢运"胡适

1948年11月2日，辽沈战役结束，东北野战军经过两个多月激战，共歼灭国民党军47万人，解放了东北全境。接着，东北野战军乘胜入关，跟华北两个兵团汇合，于11月20日发起了平津战役。1949年1月中旬天津解放，1月31日傅作义部起义，北平和平解放。

在北平被解放大军团团包围的日子里，胡适的去留成为了一个问题，国共双方对他的未来也有不同的设计。毛泽东说："只要胡适不走，可以让他做北平图书馆馆长。"胡适从 1949 年 1 月 27 日的上海《新闻报》上看到一篇文章，题为《中共又发表一批"战犯"》。文中写道："许多学生和教授们认为名单中必须包含重要的战争鼓动者胡适。"所谓"战犯"，就是毛泽东所说的那种必须拘捕归案接受人民审判的人。

另一方面，蒋介石接受了朱家骅、傅斯年、俞大维、陈雪屏等四人的建议，执行一项"抢救平津学人计划"，准备派飞机将一批文化名人接出北平，运送到南京。胡适就是蒋介石亲自给傅作义打电话要抢运的重要人物。这不仅因为胡适是文化界的头面人物，而且还因为他有很深的美国背景。对此，蒋介石既感到忌恨又有所依赖。

胡适最初的态度是在北平坚守，理由是如果他一动，北京大学就会人心涣散，局面难以收拾。1948 年 12 月 13 日，蒋介石让陈雪屏亲自到北平来动员胡适。12 月 15 日下午 6 时 45 分，胡适夫妇乘蒋介石派来的专机从南苑机场起飞，晚 10 时左右飞抵南京明故宫机场。12 月 16 日中午，蒋介石在南京官邸设宴为胡适洗尘。12 月 17 日，是胡适 58 岁生日，他出席了在南京中央研究院礼堂举办的"北大校庆大会"，胡适在致词时痛哭失声，说他"实在没有面子再在这里说话"，因为他"是一个不名誉的逃兵"。

蒋介石力劝胡适赴美开展民间外交

1948 年底，被"抢救"到南京的胡适，此时在蒋介石心目中能"顶几十万大军"。国民政府风雨飘摇，危如累卵，迫切需要美、英等国家的支持和援助。蒋介石此时，正是看中了胡适在美国的人脉和影响，为"美国朝野所信任"，而且，在外交活动中，私人关系往往发挥意想不到的作用。蒋介石此时准备派胡适出使美国，派王世杰出使英国，均是以私人代表身份前往。1949 年 1 月 20 日，蒋介石日记里有这样的记录："与雪艇（王世杰）谈话，商讨驻英大使问题，彼尚不愿担任，故嘱彼与适之先生以私人资格前往英美。"①

出于借助胡适的力量获得美国支持的政治需要，蒋介石一再劝说胡适赴美，开展民间外交，试图为即将覆亡的政权做垂死一搏。

尽管明知大势已去，对于蒋介石的劝说，胡适这次没有太多犹豫，就直接答应了；并旋即于1949年1月31日，办好了赴美签证，订好了3月9日乘威尔逊总统号邮轮赴美的船票。尽管胡适此次是以"私人身份"赴美，但毋庸置疑是受蒋介石和国民政府的"官方"委派。

这是胡适第二次以使节的身份赴美。第一次是在1937年，他为国民政府做神圣光荣的抗战宣传；而这一次，却是在解放军大军压境、国民党政府垂死挣扎的颓局下，大有殊死一搏的亡命意味。此时，蒋介石政府溃败已成定局，胡适已深感"太晚了，已经没有法子了"，还是应召赴美出使，不改其死心塌地"拥蒋反共"的立场。

船票改签两次后，胡适于4月6日，乘克利夫兰总统号轮船奔赴美国，再度开始了他的私人外交生涯。

值得一提的是，胡适本人也是非常看重私人身份的外交作用的。1949年6月12日，国民政府新任行政院院长阎锡山任命胡适为外交部长。胡适收到电报后，考虑了七八天后，于6月21日致电国民政府外交部副部长叶公超、董显光，表达了坚辞不受的想法。胡适坚辞的理由之一就是，"为国家辩冤白谤，私人地位，实更有力量"。②

胡适拒绝中共的橄榄枝

就在胡适去美国开展民间外交之际，中国共产党也展开了对胡适的争取。胡适的好友，北平辅仁大学校长陈垣，1949年4月29日在《人民日报》上发表了《致胡适的一封公开信》，用现身说法批驳胡适"共产党来了，决无自由"的说法，希望胡适"扭转方向，努力为人民大众服务，不为反

---

① 《蒋介石日记》手稿，1949年1月20日。

② 胡适致叶公超、董显光电，参见耿云志、欧阳哲生编著：《胡适书信集》（中），北京大学出版社1996年版，第1180页。

人民的统治阶级帮闲"，"回到新青年的行列中来"。

1949 年 6 月 18 日，寓居美国的胡适在由友人送来的英文杂志 *Far Eastern Bulletin*（《远东通讯》第二卷第二十二号，中国香港 1949 年 6 月 4 日）上见到了转载的陈垣的公开信。胡适看完，第一个反应是"其第一段引我给他最后一信的末段，此决非伪作的。全函下流的幼稚话，读了使我不快。此公老了，此信大概真是他写的？"6 月 20 日，胡适细读了陈垣公开信英译本，"更信此信不是伪造的（？），可怜！"6 月 21 日，胡适从 6 月 15 日的《华侨日报》上读到这封公开信的中文本，在当天的日记中记载："我读了更信此信不是假造的，此公七十岁了，竟丑态毕露如此，甚可怜惜！"

这样，胡适拒绝了中国共产党方面对他的争取。

1951 年底，大陆展开了对胡适声势浩大的批判运动。胡适从争取的对象彻底转为"专政"的对象。胡适曾经的师友、学生纷纷揭发检举声讨。

1950 年代中期，随着形势的变化，国共两党关系出现缓和迹象。1956 年 1 月 25 日，毛泽东在第六次最高国务会议上宣布："国共已经合作了两次，我们还准备进行第三次合作。"在这样的大背景下，胡适又成为中共争取的对象。

毛泽东 1956 年 2 月在北京宴请全国政协的知识分子代表，谈到批判胡适时说："批判嘛，总没有什么好话。说实话，新文化运动他是有功劳的，不能一笔抹煞，应当实事求是。"

1956 年 9 月 16 日，时任中国外交学会副会长、外交部顾问的周鲠生应"英国联合国同志会"之邀赴伦敦访问。在伦敦，他会见了《现代评论》时期的老友陈源，在无第三者在场的情况下畅谈了三个小时。周鲠生除规劝陈源回大陆之外，还动员胡适也回大陆看看。周鲠生也是胡适曾经的同事。陈源于 9 月 20 日致函胡适，把周鲠生的意见做了转达。陈源在信中说，大陆对胡适的批判主要针对他的思想，并不针对个人。如果胡适回去，还是会受到欢迎，并且来去自由。依据当时的外事纪律，周鲠生和陈源的接触事先必须经过请示，事后也必须进行汇报。周鲠生保证胡适可以在大陆来去自由，当然是代表官方的承诺。

胡适在陈源信中"对于你，是对你的思想，并不是对你个人"这句话的下面划了线，并写了一句旁批："除了思想之外，什么是'我'？"

1960年，胡适69岁时照

1957年春，新加坡《南洋商报》记者曹聚仁给胡适去了一封信，规劝胡适回大陆看看。曹聚仁是抗日战争期间中央社战地记者，在赣南时，与蒋经国熟识，著有《蒋经国论》，大陆解放后，长期居留香港。1956年开始，他以新加坡《南洋商报》记者的身份，多次到北京，受到毛泽东、周恩来等人的接见。曹聚仁在信中劝说胡适到大陆看看，他愿意陪着同行。并希望胡适全国看了之后再下断语。胡适在1957年3月16日的日记中写道："收到妄人曹聚仁的信一封。这个人往往说胡适之是他的朋友，又往往自称章太炎是他的老师。其实我没有见过此人。"[①] 胡适在曹聚仁来信的信封上批了"不作复"三个字，作为"匪情"研究资料派人将信转交台湾"司法行政部调查局"。

胡适之所以这么坚决反共，这和他的认识是分不开的。他认为不存在第三种道路，整个世界已经划分为共产主义与反共产主义两大阵营，要么反共，要么支持共产主义。显然，他选择的是站在蒋介石这边。

胡适为蒋赴美做了哪些事？

胡适这次受蒋介石委派赴美开展私人外交，是他第六次出国。胡适于1949年4月16日抵达旧金山，27日到达纽约，仍旧寓居纽约东81街104号，这是胡适上一次驻美大使卸任后租住的房子。到达纽约后，胡适主要在寻求美援，力促国际社会不承认中共政权，努力维护蒋介石反攻领袖地

---

① 曹伯言整理：《胡适日记全编》（第8卷），安徽教育出版社2000年版，第484页。

位等几个方面，为蒋氏斡旋奔走，不遗余力。

在争取美援方面，胡适为蒋氏四处奔走游说。

胡适到达美国时，南京解放，蒋介石政府败局已定。胡适到达纽约后，"日日忧心如焚"，却"实在一筹莫展"。尽管许多同情国民党方面的人，都觉得"一筹莫展"，胡适还是于 5 月 10 日夜，到华盛顿约曾极力主张援助国民政府的魏德迈（Wedemeyer）长谈，希望获得魏德迈的支持。结果当然不尽如人意。魏德迈认为，台湾的工业经济基础薄弱，人口又少（约 700 万），不足以支撑国民党政府的"复兴大业"。魏德迈表示，他实在是"有心无力"。① 为此，胡适希望蒋介石能够在大陆撑住一个"自由中国"的规模，维持一个世界能够承认的政府。胡适次日在给蒋介石的函电中这样说道："只要我们能撑住，将来的援助可能取的形式的一种。"②

胡适的结论和他 1937 年任美国大使时异曲同工，依旧是"苦撑待变"。只不过，当年是期待世界反法西斯战争格局发生有利变化，现在却已是末路逃亡，在解放战争中要蒋氏"苦撑"，等待转机。胡适说："苦撑三个月，有三个月的功效，苦撑六个月，功效更大。若能苦撑一年，就可以收很大的成效了。"

不过，胡适对蒋介石的这一期望却难以达成。此时，解放军势如破竹，福建、广东解放，蒋介石大势已去，所谓"苦撑"，也只是行将覆亡政权最后的垂死挣扎。

而此时，美国从自身实际利益出发，在收到司徒雷登、艾奇逊等给国务院的报告后，对中国的政策已然发生了重大变化。美国认为，国民党的失败，首先不是美援不足导致的，国民党在战场上的失败，使再多的美援，也只能充当白白赠送给共产党的武器和装备；国民党失掉了人民的信任，政治、军事、经济改革不利才是根源。美国不愿意再投入更多的援助，这会使它进一步牵涉进中国内战而受到连累；况且，司徒雷登给美国国务院的报告中也已然表明，中国共产党不是纯粹靠武力就能消灭的。在这种判

---

① 胡适致赵元任夫妇信，参见耿云志、欧阳哲生编：《胡适书信集》（中），北京大学出版社 1996 年版，第 1179 页。

断下，美国仅仅答应完成原有的援助项目，而绝不支持蒋介石提出的新的援助请求。

胡适、蒋介石逆势而行，寻求美国支持无果也是自然的。胡适奔走4个月后，在8月份，无奈地做出"我们不应对美援前景太抱乐观"的结论；而蒋介石也不得不适应形势，做出"对美暂不请援"的政策调整。

积极协助蒋氏，在国际舆论层面，使国际社会不承认中国共产党政权。

这也是胡适此次赴美蒋介石交代的"任务"之一。胡适赴美月余，蒋介石致函胡适："此时所缺乏而急需于美者，不在物质，而在于精神与道义之声援。故此时对美外交之重点，应特别注意于其不承认中共政权为第一要务。至于实际援助，则尚在其次也。"①

为了让美国社会不承认中共政权，胡适不遗余力，积极奔走于美国政府对华政策制定者巴特沃斯、司徒雷登等人之间，试探美方是否承认中国共产党政权的意向，打探信息，增加对美不承认中共的影响。而与胡适关系不错的司徒雷登，则出于美国国家利益考虑，主张承认中共。得知这些消息后，胡适无疑忧虑重重。

胡适主要在三个方面游说他的美国朋友们：第一，"消极的，不承认主义"也即不承认中共政权；第二，对蒋介石政府要实施"积极的，精神的援助"，最好能有政策宣言，从而使国内民众产生美国还没有放弃蒋介石政府的认识；第三，最好还能有"物质援助（经济的军事的）"，这更能说明问题。在"消极的，不承认"中共政权这一方面，胡适和蒋介石想法一致。

1949年中华人民共和国成立后，胡适仍然以蚍蜉撼树之力，试图劝告打算和中国交好的印度国家领导人尼赫鲁，不要承认中共领导的政权。胡适对尼赫鲁致函，指责中国共产党"受到苏俄的支持"，是"好斗的帝国主义的共产主义在亚洲的手臂"，将来极有可能对"亚洲所有人民和平与自由"产生最大的威胁。胡适在函中极力"丑化""妖魔化"中国共产党，

---

① 胡适致蒋介石，1949年5月11日，"国史馆"藏"蒋中正总统文物"，档案号002020400029113。转引自宋海波《胡适与蒋介石（1949—1950）》，《"胡适与中国新文化"国际学术研讨会论文集》，2016年12月，北京。

无非是想印度不承认中华人民共和国新政府。

有意思的是，次年4月1日，也即新中国成立半年后，印度就和中华人民共和国建立了正式的外交关系，成为第一个和中国建交的非社会主义国家，并进而带动了缅甸、印度尼西亚、巴基斯坦、阿富汗、尼泊尔等周边国家同新中国建立外交关系。不仅如此，中印关系"蜜月"期间，印度总理尼赫鲁还推广了泰戈尔提出的"中印是亲兄弟"口号。

不过，美国政府在当时并没有承认中共政权。这倒不是胡适的功劳，而是美国从自身利益出发做出的战略选择。当时，中国共产党方面，不接受美国提出的要中共承认此前国民政府签订的一系列条约的要求，新中国奉行倒向苏联的"一边倒"政策，这些，才是美国不承认中国共产党政权的根本原因所在。

为蒋介石四处奔走，极力维护蒋介石的领袖地位，力图清除美国政界对蒋介石的不满和指责，甚至"弃蒋"的言论。

国内战争时期，美国朝野对蒋介石逐渐形成"援蒋派"和"弃蒋派"两种态度。援蒋派以魏德迈[1]、杜勒斯[2]等为代表；弃蒋派以杜鲁门总统、国务卿马歇尔[3]、副国务卿艾奇逊[4]和美国驻华大使司徒雷登[5]为代表。后

[1] 阿尔伯特·魏德迈（Albert Coady Wedemeyer，1897—1989），美国退役陆军上将，盟军中国战区第二任参谋长。1946年6月—1947年任第二集团军司令、陆军副参谋长等职。1947年7月国务卿马歇尔授命其作为特使到中国调查。

[2] 约翰·福斯特·杜勒斯（John Foster Dulles，1888—1959），二战即将结束时，曾协助起草联合国宪章，1946–1949年任联合国大会代表。1950–1952年任美国国务卿顾问；1953–1959年任美国国务卿。冷战初期美国外交政策的主要制定者。

[3] 乔治·卡特利特·马歇尔（George Catlett Marshall，1880—1959），美国军事家、政治家、外交家，陆军五星上将。1939年任美国陆军参谋长，1945年退役。同年12月，作为驻华特使抵上海，负责"调处"国民党与共产党的关系。1946年11月返回美国。1947年1月，出任国务卿，6月提出"欧洲复兴计划"（即著名的"马歇尔计划"）。1949年1月辞去国务卿职务。1950年9月至1951年9月任国防部部长。1953年获诺贝尔和平奖。

[4] 艾奇逊（Dean Acheson，1893—1971），二战后的冷战时期，成为美国外交政策的主要制订者。1941年任助理国务卿，1945—1947年任副国务卿；1949—1953年任国务卿。

[5] 司徒雷登（John Leighton Stuart，1876—1962），1946—1949年，出任美国驻华大使。1949年8月8日，新华社播发了毛泽东的《别了，司徒雷登》，说他是"美国侵略政策彻底失败的象征"。

1946 年，胡适在美国康奈尔大学讲授中国哲学史

者认为蒋介石已经担负不起反共重任，因而，除了进一步在中国物色反共领导人（如李宗仁、胡适等就一度成为美国的理想人选）外，也进一步拒绝援助蒋介石。

胡适在美国为蒋介石积极斡旋，共同进退。由于美国于 1949 年 8 月 5 日发布了不利于蒋介石的《美中关系白皮书》，他 5 个月不去华盛顿，后来因事去，也避而不见马歇尔和魏德迈等人，以示傲性。此外，由于担心美国承认中共政权，他甚至打算离开美国，直到 1950 年 1 月 14 日，看到美国宣布撤退中共区域内的一切美国领馆人员，才放下心来。[①]

为了替蒋介石辩护，胡适花费 40 天的时间，于 1950 年 8 月 15 日发愤写就一篇三十多页的理论檄文，"How Stalin's Strategy of Conquest Succeed in China After 25 Years' Chinese Reistance"（《斯大林的战略在中国遭到二十五年的抵制之后如何获胜》），后经 Foreign Affaire（《外交事务》）杂志主笔建议，修改为 "China in Stalin's Grand Strategy"（《斯大林征服世界战略下的中国》，也有译为《斯大林战略下的中国》《斯大林雄途下的中国》等），9 月 19 日发表在该刊 10 月号上[②]。

---

① 参见胡适致沈怡信，1950 年 4 月 3 日，参见耿云志、欧阳哲生编：《胡适书信选》（下），北京大学出版社 1996 年版，第 1196 页。

② 参看曹伯言整理：《胡适日记》第 8 卷，安徽教育出版社 2001 年版，第 62 页。

胡适《斯大林征服世界战略下的中国》主要针对美国发布的《白皮书》中对蒋介石的负面认识进行辩解，为蒋声援。胡适在给傅斯年的信中说道，撰写此文的"主旨"就是要"使人知道中国的崩溃不是像 Acheson（艾奇逊）等人所说的毛泽东从山洞里出来，蒋介石的军队就不战而溃了，我要人知道这是经过廿五年苦斗以后的失败。……我要人知道在这廿五年的斗争里，最初二十多年处处是共产党失败，蒋介石胜利"。不仅如此，针对美国发布的"白皮书"的具体内容，胡适认为，主要是两个大转折促成了这种局面：一是西安事变，主要是斯大林下令中共不处死蒋介石，主张和平解决，这保全了红军，给了红军日后发展的机会，也利用了蒋的力量来继续抗日；一是雅尔塔协议，斯大林欺骗了罗斯福，控制了满洲、朝鲜，从而使红军有了和苏联接壤并受苏联控制的"基地"。[①] 总之，蒋介石的失败是"光荣的失败"。胡适为了给蒋介石辩诬，在美国面前"洗白"蒋介石，不惜颠倒黑白，抹杀共产党在困境中成长、壮大并进而夺取政权的独立自主性。

胡适的文章，得到了蒋介石的充分肯定，台湾岛内《中央日报》做了翻译连载，1951 年该文收入国民党当局编印的《本党与匪党搏斗史实》。1951 年 5 月 31 日，胡适给蒋介石写了一封长信，托杭立武带给蒋。在信中，胡适劝蒋介石多读中共出版的书，如《斯大林论中国》，以做到"知己知彼"；并建议蒋介石想想"国民党自由分化，分成几个独立的新政党"的问题，而分化成几个独立政党的前提是，蒋介石要辞去"国民党总裁"一职。信的最后，胡适问蒋介石对《斯大林征服世界战略下的中国》有何看法。[②]

蒋介石看到胡适的信后，于 9 月 23 日在给胡适的信中说：对于胡信中提到的"宪法"问题、党派问题等，蒋认为都是当前急务，只有面谈才能尽道其详，所以，邀胡最好于今年年底回来，给他庆贺 60 岁寿辰，"面叙衷曲"。对于胡适《斯大林征服世界战略下的中国》，蒋介石毫不吝惜溢美之词，认为这是他看到的第一篇批判苏俄、为国民党辩白的最有力的

---

① 参见胡适致傅斯年夫妇信，1950 年 9 月 6 日，参见耿云志、欧阳哲生编：《胡适书信选》（下），北京大学出版社 1996 年版，第 1197 页。

② 参看曹伯言整理：《胡适日记》第 8 卷，安徽教育出版社 2001 年版，第 124 页。

文章：

中以为此乃近年来揭发苏俄对话阴谋第一篇之文章，有助于全世界认识对我国之认识非鲜，岂啻叙史翔实严谨而已。[①]

胡适信中所提政党问题、"宪法"问题，包括让蒋介石辞去"总裁"职务等建议，始终都是蒋介石的敏感问题。不过，蒋胡在反共问题上的一致立场，是他们此时关系的粘合剂。胡适在美不遗余力地进行反华宣讲，给蒋氏争取国际舆论上的支持，尤其是胡适《斯大林征服世界战略下的中国》一文，"对蒋介石败退台湾后长期推行的'反共抗俄'理论形成有深刻影响"。[②]

胡适的反华立场可谓坚定。还发生过这样一件事，由于英国政府承认了中国共产党的政权，胡适考虑到自己在"自由中国"反共领袖的形象，接受教职有可能让"'自由中国'知识界丧失信心"，1952 年 9 月，几经犹豫后，胡适拒绝了牛津大学聘请他去讲学的要求。[③]

蒋介石资助胡适 4.5 万美元

胡适 1949 年 6 月以私人资格赴美，这就涉及一个问题，收入从何而来，他如何生活？胡适赴美一年后，1950 年 5 月普林斯顿大学请他当葛斯德东方图书馆馆长，并以相当于正教授的职称聘请他，年薪是 5200 美元。

胡适在这个职位上干了两年，这是他晚年在美国唯一比较正式而有固

---

① 参看曹伯言整理：《胡适日记》第 8 卷，安徽教育出版社 2001 年版，第 142 页；胡适 1950 年 9 月 6 日致傅斯年、俞大彩夫妇的信中说，该文是发表在《外交事务》（即《外交季刊》）10 月号上。

② 宋海波：《胡适与蒋介石（1949—1950）》，《"胡适与中国新文化"国际学术研讨会论文集》，2016 年 12 月，北京。

③ 参看曹伯言整理：《胡适日记》第 8 卷，安徽教育出版社 2001 年版，第 245–249 页。

定收入的工作。尽管有正式工作，但胡适在美国过得还是很艰辛。胡适在
1952 年 4 月 6 日的日记里曾详细地列出每月生活费，具体到房租、工人、
洗衣、电气、煤气、电话、报纸、文具、圆桌俱乐部、饮食、零用各项，
共 550 美元：

试作预算（每月）：

房租	152.09
冬秀	150.00
工人	32.00
洗衣	9.00
电气，煤气	18.00
电话（电报）	20.00
报纸，文具	7.00
Round Table Club［圆桌俱乐部］	8.00
	396.09
食料（Grocery）	30.00
	426.09
零用	123.90
	550.00

这是胡适日记里不多见的预算账单，从一个侧面可以折射出胡适此
时的生活费问题成了一件大事。算下来，胡适每年在美国需要 6600 美
元的生活费。而且，这个预算没有包括医疗以及其他有可能要支出的
项目。胡适逐渐年事已高，还有心脏病，医疗也是个潜在的不小的开
销。以至于胡适对后来结识的文友唐德刚说："年轻时要注意多留点
呕需。"

胡适夫人江冬秀 1952 年到达纽约，这使得胡适原先租住的公寓更显
拥挤。胡适没有力量换大房子，在这个小家里，他甚至连喜欢的书都没地
方放。

江冬秀不懂英文，许多事情都得胡适亲力亲为。胡适请了佣工每周二来公寓打扫卫生，但又担心江冬秀指挥不力，佣人躲懒，因此很多事胡适还是常常自己动手。1951 年 3 月 29 日，胡适在给赵元任夫人杨步伟回信的附言中感慨道："又快到四月了。我前年四月初在上海上船。两年之中，一切都如噩梦！"

"一切都如噩梦"固然有政治失意、举步维艰之意，但是否也透露出备尝生活艰辛的无奈？

1952 年 6 月，普林斯顿大学终止了对胡适的聘用，葛斯德东方图书馆为了节约开支，将胡适的职位由童世纲接任。胡适的年薪是 5200 美元，童世纲年薪 3480 美元，比胡适便宜得多。普林斯顿大学给予胡适的只有荣誉职衔，而没有了薪水。

没有固定收入，胡适的生活问题成了大事。蒋介石从 1951 年 5 月开始到 1955 年 5 月为止，开始资助胡适一笔"特别费"。台北"国史馆"所藏"蒋中正总统档案·文物"中，有一组 1950 年代初蒋介石与俞国华①之间的电报。俞国华是浙江奉化人，蒋介石的同乡，其父俞作屏与蒋介石为中学同学，曾任蒋氏的秘书，后在北伐中殉职。俞国华曾在蒋氏侍从室工作。俞国华 1951 年出任国际货币基金组织副执行董事，1955 年回台湾从政。这组电报拟于 1951 年 5 月 15 日到 1955 年 5 月 16 日，内容很简短，都是蒋介石委托俞国华向陈立夫、胡适赠款。这组电报的真实性毋庸置疑，在 1951 年至 1955 年间，蒋介石共向胡适送过 9 笔钱，每次 5000 美元，共美金 45000 元。平均每年 9000 美元，比胡适在普林斯顿大学的年薪要高。

然而，遍查胡适日记，却没有对这项固定资助的记录。但可以肯定的是，这笔钱胡适是收了的，因为俞国华给蒋介石的回电中，有"胡、陈二先生特别费，遵当于月底前照发"之句（陈是指陈立夫）。蒋介石赠送的每年9000 美元，对胡适在美国的生活来说，无异于是一项很大的支援。这也可以看出蒋胡二人已经不仅仅是政治上的兄弟，其关系中也渗入了比较密切

---

① 俞国华（1914—2000 年），浙江奉化人，台湾地区政治家。俞国华 1951 年任国际货币基金组织副执行董事，1955 年返台从政。曾任"中央银行"总裁兼"行政院经济建设委员会"主任委员、"行政院长"、"总统府"资政及中国国民党副主席。

工作中的胡适

的私人金钱资助因素。

　　除了经济资助，蒋介石更重要的是对胡适竭尽全力地"捧"，此时二人的关系可谓"蜜月期"。1952 年胡适回台湾，五六百人去机场迎接；先是邀请胡适回台湾为其祝寿，而且对胡适提到的"宪法"、政党等"忤逆"言论也隐忍不发，不可谓不委曲求全。

　　1952 年 11 月 19 日至 1953 年 1 月 17 日，胡适应台湾大学及台湾师范学院邀请赴台讲学，在台湾逗留了大约 60 天的时间。胡适一下飞机就受到热烈欢迎，蒋介石派蒋经国赴机场迎接。临回美国前，蒋介石约胡适吃饭，二人交谈了两个小时。胡适说台湾没有言论自由，说"'宪法'只许'总统'有减刑与特赦之权，绝无加刑之权。而'总统'屡次加刑，是'违宪'甚明。然整个政府无一人敢向'总统'如此说！'总统'必须有诤臣一百人，最好一千人。开放言论自由，即是自己树立诤臣千百人也"。

　　对于胡适的忠言逆耳，蒋介石在日记里留下记录，说这次谈话"对余个人颇有益也"，认为胡适的意见是"金石之言"，让他颇为感动，评价胡适是其"平生之诤友"。

相比于此前胡适出使时，蒋介石指责他出使不力，为自己争盛名，甚至此后"三连任事件"、"《自由中国》事件"中，蒋介石对胡适表面尊敬、背后痛骂的情况，此时蒋介石和胡适可谓同声相和、同气相求，无疑也是二人关系的"蜜月期"。

第八章　祝寿风波

蒋介石生日之际抛"婉辞"

1956年9月，蒋介石在自己70岁生日之前，一反原先大办寿庆的风格，以"总统府"通知的形式搞了一个《婉拒祝寿贡献建议》，下发到各党派、机关团体。通知表明，蒋介石将"婉谢祝寿，以六事咨询于同仁，均盼海内外同胞，直率抒陈所见，俾政府洞察舆情，集纳众议，虚心研讨，分别缓急，采择实施"①。

10月17日，台湾《中央日报》全文刊发了蒋介石的一份"婉辞"。在"婉辞"中，蒋介石重申上述要求，恳切希望大家不要搞隆重的祝寿仪式，说：

本人七十初度将届，前曾手令经由"总统府"秘书长函知各机关，不得发起有关祝寿之任何举动，个人衷怀深望各方能予体察，良以大陆沦陷迄今七年，数亿同胞惨遭灾难荼毒，水深火热，政府尚未能拯救，其已逃出铁幕之同胞，尚有多人转徙流离，未能各安生业，而海外侨胞亦有被"匪共"伺机迫害之事，尤为悬念，凡此均使个人寝馈不安，所以各方对个人的光宠，反增个人的无限愧疚。兹特重申意愿，以为海内外同胞与其藉祝寿来表示对国家元首的爱护，曷共对国家反共抗俄政策之贯彻，以及内政应有之兴革，贡献具体意见，以此纪念本人生日，庶几较有意义。切望"全国"报章杂志，征求海内外同胞对下列各点，直率抒陈所见，俾政府洞察舆情，集纳众议，虚心研讨，分别缓急，采择实施。

一、建立台湾惟实现三民主义模范省的各种应兴应革的要政急务；

二、增进台湾四大建议（经济、政治、社会、文化等）与革除旧有关各政客习气之具体意见；

三、推行战时生活，革除奢侈浪费等不良风气，造成蓬勃活泼的民族复兴基地之应有措施；

四、团结海内外反共救国意志，增强反共复国战力，不尚空谈，务求

---

① 《雷震全集》第11卷，台湾桂冠图书股份有限公司1989年版，第106页。

实效的具体办法；

五、贯彻"反共抗俄"之具体实施计划与行动的准则；

六、除以上五点外，并盼对中正个人平日言行与生活，以及个性等各种缺点，作具体的指点与规正。

蒋介石抛出这份"婉辞"，有人说是心血来潮，其实却是深思熟虑。蒋介石此时退守台湾已经7年，"光复"大陆的计划遥遥无期，收拾、重震台湾民心却是一件更迫切的事情。其幕僚和亲信张群、陶希圣等人事前都不知此事。二人担心在台湾岛内这样做更容易使蒋介石骑虎难下，最后有可能出现收不了场的局面。蒋介石知道他们的这种态度后冲其大发脾气，认为这是不负责任的想法。

胡适祝寿文章惹蒋"烦"

10月19日，远在美国的胡适接到了台湾《中央日报》社的电报，邀请其就此事为报社写一篇文章。胡适看到了"婉辞"，仔细考虑蒋介石的为人作风等方面，赶写了《述艾森豪总统的两个故事给蒋"总统"祝寿》一文。在将文章寄给《中央日报》时，胡适还担心其不能发表，同时寄给了自己的"思想阵地"《自由中国》杂志社，希望他们能全文照发。

在文章中，胡适借美国总统艾森豪威尔的故事，主要告诫蒋介石要信任下属，凡事不要管得太多太死，希望他试试古人所说的"无智、无能、无为"的六字诀，做一个"'无智'而能'御众智'，无能无为而能'乘众势'的元首"。

胡适在第一个故事中，讲了艾森豪威尔的这样一件事：艾氏就任哥伦比亚大学校长后，副校长给他提了一个建议，既然各院系的负责人都想见见他，并汇报各系别的工作，那么，不妨安排大家都来谈谈，可以每人半小时，每天见三个人。起初艾森豪威尔觉得建议不错，遂同意这种约见方式。然而，在见了十几个人后，艾森豪威尔终于忍不住了，问副校长，全校有多少人需要汇报工作，副校长说有63人。艾森豪威尔听了之后叫苦不迭：

"天啦，太多了，太多了！你知道，我过去做盟军统帅时，只接见我直接指挥的三个将领，其他的就由他们管，我完全信任他们。如果63个人个个来谈，既浪费双方的时间，又有许多是我不懂的，加上我又无法细心听，作用不大。你帮我定的那个日程，是不是取消呢？"结果副校长听了艾森豪威尔的话后，觉得不错，就取消了这种汇报安排方式。

胡适讲的艾森豪威尔的第二个故事是他在总统任上：一天，艾森豪威尔正在打高尔夫球，总统助理亚丹士有急电需要他批复。艾森豪威尔看了电文之后，签署了两种意见，一种是同意，一种是不同意。之后，艾森豪威尔觉得不妥，加了一句话："请狄克替我挑一个吧。"狄克指的就是副总统尼克松。

胡适讲的这两个故事可谓针对性比较强，直接借艾森豪威尔的故事影射蒋介石，希望他能够放手给属下权力，不要事必躬亲。人的精力和能力有限，要学会分权，善于用人，让更专业的人去做。

紧接着，胡适追述了自己第一次给蒋介石写信提到的事情，当时就曾提醒过蒋介石不可多管细事，不可躬亲庶务。二十多年过去了，如今，胡适还是要提醒蒋介石曾经说过的老话。胡适又搬出了在武汉见蒋介石时送给他的那部《淮南王书》中的话，希望蒋介石能够实现书中所说的"积力之所举，则无不胜也。众智之所为，则无不成也"。并善意地对蒋介石说："要救今日之国家，必须要努力做到'乘众势以为车，御众智以为马'。"胡适还说：

怎样才能"乘众势以为车，御众智以为马"呢？我想来想去，还只能奉劝蒋先生要彻底想想"无智、无能、无为"的六字诀。我们宪法里的总统制本来是一种没有行政实权的总统制，蒋先生还有近四年的任期，何不从现在起，试试古代哲人说的"无智、无能、无为"的六字诀，努力做一个无智而能"御众智"，无能无为而能"乘众势"的元首呢？

胡适在1932年同蒋介石在武汉见面时，曾经送给蒋介石一部《淮南子》。1932年2月28日，蒋介石在汉口寓所请胡适晚餐。这是胡适与蒋的第一次晤面。次日，胡适又去蒋宅晚餐，同席者有陈布雷、陈立夫、顾孟余等人。因无单独与蒋谈话机会，胡适送了一册《淮南子》给他。《淮南子》是部杂家著作，以道家思想为主，糅合了儒、法、阴阳五行等家思想。其主导思想是老子的无为思想。胡适赠《淮南子》给蒋介石，正是看中了此书宣扬"无为主义"，希望蒋介石能够有所借鉴。

1935年7月26日，胡适在给罗隆基的一封长信中说道，据他的观察，蒋介石管得太多，"微嫌近于细碎，终不能'小事糊涂'"。前在汉口初见蒋介石，"临行时赠他一册《淮南王书》，意在请他稍稍留意《淮南》书中的无为主义的精义"。又说："去年我第一次写信给蒋先生，也略陈此意，但他似乎不甚以为然。他误解我的意思，以为我主张'君逸臣劳'之说。……我的意思是希望他明白为政之大体，明定权限，而不'侵官'，不越权。如此而已。《淮南》说的'处尊位者如尸，……尸虽能剥狗烧彘，弗为也。弗能，无亏也。'此似是浅训，但今之为政者多不能行。"

跟胡适一样天真的还有《自由中国》社的同仁们。他们在看到蒋介石抛出的"婉辞"之后，迅速组织了一个"祝寿专号"，他们针对蒋介石以及国民党的一些问题提出了自己的尖锐的看法。这一期的社论《寿"总统"蒋公》直言不讳地谈了三个敏感问题：第一是蒋介石"总统"任到期后的继承人问题；第二是责任内阁问题；第三是军队问题。这三个问题都比较敏感，尤以第一个为最，因为它直接触及了蒋介石的权力延续问题。

晚年蒋介石和宋美龄

10 月 31 日，蒋介石生日当天，《自由中国》提前刊出，胡适的文章作为这一期的重头文章。事后证明，胡适以及《自由中国》所发表的这些文章，成了名副其实贺寿的"礼炮"。本期祝寿专号甫一印行，民众即抢售一空，不得不连连加印。

且看政客的"祝寿"招术

和胡适的书生意气不同，国民党的政客们却极尽阿谀奉承之能事。10 月 31 日蒋介石生日当天，台湾各机关、团体都举行了"祝寿"活动。"国大代表"和"政府"高官，都到"国大联谊会"签名"祝寿"。国民党的中央委员会则提前两天，通知全体委员 31 日务必到中央党部设立的"寿堂"签名祝寿。中央党部在"寿册"上还写了一份寿序，将蒋介石比喻成万民敬仰的"圣哲"，革命之枢机，党国之柱石，极尽阿谀之能事。寿序中说：

> 天生圣哲，应五百年名世之征；民有依归，慰亿兆人来苏之望。维我总裁，聪明睿智，领袖群伦，作革命之枢机，为党国之柱石。声明洋溢于世界，事功彪炳于人寰。当去邪之际，乱忾维殷，广兴夏之谋，自强不息，生聚教训，宵旰矢勤，扫荡澄清，瞬息可睹。光华日月，呈元首之麟祥；叱咤风云，待大人之虎变。欢呼颂希龄之寿，寿并河山；签祝表同德之心，心如坚石。
>
> 中国国民党中央委员会全体敬献

据国民党《中央日报》报道，10 月 31 日到国民党中央党部祝寿的国民党高官达千余人，陈诚、张群、俞鸿钧等人均带头在上面签了名。这也更加反衬出胡适的不合时宜，他未能准确领会蒋介石所谓《婉辞》的信息，并且公开谈论蒋介石的缺点，并且劝其退位，简直是跟蒋介石公然作对。

蒋介石攻击胡适和《自由中国》

果然，尽管有诚邀社会各界不吝批评规正的谦虚说辞，蒋介石看到胡适以及《自由中国》发表的这些文章，还是恼羞成怒。他对胡适的文章意见最大。蒋介石、蒋经国父子看了《自由中国》"祝寿专号"后震怒不已。

蒋介石对胡适的文章特别注意。他对一位亲信说："胡适要我做'三不'、'三无'的'总统'，我反复想了，'三不'是'不革命、不负责、不反共抗俄'；'三无'是'无政府、无组织、无主义'。要真的像胡适之说的那样，我们都去向共产党投降算了！"

此外，蒋氏父子还精心策划了针对《自由中国》以及胡适的封锁和攻击。先是在岛内发动其他媒体攻击《自由中国》，指责其是"为共产党的思想'走私'"，号召大家提高警觉，警惕《自由中国》变成民盟，在岛内帮助共产党进行"思想走私"，并为《自由中国》罗织了诸多罪名。

而针对胡适的祝寿文章《述艾森豪总统的两个故事给蒋"总统"祝寿》，1957年1月，蒋经国控制的"国防部"总政治部印发了《向毒素思想总攻击》的小册子，向全军下发，文中含沙射影地攻击胡适"名为自由主义，实际却是'共匪'的帮凶"：

长居国外的所谓知名学者，他说这种话，目的在散播和推广个人自由主义思想，好叫人们尊崇他为自由主义者的大师，由他领导来批评现实，批评时政，批评当政者，促进所谓的政治进步，造成与自由民主的英美国家一样。这是他不了解中国当前革命环境，完全近乎一种天真的妄想。同时，他还受某些失意的官僚政客的包围利用。因此就故作高论，以为他们摇旗呐喊，助长声势。

……

同时，我们还要指出其批评的荒谬！

第一，要总裁做一个"无智、无能、无为"的国家元首其错误在：（一）

中美两国国情不同,两国元首不能互相比拟。……(二)国家元首不能"无智、无能、无为"。他是一国政治重心,要领导政治,必须有所作为,否则政治失去重心,且任何人都可以当"国家元首",选举也是多余的了。如果认定选举只是一种形式,并无其他意义,则与选贤任能之旨,亦是相违背的;(三)总裁崇尚力行哲学,遇事肯负责任,不畏艰难,因此他负革命责任一天就确实地做一天,而且要认真做好,所以他对"反共抗俄"大政方针,必须多考虑,多指示,这是总裁的力行精神,也就是革命精神……(四)……总裁聪明智慧高,先见到了,想到了。为了充实反攻准备,争取胜利,他能不指示大家做吗?(五)总裁威望崇高,全国军民信仰服从,许多事情,经过总裁指示以后,全国严厉奉行,否则难生实效。你看这样,总裁不指示怎么行呢?

还有,我们应该了解的,就是批评者说出这种话,其中含有极大的政治阴谋,目的是想总裁从此少管事,削弱他对党政军的领导力量,是国家重心得不到巩固,便利阴谋分子计划的发展,以破坏反共抗俄大业。这是批评者的重大毒辣阴谋,我们要注意提防!

第二,批评总裁主观性太强,就是批评者所谓"常要求客观的东西从属于自己"。这根本不是总裁的短处,相反,则是其惟一的长处,理由在:(一)不论古今中外,凡是伟大的领袖,大多是明敏果断,敢作敢为,义之所在,不顾一切,坚强奋斗,不达成功,誓不中止。这是革命精神,但也是伟大领袖必具的条件,总裁是伟大领袖,当然也是此类型人物。(二)……总裁领导革命,常忍人之所不能忍,决人之所不能决,为人之所不能为,可说是这种天才的高度发挥,我们正赞美之不暇,又何能对之有所批评呢?(三)总裁领导革命,坚信必获最后胜利,所以革命遭遇挫折失败不灰心,相反的则更坚强奋斗。……相信亦能凭借着这种勇气,这种信心,而取得"反共抗俄"的胜利成功。

除了逐一批驳胡适文章中对蒋介石的规劝,为蒋介石进行辩护,小册子中还要求大家进行极其荒谬的伟人崇拜:

以上理论与事实,只说明一个真理,就是总裁是伟大的,他是我们永远需要的伟大领袖,他一生革命,没有一点不是的地方,我们要虔诚地信仰他，绝对地服从他……

　　至此，祝寿事件终于显出了荒唐滑稽：既然蒋介石是这样一个"伟大"的人物，不仅终生全心全意为"革命"，而且全身居然"没有一点不是"的地方，几近"圣人""完人"，蒋介石抛出的诚邀社会各界不吝指正、并希望大家恳切批评的《婉辞》还有什么意义呢？《婉辞》的虚伪性可见一斑。

　　祝寿风波随着蒋经国炮制的小册子的出现，更加显出了蒋氏把控舆论为其政治野心服务的目的。胡适和《自由中国》的同仁们因言获罪，受到了严厉的打击和报复。尤其是胡适，尽管远在国外，并且蒋氏父子这一套针对他的把戏并没有公开化，然而，饶是如此，这位蒋介石政府的"净友"还是感到内外交困，尴尬焦虑。胡适在1957年写给好友赵元任的信中道出了自己的心情：

　　你大概不知道，或者不很知道，这半年来所谓"围剿《自由中国》半月刊"的事件，其中受"围剿"的一个人，就是我。

1954年，蒋介石当选"第二任中华民国总统"，蒋经国随侍在旁

　　在这种情况下，胡适认为，"可能留在国内比留在国外更重要"（胡适1957年7月26日致赵元任信）。而且，通过这件事，胡适对国民党和蒋氏父子也变得更加失望。1956年11月5日，《自由中国》杂志社将发表在《中央日报》上的国民党的《寿序》寄给了胡适。1957年1月5日，远在美

国的胡适终于收到了这则剪报。看完剪报，胡适在当天的日记里写了几个字："国民党的思想如此！"并画了个叹号，失望和不满溢于言表。

蒋介石这次几乎是"自投罗网"式的请大家给他提意见，而胡适则书生气十足地当成了一次进言的机会。对于蒋介石来说，向社会各界抛出的《婉辞》与其说是其真的要发愤图强，改良社会和自我，不如说是一获取民心的作秀，以期安抚政界对蒋介石反攻大陆无望的不满；而对于胡适来说，则想借这样的机会在台湾推行他的美式民主制度，也许更是他深层次的思想动因。

万山不许一溪奔：以蒋经国 1956 年清算胡适为中心

胡适·雷震·蒋经国

"万山不许一溪奔，拦得溪声日夜喧；到得前头山脚尽，堂堂溪水出前村。"这是宋代诗人杨万里的七言绝句《桂源铺》，原写万山群岭中有一条小溪，越阻拦它喧哗声愈大，小溪奔流不息，终于流到前头的山脚尽处，堂堂正正地流出了前村。

1961 年 7 月 5 日（阴历五月二十六日），因文字狱身陷囹圄的雷震在狱中度过了他的 65 岁生日。胡适特题写此诗相赠，用日夜喧腾的溪水隐喻不可阻挡的世界新潮。胡适长雷震六岁，他们之间的关系亦师亦友，都崇信西方的民主宪政，并执意移植到中国，只不过胡适的民主观来源于美国，雷震的宪政观来源于日本。胡适一生之中，除出任过四年驻美大使之外，基本上都是以学者现身。而雷震从上世纪 30 年代即开始从政，早年受到蒋介石赏识，曾任国民党高官，直至 20 世纪 50 年代才在台湾以持不同政见者现身。跟胡适相比较，胡适是开风气者，而雷震是实行家。有人认为雷震具有叛逆性，有狂狷之气，能知其不可为而为之；胡适则难免有妥协的一面，遇有风险的事不肯出头。但雷震并不苟同这种看法，认为这是对胡适了解得不够。终其一生，雷震不改对胡适的尊崇，唯恐对胡适出言不利。而胡适也十分推崇雷震，认为雷震在台湾民主化的进程中功劳

雷震（左）夫妇与胡适

最大，应该为他修造一座铜像。谈胡适而必须扯上雷震，是因为1956年蒋经国发动清算胡适"毒素思想"跟雷震密不可分，也可以说是他们共同惹的祸。

蒋经国跟乃父蒋介石一样，是一位极其复杂的历史人物。在国民党上层，他为政相对清廉，能够体察民情，特别是他在执政的二十多年中，为台湾的经济发展和民主改革作出了贡献。所以时至今日，台湾无论"蓝营"、"绿营"，前往大溪凭吊蒋经国的民众仍络绎不绝。但他曾厉行特务统治，并为之辩护，曾强词夺理地说什么"台湾情报人员除了与潜伏匪谍搏斗，消除不良分子，维护治安而外，别无活动，更无威胁人民情事"；在处理跟持不同政见者的关系上，无论是对待孙立人、吴国桢，还是对待胡适、雷震，都表现出心胸褊狭的一面。这在他处理《自由中国》的问题上表现得十分明显。

祝寿惹出一场祸

1956年10月31日，是蒋介石七十寿辰。10月17日，他在台湾《中央日报》刊登了一篇《婉辞》，声明各机关不得发起有关祝寿活动，要把祝寿变成了解舆情，广集众议，并表示会将这些意见虚心研讨，分别缓急，采择实施。蒋介石征集的意见共分六条。

一、建立台湾为三民主义模范省的各种应兴应举的要政急务。

二、增进台湾四大建设（经济、政治、社会、文化）。

三、推行战时生活，革除奢侈浪费等不良风习。

四、团结海内外"反共救国"意志，增强"反攻复国"战力，不尚空谈，务求实效的具体办法。

五、贯彻"反共抗俄"之具体实施计划与行动的准则。

六、对中正个人平日言行与生活，以及个性等各种缺点，作具体的指点与规正。

这份公告，台湾当天的各大报均已刊登。

台湾《自由中国》杂志社的同仁以为蒋介石真的虚怀若谷，准备受言纳谏，便把 10 月 31 日出版的第五十卷第九期编成了一个"恭祝总统七秩华诞"专号。蒋介石的亲信胡健中还特别在 10 月 19 日给胡适拍发电报，转述了蒋介石的姿态，希望胡适也"坦直发表意见"。于是，胡适于 10 月 21 日也赶写了一篇文章。不料他们这种"忠诚的反应"竟成为了日后惹祸的导因。

《自由中国》的"祝寿专号"出版之后，时任台湾国民党部队总政治部主任的蒋经国化名"周国光"，于 1956 年 12 月以《向毒素思想总攻击》为题下达了九条"特种指示"，编号为"特字第九十九号"，把《自由中国》的言论概括为"反对主义，反对政府，反对本党"，是"邪恶的，荒谬的，反动的滥调"；强调对于"敌人的思想，思想的敌人"要势不两立，口诛笔伐。同时指示，对外发表批判文章时作者要"避免暴露党员身份"，同时要以"毒素思想"为对象，而不以刊物及其主编为对象。接着他领导政治部又编写了一份长达 61 页的《向毒素思想总攻击》的小册子，下发到国民党区分部以上单位，要求召集所属小组长及小组宣传员宣读执行。文件要求高度保密，完成任务后即予焚毁，不得遗失。

为什么说"周国光"就是蒋经国呢？理由是：一、当时台湾"国防部"总政治部的负责人就是蒋经国，颁发这种文件不可能绕过他。二、文中的观点、语言与蒋经国完全相符。三、代表国民党中央在党内、军内下达极机密特种指示的人非蒋经国莫属①，所以，这两份材料即使有人捉刀代笔，但全部观点均代表蒋经国则是毫无疑义的。

关于"言论自由"的交锋

蒋经国首先批判的是《自由中国》关于保障"言论自由"的观点。在这期"祝寿专号"上，发表了《自由中国》杂志社编委夏道平的《请从今天起有效地保障言论自由》。该文认为，台湾并不是绝对没有言论自由，但只有有限的言论自由，对实际政治的影响实在是微乎其微，而没有现代民主政治理论上的那种言论自由。事实上，在台湾，很多话只能私下谈，不敢公开讲，特别是新闻记者，自己就不得不成为自己的"检查员"。他希望从给蒋介石祝寿开始，能给台湾的言论自由以有效的保障。

对上述观点，蒋经国从五方面进行了批驳：一、台湾当地一切出版物一概不实施检查，出版绝对自由。二、海外出版物只要持反共立场，即使内容谬妄仍欢迎在台销售。三、民社党与青年党虽然不是执政党，但其书刊报纸仍未干涉取缔。四、台湾各级民意代表可对各级政府首长进行刺耳批评。五、四十二年某名学者回国"讲学"，有一次偏离学术本位，而作政治性的煽动，政府不仅未予干涉，而且各报刊还刊登了他的演讲全文。

上述五点，前四点毋须解释，只有第五点尚需补充说明："四十二年"应指 1953 年，"某名学者"指胡适。"作政治性的煽动"一事时间似不尽吻合。查相关资料，胡适当时以"言论自由"为题发表演说共有两次：第一次是 1952 年 11 月 28 日在《自由中国》杂志为他举办的欢迎餐会上。胡适说："我个人的看法，言论自由，只在宪法上有那一条提到是不够的，言论自由和别的自由一样，还是要靠我们自己去争取的，法律的赋予与宪法的保障是不够的，人人应该把言论自由看作最宝贵的东西，随时随地的努力争取。"第二次是在台北市编辑人协会的欢迎宴会上，时间是 1952 年 12 月 9 日。胡颂平编著《胡适之先生年谱长篇初稿》第六册上录有"大要"："言论自由是要争取的。要把自由看做空气一样的不可缺少，不但

---

① 汪幸福：《胡适与〈自由中国〉》，湖北人民出版社 2004 年版，第 146 页。

可以批评政治，不但有批评政策的自由，还可以批评人民的代表，批评国会，批评法院，甚至于批评总统小姐唱歌唱得好不好，这都是言论自由。人人去做，人人去行，这样就把风气养成了。所以我说言论自由是大家去争取来的。这样好像是不负责任的答复，但是我想不出比这更圆满的答案……政府要靠政策行为博取舆论的支持，我觉得这是言论自由里面一个重要问题，值得大家考虑的……假如说胡适之在二三十年当中比较有言论自由，并没有秘诀，还是我自己去争取得来的"[①]。这篇讲词刊登于同年 12 月 10 日的《中央日报》，后收入《胡适言论集》。

谈到 1952 年 11 月至 1953 年 1 月的台湾之行，胡适本人的感受是"蒋总统对我太好了！"产生这种感受的原因是，1952 年 11 月 19 日，胡适从东京飞抵台北松山机场，蒋介石派蒋经国作代表去机场迎接，当晚蒋介石接见并设晚宴。12 月 12 日，蒋介石特邀胡适去新竹，陪他检阅六万军队。1953 年 1 月 17 日，蒋介石又派蒋经国作代表到机场，欢送胡适返回美国。

他在兴奋之余，似乎忘记了 1952 年 12 月 13 日和 1953 年 1 月 16 日跟蒋介石的两次谈话。12 月 13 日那次谈话中，胡适对蒋介石说：台湾必须与美、英等民主国家制度一致，方能并肩作战，感情融洽，因为台湾的存亡全在自由阵线之中。据蒋介石当天日记，他对胡适这番言论进行了斥责。因为蒋介石觉得，第二次世界大战的反法西斯阵营中，中国作出的牺牲最大，而最后中国仍被出卖，导致大陆丢失。蒋介石认为胡适是在唱民主自由高调，忘乎其所以。在 1953 年 1 月 16 日的餐聚上，胡适更对蒋介石进了逆耳之言。胡适说，在台湾实无言论自由，第一，无一人敢批评警备总司令彭孟缉；第二，无一语批评蒋经国。第三，无一语批评蒋介石。"所谓无言论自由，是尽在不言中也。"他希望蒋介石有诤臣一百人，最好一千人。开放言论自由，即是蒋自己树立诤臣千百人。胡适的这些话使蒋介石彻夜难眠，极为苦痛，认为是书生之见，不仅不予接受，而且十分反感。可叹的是胡适并没有意识到蒋介石对他的强烈反感。

[①] 胡颂平编著：《胡适之先生年谱长篇初稿》，台湾联经出版事业公司 1984 年版，第 2261-2262 页。

围绕“军队”“教育”和“总统”问题的交锋

所谓“军队国有化”的主张，主要是雷震的《谨献对于“国防”制度之意见》一文提出的。当时台湾的《“国防”组织法》（草案），以“总统”为“国防”会议主席，“行政院”正副院长都是“国防会议”的组成分子，因此，“国防会议已变为太上的行政院”，“总统”可以直接处理政务，并且不对“立法院”负责，雷震认为这不符合“宪法”第一百四十条“现役军人不得兼任文官”的精神。雷震还反对在军队（包括后勤部队及宪兵警察）中设立国民党党部（称为特种党部），因为违反了“宪法”第一百三十九条：“任何党派及个人，不得以武装力量为政争之工具。”雷震的观点是：“‘宪法’是一切权力的来源。因此，我们要建立的‘国防’制度，亦必须根据‘宪法’之所示，然后才可以名正言顺行之而无阻。”所以他主张军政与民政分开，使军队超出于个人、地域及党派关系以外，成为维护“国家”独立之“国防”军，取消一党私有的军队。雷震以第二次世界大战中苏联的莫斯科、列宁格勒保卫战为例，说当时斯大林把部队中列宁的照片换成了彼得大帝的照片，以俄国东正教取代军中政治部，以爱祖国的口号取代共产主义的口号，这才激发起红军的斗志，避免了国家危机。

蒋经国对所谓“军队国有化”的观点进行了批驳：一、“中华民国”是中国国民党一手建立的，没有中国国民党就没有“中华民国”。国与党、党与国两者是不可分的。二、“宪法”第一条开宗明义，以三民主义为“宪法”纲领和“立国”精神。在军中设立党部，就是要以三民主义教育全体官兵。三、国民党在大陆失败，基本原因就是党部脱离了军队。这样官兵精神上丧失了灵魂，头脑里解除了武装，因此迷惑了革命目标。

在《自由中国》的“祝寿专号”上还刊登了《建立自由教育必须剔除的两大弊害》一文。作者罗大年，自称是“一个多年从事教育工作的人”。他认为，台湾教育亟待解决的问题很多，但多为“小焉者也”；最具恶劣影响急应改善两项：一是成立“青年反共救国团”，“强迫同学参加”，“干扰学校行政”，“浪费国家公帑”，“只见其害，未见其利”。二是让学生“研读总理遗教”，“总统”训词，总裁言论，三民主义，乃至于“救国团”发下的小册子，加重了学生的课业负担。罗大年认为，这些做法都违反了建立民主政治的初衷，破坏了中国的自由教育，应该予以铲除。

"青年救国团"成立于 1952 年 10 月，由蒋经国任主任，实质上是蒋经国培养私人势力的团体。《自由中国》把"青年救国团"在各个学校的活动视为教育一大弊害，矛头当然是直指蒋经国。对此，《向毒素思想总攻击》进行了"批判"。该文件强调，"青年反共救国团"成立时有其最伟大最神圣的意义，因为学校"充满了共产主义的国际思想即自由主义的个人思想，对于国家观念和民族意识消失殆尽，对于三民主义和民生哲学，则讽刺讥笑，破坏反对"，因此"对于指导青年思想刻不容缓"。中华民国是根据孙中山先生的遗教创立的，而"'总统'是国父革命事业的继承者"，所以"研读国父遗教暨'总统'训词是天经地义的"。在基督教徒中，反对研读《圣经》的是离经叛道的叛徒，"而'中华民国'的国民，如果有反对研读国父遗教暨'总统'训词的，亦就是'中华民国'大逆不道的叛民"。

在《自由中国》的"祝寿专号"中，最遭蒋氏父子忌恨的无疑是胡适的《述艾森豪总统的两个故事给蒋"总统"祝寿》。第一个故事是：艾森豪威尔就任哥伦比亚大学校长，要求免去一一接见校内各部门负责人，因为他担任同盟国联军统帅时，也只对他直接领导的将领下达指示。第二个故事是：1952 年艾森豪威尔被选为美国总统，有一次正在打高尔夫球，秘书长送来一件紧急公文请他批示。秘书长准备了同意或否决的两份文稿，艾森豪威尔不能决断，便一一签上了名，并添加一句话：请副总统尼克松决断。胡适高度评价艾森豪威尔的风度，希望蒋介石以此为榜样，努力做到《吕氏春秋》上讲的"无智、无能、无为"："无智，故能使众智也；无能，故能使众能也；无为，故能使众为也。"胡适想借这两个故事，规劝蒋介石守法守宪，不可多管细事，不可躬亲庶务，做一个没有行政实权的"总统"，这样才能充分发挥大家的智慧、潜能和作为。

蒋经国认为胡适的建言"阴谋毒辣"，他强调不能将蒋介石和艾森豪威尔互相比拟，因为"我们是在战时，美国是在平时"。蒋介石正在领导"反共抗俄"，必须有所作为，奉行"力行精神"，多考虑，多指示，有所作为，否则"国家失去元首，三军失去统帅，革命失去领导"，就会重演"大陆沦陷"的悲剧。只有虔诚地信仰蒋介石，绝对地服从蒋介石，"跟着领袖走，

蒋介石与蒋经国，暮年更思落叶归根

反共抗俄才有前途。"

蒋经国发动总攻击之后

《自由中国》的"祝寿专号"出版之后，在台湾社会受到许多赞扬和鼓励。据左舜生《对"国是"与世局的看法》一文披露，该专号出版之后，已连续发行了九版，仅台湾一地即售出两万多份，而海外航空版尚不在统计之列①。台湾出版界七八年来从未见过这种热卖的现象。

面对《自由中国》宣传的观念以及对当局政策的针砭，台湾当局用消极防御与积极进攻两手进行了应对。在防御方面，第一个举措就是加强军中"书刊检疫"工作，严防胡适一类自由主义者的言论渗透到部队。如果这类书刊流入军中，则要用"国家自由重于个人自由，国家自由先于个人自由"的观念予以抵制，"无情的痛击"，"使个人自由主义无法立足"。在攻击方面，则是要"领导思想"，"先发制人"，"对准要害，找寻弱点，时时给予严厉的抨击"。"要有组织领导，组织支持，在党内进行

---

① 原文载《民主评论》第七卷第二十三期，1956年12月5日出版，雷震1957年3月对该文中的数字进行了增补，见《创刊〈自由中国〉的意旨》，载《自由中国》第十六卷第六期。

大规模的思想动员", "以排山倒海之势，从四面八方来围剿敌人"。不久，中国大陆展开了反右运动，台湾当局才延缓了对《自由中国》的围剿。

1957年1月16日，《自由中国》第十六卷第二期刊登了一篇社论《我们的答辩》。文中谈到，一个半月以来，他们受到了一次显然是含有某种计划性的围攻。很多国民党军、党、团的刊物如《国魂》《幼狮》《革命思想》《军友报》《政论周刊》纷纷撰文，说《自由中国》是"思想走私"，为"'共匪'的统战工作铺路"。在雷震一方看来，这决不是批评与讨论，也不只是谩骂而已，而是一种"最为可怖的陷构与污蔑"。《幼狮》是"青年救国团"主办的刊物，《国魂》是台湾"国防部总政治部"主办的刊物，显然代表的都是当时台湾官方的立场，贯彻的是蒋经国关于"积极进攻"的指示。此后十一年间，《自由中国》曾被迫七次更换印刷厂。除此之外，国民党军方停止订阅《自由中国》。特务还经常到印刷厂检查，抽走发排稿，造成《自由中国》的出版困难。

对于"祝寿专号"出版后《自由中国》面临的困境，胡适当然了解。证据之一就是他在1957年2月7日的一张剪报。这是《香港时报》刊登的一篇文章，题为《台湾的可忧现象——论〈自由中国〉被排挤事件》。文中概叙了《自由中国》答辩书中的观点，并重申了《自由中国》面临的险境："第一是他们的出版广告，已开始遭受半官方报纸的拒绝刊登，对业务发展，可能会有不利的影响。第二是他们已受到一种煽动性激烈言论的恫吓，很耽心于会有某种突如其来的直接性损害。"该文将胡适、雷震等人称为国民党当局的"孤臣孽子"，希望他们的言论即使有过激之处也应止于当局的"愤怒"或反唇相讥，而不对他们采取更为激烈的行动。胡适仅标注了报纸名称和日期，一字未评，因为他已感到无话可说。

蒋经国为什么要清算胡适

蒋经国之所以要清算胡适，跟他本人的立场观念、文化背景以及蒋介石的态度密切相关。首先，蒋经国将胡适定位为"长居国外的所谓知名学者"，认为他言行的动机是散播和推广个人自由主义思想："好让人民尊崇他为自由主义者的大师，由他领导来批评现实，批评时政，批评当政者，促进所谓政治进步，造成与自由民主的英美国家一样。这是他不了解中国当前革命环境，完全近乎一种天真的妄想。同时他还受某些失意的官僚政客包围利用，因此，就更故作高论，以为他们摇旗呐喊，助长声势。"

为了区分思想中是否含有"毒素"，蒋经国制定了十条"言论标准"：

一、不违反三民主义。

二、不违反"反共抗俄""国策"。

三、不违反"国家"民族利益。

四、不违反领袖意旨。

五、不为共产主义帮凶，及对"匪俄"种种政治阴谋寄予同情。

六、不带有蔑视"国家"及崇拜个人自由主义色彩。

七、不自我鄙弃民族文化传统。

八、不曲解政策，或故作惊人之论，以耸动听闻，煽惑群众。

九、不散播悲观颓废思想，助长失败主义，压低军民同仇敌忾情绪。

十、不妨碍"国"内外团结。

无论是站在何种政治立场上的人都能够看出，这十条"言论标准"内容混乱，界定模糊，可以任意解释，因为它混淆了法律问题、政治问题、思想问题和学术问题的界限。其实这十种之中，蒋经国强调的只有一条，那就是第四条"不违反领袖意旨"。而这条标准则是一条以人治代替法治的危险标准，可以轻而易举地陷人于死地。蒋经国晚年解除党禁、报禁，继之又解除了"戒严法"，开放台湾民众赴大陆探亲，表现出他观念的改变和进步。

特别可笑的是，蒋经国认为胡适、雷震的"个人自由主义思想"是共产主义的"帮凶"。在《我们的答辩》这篇社论中，雷震特别重申了"自由主义"与"共产主义"的本质区别：一、在思想方式上，共产主义是教条式的，而自由主义最反对教条。二、共产主义讲暴力革命，集权政治，而自由主义则强调分权与制衡。三、共产主义讲计划经济，而自由主义则主张自由贸易与私人企业精神。以上三点，的确表明了自由主义的若干而并非全部特征，而雷震对共产主义的理解则明显受到他反共立场的局限。比如，教条主义同样是马克思主义的敌人，而计划经济也不是社会主义经济政策的全部。

最有意思的是，这篇社论同样强调，《自由中国》批评国民党的地方，十之八九都是"共产主义多少有些类似的那些部分"。这不禁使我们想起了瞿秋白 1931 年 11 月 10 日撰写的一篇论文：《中国人权派的真面目》。这篇论文的基本论点，就是中国的"人权派"（即蒋经国所说的"个人自由主义者"）之所以反对国民党和政府，原来只是因为"国民党采用共产党的制度"。他们说："如今国民党的组织，他的党治的策略，他的由党而产生出来的政府，哪那一项，不是师法共产党，抄袭共产党，整个地模仿共产党。"这篇论文第六部分的小标题是《人权派用"共产嫌疑"恐吓国民党》（原载《布尔什维克》杂志 1931 年第四卷第九期）。可见，以胡适为代表的"个人自由主义者"曾用"共产嫌疑"吓唬过国民党，国民党也用"共产嫌疑"吓唬过他们。

蒋经国清算胡适，当然也跟他自身的文化背景有关。他在苏俄生活了十四年，虽然经历磨难，甚至充军流浪，但他毕竟参加过红军，进入过莫斯科中山大学、列宁格勒中央红军军事政治研究院，所以他对于党、政、军的很多观念自然会受到了苏俄影响，跟胡适、雷震的在美国和日本接受的宪政观南辕北辙。所谓"夏虫不可语冰"，讲的其实是生存环境对其观念的影响。这是一种事实，任何人都无法例外。

最根本的原因，蒋经国批判胡适及《自由中国》并非其个人行为，而是直接秉承蒋介石的旨意。1957 年 3 月 29 日，是台湾的青年节。蒋介石发表文告，告诫台湾青年勿为伪装的民主所欺骗。同年 4 月 4 日，蒋介石在国民党的七届八中全会上作报告，明确指出："最近有个刊物，不断散布毒素思想，对'反共抗俄'及国家民族有着严重的危害。党为了消灭这股思想的流毒，曾严正指示各级党组织要正视思想上的敌人，勿上其当。"蒋介石的这份报告，全文刊登于 1957 年国民党中央党部《工作通讯》第98 期。这就完全证明了以"周国光"名义下达的"特种指示"也可以同样视为蒋介石的"特种指示"。

独裁者与诤臣之间的隔膜

鲁迅《且介亭杂文》中收录了一篇《隔膜》，讲的是清朝初年的文字狱。话说1783年（清乾隆四十八年），山西临汾有个生员叫冯起炎，因文字狱被发配到黑龙江"给披甲人为奴"。那罪行，其实是想趁乾隆皇帝谒泰陵时，敬献一本以《易经》解《诗经》的著作，想赢得龙颜大悦，替他保媒，迎娶两位表妹。鲁迅说，类似的文字狱当时还有很多，有的是乡曲迂儒，不识讳忌，有的

雷震

是草野愚民，真心关心皇家，但结局相同：不是凌迟灭族，就是杀头，"斩监候"……究其原因，无非是彼此隔膜，忠而获咎。贾府的义仆焦大仗着醉酒，痛骂贾府的上上下下，何尝不是为了贾府好，但所得的报酬却是被塞了一嘴马粪。这就是忠而获咎的典型。

蒋介石与胡适、雷震之间就存在这种隔膜的"厚障壁"，因为无论是胡适，还是雷震，其实都曾是"拥蒋派"中的重要人物。胡适原想以无党无派的学者身份做蒋介石的诤臣、诤友，但1948年国民党政权临近雪崩边缘的危急时刻，胡适已没有在各党派间"自由"斡旋的空间。形势逼迫他必须选边站队，于是他坚定不移地站到了国民党蒋介石一边。1948年12月20日，美国驻华大使司徒雷登给美国国务院的一份报告中说，蒋介石在众叛亲离的处境中唯一支持他反共到底的是胡适。胡适和蒋介石同样深信，"唯一的光荣道路就是继续抵抗"。在给美国国务院的另一次报告中，司徒雷登追述了1948年12月17日他跟胡适的一次长谈。胡适老泪纵横地向这位美国大使表示，他跟共产主义不共戴天。因此，不论蒋介石有何缺陷，必须支持他。因为只有他明了大局，并一直为之毫不妥协地战斗，他是国民党中唯一能够挽救中国官场的腐败、消弭政界罪恶的人。胡适的态度打动了司徒雷登，这位"中国通"赞扬胡适是"忠于蒋介石政权的爱

国理想主义者的典型"。

雷震也曾经深受蒋介石的赏识，是一位以"知无不谏"的姿态表达"拥蒋救国"立场的政治人物。早在抗日战争全面爆发之始，雷震即表示要以国民政府的胜利为优先，亦以民族思想、"反共"为优先，因而1939年9月被安排为国民参政会副秘书长，他跟蒋介石的情感也达到了沸点。1946年11月，蒋介石又指定他担任"制宪国民大会"副秘书长，借重他在青年党和民社党之间斡旋。1949年4月中国人民解放军已攻占南京，雷震跟谷正纲、方治协助汤恩伯在上海顽抗，被国民党舆论界誉为"海上三剑客"。汤恩伯给他以"顾问"头衔，蒋介石又给他以"警总政委"名义。1950年3月，蒋介石在台湾宣布恢复其"总统"职位；当月末，即聘请雷震等人为"总统府国策顾问"。

然而，胡适和雷震都有一个共同的结局：被蒋介石父子所深深忌恨。早在1931年3月17日，蒋介石在接见清华大学学生代表时就明确说，"胡适系反党"，不能应学生请求让其出任清华大学校长。报纸刊登了这则新闻，胡适做了剪报，并加了一个批语："今天报载蒋介石给了我一个头衔"。抗战期间为争取美国援助，曾派胡适当了四年驻美大使。但蒋介石在1941年11月30日日记中，将胡适定性为"无胆、无能而不愿为国家略费心神"的"官僚与政客"；1942年1月13日日记中又认为胡适"不惜藉外国之势力，以自固其地位"，"彼使美四年，除为其个人谋得名誉博士十余位以外，对于国家与战事毫无贡献"。

1952年11月至1953年初，胡适从美国回台湾讲学，因涉言政治，更加剧了蒋氏父子对他的反感。1957年底蒋介石推举胡适，出任台湾最高学术研究机构——"中央研究院"院长，直至1962年2月24日胡适在任内逝世。在这五年当中，蒋介石对胡适基本上采取的是不即不离的策略：表面上敬重关心，甚至用自己的稿费为胡适在台北南港修建寓所，而内心深处却对胡适鄙薄、忌恨，多次在日记中咒骂胡适是"无耻之徒"，"狂妄荒谬"，"不自知"，"不自量"，是一个以学者身份向政府投机要挟的政客，其目的无非是"官位与钱财"，"其人格等于野犬之狂吠"，是他"最不愿见的无赖"，对国民党的仇恨甚过共产党对蒋介石的仇恨。所以，胡适因心脏病突发去世之后，蒋介石在1962年3月3日日记中幸灾乐祸地写道："胡适之死，在革命事业与民族复兴的建国思想言，乃除了障碍也。"这就是蒋介石对胡适的盖棺论定。蒋介石之所以对胡适做了最大限度的包容，一是忌惮胡适的美国背景，二是利用胡适为台湾的民主做一种点缀。

雷震的结局则比胡适更加糟糕。早在 1951 年初，蒋经国就在演说中斥责雷震关于废除军队党部的言论是受人唆使，蒋介石更公开指责雷震的言论"与匪谍、汉奸无异"。1953 年雷震"国策顾问"的头衔被免除；1954 年又被注销了国民党党籍。1955 年美国国务院邀请雷震赴美治疗眼疾，台湾不许他出境，表明他已遭软禁。1959 年雷震更因《自由中国》的文章被法院两次传讯，实际上是中了当局圈套。1960 年雷震依然反对蒋介石"修宪"谋求第三次连任"总统"，并试图组织反对党，结果于当年 10 月 8 日以"知匪不报""为匪宣传"两项罪名被判处有期徒刑十年，至 1970 年 9 月 4 日方得释放。

所谓"知匪不报"，是指《自由中国》的会计刘子英是邵力子委派到台湾进行策反工作的"匪谍"，而事实上，刘子英的"自白书"是在刑讯逼供下由警备总部保安处六次修改增补之后完成的政治诬陷。而所谓"为匪宣传"，则是指雷震等"个人自由主义者"的观点与中共的意识形态无异。

一个梦："英雄无用武之地"

1962 年 3 月 23 日夜，也就是胡适去世一月之后，在台湾"国防部"军人监狱坐牢的雷震做了一个梦。他梦见跟胡适在交谈，似乎在上海八仙桥上海银行的楼上。这是胡适友人陈光甫工作的地方。1949 年初，雷震曾跟胡适在这里商谈创办《自由中国》的相关事宜。又似乎是在台北和平东路二段十八巷一号，这是《自由中国》杂志社办公的地点。还似乎是在台北南港"中央研究院"胡适寓所的客厅。在这里，胡适曾

雷震（右）与胡适

建议他跟一些政见相同者成立一个不希望取得政权的在野党。可是，在这个梦境当中，胡适却一反常态，规劝雷震放弃搞政治。胡适对他说："你是搞民主政治的健将。但今日时候不到，在台湾不适合，这里根本无民主政治，所以英雄无用武之地。"又说胡适劝他忍耐，逆来顺受，一心从事著述，写一部研究宪法的巨著。这些当然是梦中的对话，并非真话。但也反映出雷震在险恶现实面前思想的纠葛。①

的确，在当时的台湾，无论是胡适，还是雷震，真的是"英雄无用武之地"。

---

① 参阅雷震 1962 年 3 月 24 日狱中日记，见《雷震案史料汇编——雷震狱中手稿》，台北"国史馆"2007 年版，第 75 页。

第九章 『三连任』的漩涡

蒋介石与胡适

蒋介石和宋美龄

时间进入 1959 年，距离蒋介石第二次任期还有一年的时间，台湾的各界人士开始密切关注此事。随着蒋介石任期的届满，六年一次的"总统"大选也提上了日程。

蒋介石自 1948 年 4 月 19 日当选为中华民国第一任总统以来，1954 年已经连"任"一次。按照台湾"宪法"的有关条款，"总统"只能连任两届，再次连任就是不合法的。已经年逾古稀的蒋介石此时又一次面临重大选择，是退居，还是违"宪"连任第三任"总统"？

对此，岛内议论纷纷，反对者有之，拥护者有之，各种舆论形成了一股巨大的漩涡，裹挟着尔虞我诈上演政权利益之争的闹剧。

胡适无疑是反对阵营中的舆论中坚。早在国民党败逃台湾之后，1951 年 5 月还远在美国的胡适就此给蒋介石写了一封信。在信中，胡适向蒋介石推荐了毛泽东的《中国革命战争中的战略问题》一文，让其"仔细研究"，同时指出，"中山先生的联共容共政策，乃是引'狼'入室"，而"国民党在'清共'之后仍保持一党专政，是第二大错"，因此建议实行多党的民主宪政，"有效地改革国民党"，而这种改革的首要一条是"蒋公辞去国民党总裁的职务"。

蒋介石此时和胡适的关系比较密切，尚属于"蜜月期"，蒋介石在 9 月份给胡适的回信中说，他说的这些民主宪政问题等都是当务之急，并邀胡适有时机回台面谈。蒋介石一方面顾忌胡适在美国的影响，另一方面，胡适此时正为他所用，因而隐忍不发，二人的矛盾没到爆发之际。

1959 年 7 月，胡适曾经短暂离开台湾赴美，到 10 月 14 日回台时，一些记者就美国方面如何看待蒋介石"三连任"问题提问胡适。胡适只是大致说了说纽约的侨领不赞成蒋介石参加第三任"总统"竞选运动，当各地华侨纷纷致电台湾、敦请"总统"连任时，而纽约并没有发出这种电报；纽约目前是美国最大的华侨中心，有华侨三万五千人，等等。

台湾《公论报》《联合报》等随即发表了胡适的这一言论。出于保留，胡适还对记者说，他在美国待的时间很短，没有与朋友谈起政治问题，"我的朋友谈学问的多，谈政治的少"。

次日，《中央日报》第一版第二条新闻《旅居全美各地侨胞　拥护"总统"继续领导》则和胡适的言论大唱反调，说什么"旅美侨团侨领自六（月）十二日旧金山中华总会馆及华侨反共总会致电'国民大会'、'立法院'，敦请'总统'连任后，全美各地侨团热烈响应，纷纷向'总统'致敬，表示忠诚"。并随后列出了有响应的旅美各地侨团名称。这无疑是对胡适的"打脸"。

胡适看到消息不无讽刺地说，这似乎是在为他昨天的"谬论"作"更正"。《中央日报》发表的这则消息，很显然是受国民党当局指示和授意，直接反驳胡适在机场发表的"谬论"，给蒋介石"三连任"做舆论的准备。胡适谈纽约侨领不赞成蒋介石"三连任"的话，自然引起了蒋介石的不满。

胡适对蒋介石的四点意见

胡适的政党观念是建立在西方的民主宪政基础上的，他对西方民主制度的拥趸，也使得他力图在台湾推行这一思想。他曾力劝雷震组建反对党，1957 年 8 月 29 日，在致雷震的一封信中，他说对台湾岛内组建反对党的事已经不抱希望，国民党现在"毁党救国"才是正途：

我前几年曾公开地表示一个希望：希望国民党内里的几个有力的派系能自由分化成几个新政党，逐渐形成两个有力的政党。这是我几年前的一个希望。但去年我曾对几位国民党的朋友说，我对于国民党自由分化的希望，早已放弃了。我颇倾向于"毁党救国"，或"毁党救国"的一个见解，盼望大家把眼光放得大一点，用国家来号召海内外几亿的中国国民的情感心思，而不要枉费心思去办党。我还希望国民党领袖走"毁党建国"的新路。①

对于胡适"毁党救国"的说法，蒋介石闻之十分惊讶，进而勃然大怒，他认为胡适这些实属"谬论"，显示出胡适人格低下，并让陈诚和张群对他进行警告。蒋介石认为国民党是他的第一生命，毁党救国，无异于是让他自毁祖宗：

> 至于毁党救国之说，闻之不胜骇异。中华民国由国民党创建，今迁台湾，全名亦由国民党负责保全，如果毁了国民党……如何还能拯救中华民国乎？何况国民党人以党为其第一生命，而且视党为其国家民族以及祖宗历史所寄托者，如要我毁党，亦即要我毁我自己祖宗与民族国家无异，如他认其自己为人而当我亦是一个人，那不应出此谬论，以降低其人格也。以上各言，应由辞修（陈诚）或岳军（张群）转告，予其切戒。②

三天后，也即 6 月 6 日，蒋介石在日记里又对胡适开"骂"，认为胡适的"毁党救国"一说，就是要消灭国民党，让国民党"自毁其党基""自毁祖基"。③

除了建议蒋介石"毁党救国"，胡适还对蒋介石提出了四点意见。1959 年 11 月 4 日，胡适在教廷新公使的酒会上，对"总统府"秘书长张群说，"我回来二十天了，还没有去见'总统'。我知道他很忙，又常到别处去。请你留意，如'总统'有工夫，我想去见他。"

张群几天后对和胡适熟识的王云五说，他知道胡适要对"总统"谈什么，但是他所忧虑的是，蒋"如果话听得进，当然很好。万一听不进，胡适之也许不感觉为难，但'总统'也许就觉得很窘"。

王云五把张群的话原模原样地转达给了胡适。张群说，希望胡适有什

---

① 万丽鹃编著：《万山不许一溪奔》，台北"中央研究院"近代史研究所，2001 年，第 116 页。

② 《蒋介石日记》手稿，1958 年 6 月 3 日。

③ 《蒋介石日记》手稿，1958 年 6 月 6 日记载：其（指胡适——编者注）毁党救国之说是要其现在领袖自毁其党基，无异强其自毁祖基，此其惩治，比之"共匪"在大陆要其自骂其三代更惨乎，可痛！

么意见可以先给他谈，然后由他代为转达给蒋介石。11 月 15 日，"总统府"秘书长张群约胡适在自己的家中小谈，胡适说，希望能转告蒋介石，不要参加"三连任"的竞选。尽管 1954 年蒋介石连任第二任"总统"时，自己曾经亲手把"总统"的聘书交给他。但根据"宪法"规定，"总统"不能连任三届。胡适直接表明，反对蒋介石继续连"任"。

胡适和张群谈了四点意见，希望张代为转达：

（1）明年二三月里，"国民大会"期中，是"中华民国""宪法"受考验的时期，不可轻易错过。

（2）为"国家"的长久打算，我盼望蒋"总统"给"国家"树立一个"合法的、和平的转移政权"的风范。不违反"宪法"，一切根据"宪法"，是"合法的"。人人视为当然，鸡犬不惊，是"和平的"。

（3）为蒋先生的千秋万世圣明打算，我盼望蒋先生能在这一两月里，作一个公开的表示，明白宣布他不要作第三任"总统"，并且选出他郑重考虑后盼望某人可以继他的后任；如果"国民大会"能选出他所期望的人做他的继任者，他本人一定用他的全力支持他，帮助他。如果他作此表示，我相信全国人与全世界人都会对他表示崇敬和佩服。

（4）如果国民党另有主张，他们应该用正大光明的手段明白宣布出来，决不可用现在报纸上登出的"劝进电报"方式。这种方式，对蒋先生是一种侮辱；对国民党是一种侮辱；对我们老百姓是一种侮辱。[①]

张群对胡适说，蒋先生自己的考虑，完全是为了第一革命事业没有完成，第二他对"反共复国"有责任，第三他对全国军队有责任。胡适则不留情面地说，如果蒋先生能够明白表示他尊重"宪法"，不做第三任"总统"，那时他的声望必然更高，他的领袖地位必然也更高。胡适甚至举例说，在蒋先生没有做国民政府主席甚至也没有做"总统"的时候——比如说"西安事变"时期——全国人民谁不知道他是中国的领袖呢？

然而，蒋介石此时"三连任"的决心很大，连"任"的目的诚然有张群上述的三个说辞，但最重要的，还是恋栈权力。胡适的话无异于隔靴搔痒，

---

① 曹伯言整理：《胡适日记》第 8 卷，安徽教育出版社 2001 年版，第 593–594 页。

去台后的蒋介石与张群

起不了什么作用。然而，对于胡适来说，正如他在 1959 年 11 月 15 日的日记中所言，这样做的目的只是"凭我自己的责任感，尽我的一点公民责任而已"。

张群把胡适的四条意见转达给了蒋介石。

蒋介石郑重考虑了一下，只说了两句话："我要说的话，都已经说过了。即使我要提出一个人来，我应该向党提出，不能公开地说。"

胡适得知后不无讽刺地说："我怕他又是三十七年和四十三〔年〕的老法子了？他向党说话，党的中委一致反对，一致劝进，于是他的责任已尽了。"胡适也明白了蒋介石惯用的伎俩。

蒋介石"三连任"的心路历程

考察蒋介石日记，可以发现，蒋介石在是否"三连任"的问题上有一个曲折和反复的过程。这其中，自然有他对"三连任""违宪"的顾虑，也有他如何最大限度保留权力地"恋栈不去"，日记里折射出蒋介石权力运作的逻辑。① 大体说来，从 1958 年到 1960 年，蒋介石的心态大致经历了不"修宪"—担任"革命领袖"—担任"三军统帅"—修改临时条款—实现"三连任"的一个变化过程。这中间，伴随着权力的博弈，再加之胡适至为推崇的"总统接班人"陈诚被弃（以及前述"自由中国事件"雷震的被捕等），蒋介石不买胡适民主宪政的账，胡适也不满蒋介石践踏"宪法"权力恋栈的做派，蒋胡关系逐渐降至冰点。

蒋介石从不愿"修宪连任"到担任"党魁""革命领袖"的设想

随着任期的届满，蒋介石也在思考权力的去留问题。1958 年 5 月份，他考虑到"国大"代表人数的问题，担心届时不能过半，他在日记中表示，"总统"是个"公仆之职"，他绝不愿意修改"宪法"进行连任；他能否得偿所愿"下野休养"，就看世界形势如何变化了。

与兰友谈国民代表大会人数，现在过半数之额只多十四名，尚有二年时间，届时恐难凑足其过半数之名额，如此选举第三任"总统"将无法实施矣，余决不愿修改"宪法"以恋栈此一公仆之职也。②

10 天后，蒋介石又忍不住在日记里大骂胡适"无道义、无人格"，认为胡适接着西方民主自由的名义，不顾"国家"前途，中饱私囊，本质却是为了提高他自己的地位，沽名钓誉。

近日甚思能在二年如期下野休养，以我余年为党国贡献所能，以扶助后继者完成我党革命使命，消灭"共匪"完成统一也。惟一念及在此二年之中，本国与世界形势是否能如现状维持过去，得能偿我凤愿，殊所难料为虑。

以今日一班政客如胡适等无道义、无人格，只卖其自由民主的假名，以提高其地位达成欲望，对"国家"前途与事实概置之不顾，令人悲欢，

---

① 关于蒋介石"三连任"过程中的心理变化，黄克武《蒋中正、陈诚与胡适：以"三连任"问题为中心（1956—1960）》一文解读颇为精彩，参见《"胡适与中国新文化"国际学术研讨会论文集》，2016 年 12 月，北京。
② 《蒋介石日记》手稿，1958 年 5 月 20 日。

但"全国"人民与绝大多数仁人义士仍是良知未失，"救国"甚诚，余岂能为此少数政客而灰心。①

胡适于 1958 年 4 月 10 日就任"中央研究院"院长一职。还不到两个月的时间，蒋介石似乎越来越难以忍受胡适，认为他不可理喻，希望有和胡适不对付的人对付他。声明自己没有"修宪""连任"的想法，并希望胡适别受他人愚弄：

胡适态度最近更为猖狂无法理喻，只有不加理会但亦不必与之作对，因为小人自有小人对头也。对于其所言反对"修宪"与连任"总统"之谣诼，乃是一般投机政客有意污蔑之毁蒋运动，不仅余本人即本党亦从未有此意向，希其审慎勿受愚弄。②

不仅如此，蒋介石还曾考虑过继任人选问题，在 1958 年 12 月的一则日记里，蒋介石希望自己以"党魁"的身份领导"反共复国"的大业；并考虑如果"国大"开不成，则把权力移交"副总统"，让其以"代总统"的名义继任。此时的蒋介石，想到要做"党魁"，但还没有明确"三连任"。

晨醒考虑任期满后继任人选，及本身对政治之责任问题：甲、无论"国大"人数及正式会议是否开成，余决心不再"连任"，而以党魁职责指导"反共复国"事业，以建立今后政治之基础，予后人以规范。如"国大"无法开成，则亦以交"副总统"，以代理"总统"名义，继其任也，此于"国事"较有意也。③

出于这样的权力设想，1958 年 12 月 23 日，蒋介石在"光复大陆设计委员会"上致辞，首次公开表态不修改"宪法"。蒋介石在会上慷慨激昂地说：

---

① 《蒋介石日记》手稿，1958 年 5 月 30 日。
② 《蒋介石日记》手稿，1958 年 6 月 3 日。
③ 《蒋介石日记》手稿，1958 年 12 月 2 日。

蒋介石马上戎装照

自去年以来，"国民大会"好些代表曾经提出修改"宪法"的问题，自然，这是各位代表的职权，个人不便有所干预，但我可以代表中国国民党，代表政府来说，我们不仅是没有修改"宪法"的意思，并且反对修改"宪法"……而"宪法"则尤为"反共复国"的有力武器，所以我们必须要尊重它，才能达到"反共复国"的目的。①

　　陈诚是"光复大陆设计委员会"的主任委员，胡适为副主任委员。对于蒋介石在 12 月 23 日发表的不修改"宪法"的说法，胡适认为，这是蒋介石声明不连任"总统"的一种表示，可以"廓清空气"，他"非常佩服"。出于这种认识，胡适在 12 月 24 日"光复大陆设计委员会"的午餐会上，说陈诚有做"总统"的资格，因为陈诚曾说："不要同别人比聪明，不要同大家比聪明"。胡适说："有聪明而不与别人比聪明，这是做领袖的智慧，这是最高最高的聪明。"胡适随后又讲了朱熹"宁详毋

_____

① 《"光复大陆设计委员会"揭幕礼中"总统"昭示反攻计划》，《中央日报》1958 年 12 月 24 日第 1 版。转引自黄克武：《胡适、陈诚与蒋介石》，《"胡适与中国新文化"国际学术研讨会论文集》，2016 年 12 月，北京。

略，宁下毋高，宁浅毋深，宁拙毋巧"的意义，认为和陈诚的典故异曲同工。[①]

对于胡适的言行，蒋介石显然非常生气，他大骂胡适这是"反动政客""无耻政客"的"狂妄野心"，是制造谣诼，谋划"反蒋目标"：

> 在"大陆光复设计会"反对"修宪"之声明后，只有少数反动政客胡适等表现其庆幸之色，以为其不久就可以达成其反蒋目标，而且制造谣诼，称我当时并不再竞选"总统"之表示。此等无耻政客只有狂妄野心，而无政治常识之所为，惟有一笑置之。但此一反对"修宪"之宣布自信其不仅对于目前"反共复国"大有裨益，即于将来"建国"大业以及后世治国修身，亦发生其楷模作用乎。此实余革命历史之大关节也。[②]

不仅如此，蒋介石在 12 月 27 日的《上星期反省录》中，又提出了以"革命领袖"的地位领导反共军民，进行"反共复国"。并说这是自己从上年春天就开始考虑的结果。蒋介石认为自己的这篇讲话，是对反对派和共产党的一个打击。不难发现，蒋介石其实并没有真正去权休养的计划，一直设想以"党魁""革命领袖"的实际权力掌控人的身份进行"反共复国"计划。

从"党魁""革命领袖"具体到"三军统帅""三军总司令"的权力设计

蒋介石一直到 1959 年 4 月底之前，一直表示的是不愿再继任"总统"，只不过，退职之后的位子从"党魁""革命领袖"等，变成了要掌握实权的军事"统帅"。他在日记里说，没有把"总统"名位放在心上，也绝不再任。而之所以要担任三军统帅，是"拯救同胞与领导同胞雪耻复国"的责任，他不能逃避：

---

① 曹伯言整理：《胡适日记全编》（第 8 卷），安徽教育出版社 2001 年版，第 531—532 页。
② 《蒋介石日记》手稿，1958 年 12 月 31 日《本月反省录》。

以"国代会"职权与决议授权统帅问题，余只考虑如何能安定军心完成"反攻复国"使命，而决不将选举"总统"问题在心也，故"总统"决不愿再任，而统帅则不能不任。无论为拯救同胞与领导同胞"雪耻复国"，皆不能逃避其责任耳。①

5月1日11时半，蒋介石召见张群商量此事。蒋介石告诉张群，他不任第三任"总统"，坚辞不受；不得已的时候，"国大会"可以推荐他任"三军统帅"，专门负责领导全国人民"反攻复国"的事业：

与岳军谈"国代大会"职权与决辞"总统"，而至不得已时，可由"国大"推选余为三军统帅专负"反攻复国"之全责，此乃今日研究之结论也。②

此外，对于提议在第二任"总统"任期延长至"反攻复国"后，蒋介石也表示不同意。他不愿"连任"，可以任"三军总司令"。这说明，此时的蒋介石还没有"三连任"的明确想法：

有人提议第二任"总统"任期内应延续至"反攻复国"后，"全国"选举第二届国民代表大会之代表集会选出第三任"总统"时为止者，依正当法理与事实，此为惟一解决大陆未复前之"国政"基本办法，而且，比之修改"宪法"或临时条款为正当。惟此对余个人不愿再任"总统"，而只任三军司令执行"反攻复国"任务之意志相违也。③

1959年5月5日，蒋介石在日记里又表明，不修改"宪法"，绝不连任"修宪"后的"总统"，愿意担任"军事统帅"。并说，这个时候不适合宣布他的想法，最好是听从"国大"的决定：

---

① 《蒋介石日记》手稿，1959年5月1日。
② 《蒋介石日记》手稿，1959年5月1日。
③ 《蒋介石日记》手稿，1959年5月4日。

甲、"国代大会"对"国政"大计有其自由决定之权力。乙、坚持不应修改"宪法",无论"宪法"如何修改,我决不愿再任"修宪"后之"总统"。丙、"反攻复国"之责任余不能逃避,亦绝不辞让,如果大征召我从军服务,我必应征。丁、我与党、"国"、民众、官兵的生命是整个而不可分的,我对他们自不能遗弃不顾,而他们亦决不肯离开我,此为事实无法抹杀者。戊、余决不再任"总统"之理由是更易完成"反攻复国"的任务,亦如我在抗战时期不任主席,而反得完成最佳光荣胜利一样道理,但望能由林主席者,能赤忱为党国与我精诚合作,而不受外来之谗邪所挑拨离间,始终合作无间耳。己、此时不宜宣布自我的出处,一切应听之于"国大"之决定也。①

不论"三军统帅""三军总司令"还是"军事统帅",蒋介石此时的目标只有一个,就是牢牢把握住军事实权。因此,他流露出不修改"宪法",不连任"总统"的想法。

从"三军统帅"到"三连任"的权力恋栈

1959年5月15日国民党八届二中全会开幕,蒋介石致"掌握中兴复国之机运"的开幕词。次日,陈诚做"政治报告",在报告结束时,陈诚特意强调蒋介石领导的重要性:"每次革命局势之转危为安,转败为胜,又无一不是由于本党的正确决策与总裁的坚强领导。"

陈诚的讲话,无疑顺应配合了八届二中全会国民党内部对蒋介石的"劝进"行为。蒋介石对此是满意的,他甚至想到,在这种情况下,他大可不必辞去"总统"之职。他在1959年5月18日的日记中这样写道:

本日对全会致辞中"到了'国大'开会如果三个因素(甲、对敌壮胆。乙、对大陆同胞丧胆。丙、对在台军民惶惑)未能消除时则亦不辞"之言乃情不自禁,所出似乎由神督促我出此者,时候思之此语为安定党国前途与军民心理计,此时只有如此表示,方为心安理得。至于"匪敌"与反动

———————————

① 《蒋介石日记》手稿,1959年5月5日。

派之攻讦在所不计，并此亦为打击反动派之惟一方法也，革命者态度必须如此，决不能如官僚之徒模棱油滑不定耳。

对此，胡适却认为，蒋介石不"修宪"的说法，就代表着不"连任""总统"之意。[1]

5月21日，蒋介石在日记中的《本周反省录》里提到，对于"连任"的问题是，坚决不"修宪"，但可以不辞去"总统"之职。至此，蒋介石已经完全颠覆了他在八届二中全会前辞去"总统"之职，担任"三军统帅"的说法：

我对不"修宪"之坚决与"总统"问题态度之表示，可使海内外军民心理免除惶惑一点，必比坚辞或模棱之收获为大。宁可个人受反动派与"共匪"之攻讦，而不愿使时局阢陧不安。

时间仅仅过了半个多月，蒋介石就从坚决不任"总统"要担任"三军统帅"的想法，变成了不必辞去"总统"职务的念头，并且，他宁肯为此受到"反动派与'共匪'的攻讦"，而在所不惜。

至此，蒋介石完成了从不"修宪"—休养，担任"革命领袖"—担任"三军统帅"—可以连任"总统"的心路转换。他三连任"总统"的决心和各项条件应该说正是在此时变得成熟的。日记揭示了蒋介石对权力的攫取和贪婪，以及一个政客的虚伪嘴脸。

"总统接班人"陈诚被弃

胡适1958年12月24日之所以在"光复大陆设计委员会"的午餐会上提议选举陈诚为"总统"，为陈诚拉票动员，实际上并不是一时的心血来潮。这其中除了有胡适的确欣赏陈诚的为人处世、认为他够资格当"总统"的

---

[1] 《雷震日记》，1959年5月20日。

胡适（中）出行访问，陈诚（右）等人亲至机场欢送

认识因素，以及胡适和陈诚一向交谊深厚的感情因素外，还和胡适误认为蒋介石在 12 月 23 日致辞中所说的不修改"宪法"就是不三连任"总统"，更主要的是，还和蒋介石确实对胡适流露过要选陈诚为"总统"接班人的想法有关。

胡适后来对自己的秘书胡颂平回忆说："有一次，是四年前的一次，我和'总统'谈话，'总统'谈起来将来可以继承他的只有陈辞修一个人。""这是'总统'当年亲口对我说的话。我说的话是有根据的。"

只不过，形势比人强。到了 1959 年 5 月 21 日，蒋介石在国民党八届二中全会宣布表示要继任"总统"之时，当天陈诚略带埋怨地对胡适说："你上次在'光复大陆设计委员会'上所说的'够做总统资格'这句话，给我闯了祸，希望你下次不再闯祸。"胡适的尴尬和不满可以想见。

陈诚（1898—1965 年），字辞修。蒋介石的老乡，浙江青田人。毕业于保定陆军军官学校。他还和蒋介石有翁婿关系——1932 年，陈诚在蒋介石和宋美龄的主婚下，与谭延闿的女儿、宋美龄的干女儿谭祥结婚。有这几层关系，再加上陈诚精明干练，忠心耿耿，所以深得蒋介石器重。1948年 10 月，蒋介石派陈诚赴台湾休养，实际上是派陈诚为自己败退铺路，这也足见蒋介石对陈诚的信任。

陈诚到台湾后，先是出任台湾省"主席"，1951 年"组阁"出任"行政院"院长。1954 年蒋介石第二次任"总统"，提名陈诚为"副总统"。陈诚一直主持台湾事务，成效显著，对台湾稳定与发展作出了重要贡献。

1957 年 10 月，国民党召开"八全大会"，蒋介石提议设置国民党"副总裁"一职，并提名陈诚出任。陈诚以 280 人支持上任。蒋介石认为，"副总裁"这一位置的设置，关系到国民党统治的成败，"为将来与现在的政治党务的安危与成败关系，皆有必要，无论对辞修与经国计，更有必要也"[1]。此外，"副总裁"的设立有助于国民党党基并有利于"反攻复国"大业。蒋介石认为，"此副总裁案成立以后，本党革命基础稳固，不仅在组织上战胜共党，而且'复国建国'长期革命任务可以如期如计推进"[2]。

陈诚此时在台湾可谓"一人之下，万人之上"，就连蒋介石也声称"吾一日不能没有辞修"，因此陈诚也素有"小委员长"之称。蒋介石对未来权力的设计中，无疑给人留下了将陈诚作为政治"接班人"的印象。

不仅如此，蒋介石在日记里也留下了卸任后将权力移交给"副总统"的构想。1958 年，离蒋介石第二任任期届满还有两年，他开始考虑权力移交问题。2 月 6 日，蒋介石在日记里表示要"退出政治""出国游历"，把权力移交给"副总统"。

假定两年之内反攻尚未开始，则届期国民代表大会人数不足无法召开时，只有移缴"总统"职权于"副总统"继任，而自我"出国"游历，实行退出政治的计划，以及后继者继续进行其"反攻复国"任务，而不致中断或有什么变化与遭遇任何困难，此乃今日不能不早为之断，当为余对党国历史最大责任也。[3]

这在当时应该不是蒋的自欺欺人之说。只不过，随着形势变化，陈诚在人事上对蒋介石屡有违逆，陈诚和"北大派"的密切关系让蒋介石忌惮，和蒋经国的重重矛盾也让蒋介石忧心不已，等等这些，都使得陈诚和蒋介石矛盾加深。

---

① 《蒋介石日记》手稿，1957 年 9 月 27 日。
② 《蒋介石日记》手稿，1957 年 10 月 28 日。
③ 《蒋介石日记》手稿，1958 年 2 月 6 日。

1958 年 6 月 30 日，蒋介石提名"副总统"陈诚兼任"行政院院长"，在"内阁"人选问题上，二人却产生了激烈冲突。在"教育部长"人选上，蒋介石主张由上一届"教育部长"张其昀继续担任，但陈诚却坚决反对。陈诚希望由德高望重、曾任北大校长的梅贻琦出任。

张其昀得知后，来找蒋介石"诉苦"。蒋介石认为张其昀受到了"北大派"的攻击，这是胡适等反党分子的"胜利"。蒋介石推测，正是陈诚提前将"行政院"改组的消息透露给胡适，才使得胡适等人有机会对张其昀示威，促其下台。蒋介石将这一切归因于陈诚，认为这是陈诚不守机密，不分敌我所致：

> 晚约晓峰（张其昀）来谈，其调职问题，余虽知其受北大派攻击而遭辞修之无情打击，亦明知此为胡适等反党分子对党的重大胜利。孰知"行政院长"改组未露消息以前，此事早为胡适所悉，并以此预对晓峰示威，望其早自预备下台，此实为余所万不料及者。可知，辞修不仅不分敌我，已失党性，而其不守机密至此，殊为可叹。①

对于蒋介石的这种态度，陈诚不知是没有察觉，还是故意"任性"，他继续在"行政院副院长"的人选上拂逆蒋意。7 月 7 日，蒋介石曾对前来汇报"行政院"各部会人选的陈诚说，"关于副'院长'与'外交'人选，以王云五与黄少谷调任之"。但陈诚想让黄少谷出任"行政院"副"院长"，明显拂逆蒋介石之意。7 月 10 日，蒋介石要张群转告陈诚，要他"速定副院长王云五继任"。

当晚，蒋介石难掩不满，在日记里再次对陈诚进行批评，认为他"说话不实而取巧"，并且把张其昀患得患失的状态，归因于陈诚：

> 近日"行政院"改组中所发现心理上之影响：甲、辞修说话不实而取巧，令人怀疑，对其有不诚之感，此为一最大之损失，殊为辞修前途忧也。如何使之能大公无私，担负大任。乙、黄少谷只想做官，把持政务，而不顾大体。丙、张晓峰之书生态度，恩怨得失之心太重，亦令人对学者难处之感，

---

① 《蒋介石日记》手稿，1958 年 6 月 30 日。

但此实辞修不诚有以致之。①

　　然而,过了三天,陈诚仍然按兵不动。7月13日10点,陈诚求见蒋介石,问蒋对于"行政院"副"院长"的人选有什么意见。蒋介石认为陈诚属意黄少谷,却对他耍心眼,故意让他决定。蒋介石此时对陈诚可谓"伤心"加"痛心",失望透顶:

　　十时,辞修来见,谈"行政院"人事。彼对王云五任副"院长"事并未有新行动,反来征求我意见。其意在黄少谷,但要我决定,而陈雪屏仍任秘书长。余认为,其对余不应如此诈伪不诚也,殊出我意外。三十年来苦心培植,不惜他人怨恨与牺牲一切情感而扶植至今。其结果如此,伤心极矣。此为余平生对人事干部所最失败、痛心之一次也。②

　　蒋介石认为陈诚"伪诈不诚",欺骗他,辜负了他三十年来的培养;并且为了培养他,蒋介石自认为都不顾其他人的不满和怨恨,最后却是平生最大的"失败痛心"。
　　在"组阁"人选问题上暴露了蒋介石和陈诚的矛盾,这使得蒋介石对陈诚更加不满。此外,陈诚敢于亲近蒋介石不喜欢的人物,和"北大派"胡适、王世杰等关系深厚,这也为蒋介石所忌惮和不满。王世杰向陈诚建议,主动向蒋介石辞去"副总统"来阻止蒋的"三连任"。
　　如前所述,胡适显然是力推陈诚为"总统"人选的。这才有前述1958年12月24日"光复大陆设计委员会"午餐会上的一幕。
　　时间到了1959年10月,胡适通过各种渠道公开反对蒋介石"三连任"。从10月22日到11月15日,胡适分别和张群、黄少谷、王云五、陈诚、蒋经国等表示,希望蒋介石不要"三连任"。胡适希望蒋介石以和平办法移交政权,为"国家"奠定宪政基础。胡适还希望和蒋密谈两小时。
　　1959年11月7日上午,陈诚向蒋介石报告与胡适10月22日的谈话。

① 《蒋介石日记》手稿,1958年7月10日。
② 《蒋介石日记》手稿,1958年7月13日。

蒋介石与陈诚（左二）谈笑风生的背后暗潮涌动

蒋介石听后对陈诚表示：胡适根本就不明白，如果没有"中华民国"，哪有自由中国？"'总统'以为胡根本不懂，如无'中华民国'，哪有彼等之'自由中国'，不是美国。"① 蒋介石对这件事的回复很直接。蒋介石在日记里也记录了这件事："与辞修谈话，彼以胡适要我作不连任声明，余谓其以何资格言此，若无我党与政府在台行使职权，则不知彼将在何处流亡矣。"②

不仅如此，胡适还通过"总统府"秘书长张群向蒋介石转达要其不要"三连任"的意见。11 月 20 日，张群也向蒋介石报告了他和胡适 11 月 15 日的谈话要点。蒋介石大骂胡适无耻，自抬身价，让人厌恶，实在讨厌，而且可怜。并要张群以蒋介石心中只有"消灭'共匪'，收复大陆以解救同胞"的事为由，拒绝胡适提出的要密谈两个小时的要求。③

蒋介石对胡适避而不见，并在《本月反省录》中继续痛骂胡适"无耻"，"最不自知"，也"最不自量"，没有资格这么说；对于陈诚，蒋介石则相对宽容一些，认为胡适这么做主要是为了不让蒋进行"连任"，妄图"操纵革命政治"，并不是表面上那样真的有益于陈诚。

---

① 《陈诚日记》，1959 年 11 月 7 日。
② 《蒋介石日记》手稿，1959 年 11 月 7 日。
③ 《蒋介石日记》手稿，1959 年 11 月 20 日

胡适无耻，要求与我二人密谈选举"总统"问题，殊为可笑。此人最不自知，故亦最不自量，必欲以其不知政治而又反对革命之学者身份，满心想来操纵革命政治，危险极矣。彼之所以欲我不再任"总统"之用意，完全在此，更非真有爱于辞修也。因之，余乃不能不下决心，而更不能辞也。①

其实，陈诚和蒋介石的谈话，未免不是陈诚对蒋介石"三连任"与否的一种试探。陈诚也通过这些信息判断出蒋介石的态度：蒋无卸任的想法，他继任"总统"几无可能。明白了这些，陈诚于11月19日和胡适的老上级、曾任北大校长的蒋梦麟见面，希望蒋梦麟和胡适谈两件事：（1）"总统"连任之必要；（2）不要害我。蒋梦麟以这些话劝胡适，"提辞修无异害辞修"。胡适自此答应不再反对蒋介石"三连任"。

至此，陈诚作为"总统接班人"为蒋介石所弃。1960年3月，蒋介石通过修改临时条款继任"总统"，陈诚当选为"副总统"。虽然蒋介石再次提名陈诚兼任"行政院长"，但陈诚以身体不适为由于5月5日和21日两度向蒋介石请辞，并一度远走金门。蒋介石以"国难未纾""身许党国"等为由，不同意陈诚辞职。此时的陈诚已是心灰意冷。

1965年3月，陈诚病危。3月5日，陈诚因肝癌在台北去世，享年68岁。蒋介石为陈诚手书挽联："光复志节已至最后奋斗关头，那堪吊此'国'殇，果有数耶；革命事业尚在共同完成阶段，竟忍夺我元辅，岂无天乎。"晚年的陈诚和蒋介石，看似"恩深骨肉"，实则早已貌合神离。

"临时条款"不是"宪法"？

1959年12月23日，蒋介石在"光复大陆设计研究委员会"的年会开幕典礼上，重申他不赞成"修宪"的说法。蒋介石说："我的维护'宪法'的有力行动，莫过于'光复大陆'；我们'光复大陆'的武器，也莫过于尊重'宪法'。"

---

① 《蒋介石日记》手稿，1959年11月28日《本月反省录》。

蒋介石如此掷地有声地大唱尊重"宪法"的调子，但在不三连任"总统"的问题上却没做出任何承诺，没有表明不会"三连任"。所以，胡适在当天的日记中不无遗憾地说，"这个好机会，他又错过了！"

1960年2月5日，"副总统"陈诚宴请于斌总主教，胡适、张群、王云五等人作陪。席间酒至微酣，胡适大发牢骚，对"国民大会"即将召开之际却还没有提出"总统"候选人等一些问题表示不满。并说，国民党究竟由谁当家？由党内全体，还是党内最高之一人？如果是党内最高之一人，则蒋先生已经于前年和去年"光复大陆设计委员会"上表示反对修改"宪法"，党内人士应该以此为准；如果由国民党中央会议决定，那么这时候应该研究决定，怎么能到现在还没有候选人，这么迟疑，使"国人"迷惑，不明所以。说到激动处，胡适又说，我有一个学生陶希圣，公开演讲时竟然说临时条款不是"宪法"，实在是没有道理。

"总统府"秘书长张群则平和地说："你的学生也并非完全没有道理，就一般人的认识和了解，'宪法'是永久性的，临时条款既为适应动员'戡乱'时期特殊情势，当然是暂时性的……"

张群的话随即遭到了王云五的批判："说临时条款不是'宪法'，这是不当的。"作为参加过临时条款的制定并说明的王云五来说，当年制定临时条款时他还强调过它就是"宪法"。王云五激动地说："如此这次'国大'会议中有人提出临时条款不是'宪法'，我将发言，并且要求调出当时的会议记录，以资证明。"

席间王世杰为缓和气氛，打圆场说："各位先生的谈话，都是以'总统'连任为前提，我们何妨假定'总统'不连任为前提，也略作研究？"

至于是否有人附议这个话题不得而知。这次宴请胡适借口有事提前退席。

随后，胡适将自己在席间的话转告给了雷震。雷震经过和《自由中国》的一些编委碰头，认为这是一篇很好的新闻。随即，他们将此消息通报给发行量较大的《自立晚报》。很快，2月7日，《自立晚报》将这一消息刊登了出去，并在文中用小标题标明对于蒋介石"三连任""胡适博士态度消极"，并将胡适给蒋介石提的四点意见公开化，明确表示胡适不赞成以大法官会议解释方式减少"国大"代表法定总额人数，更不赞成在"国民大会"上修"宪"，等等。2月14日，《自立晚报》对于胡适等人的争执，又发表了更详尽准确的信息。

尽管此前胡适确实反对蒋介石"三连任"，但在媒体面前并没有公开表示和蒋介石对抗。然而，此篇报道甫一发表，就立刻引起了很大的反响。尽管报道比较属实，基本上没有什么偏激的话，但发表前并未征得胡适的意见，而且更重要的是将胡适和蒋介石之间的矛盾公开化了。这引起了蒋介石对胡适的更大不满。

1960年2月14日，蒋介石委派陈诚去拜访胡适，让陈诚给胡适做工作。陈诚说，蒋"三连任"已成定局，劝胡适最好不要让当局为难。

胡适坚持说："我还是抱着万分之一的希望，希望能有转机。"胡适实际上还是在坚持他民主政治的梦想，希望蒋介石能够尊重"宪法"。不过这次，陈诚对胡适的劝说起了效果。

但这次会议还有一个让蒋介石头疼的问题，就是如何确定代表的"法定人数"。1948年3月第一届"国民大会"召开时，法定人数是3045人，分别由"全国"各个选区产生，代表任期是6年。但当时的代表逃到台湾的只有1080人，几乎只占总数的1/3，任期都超过了6年。如果增补，只能在台湾地区选举产生，何能代表"中华民国"？蒋介石为了解决这一难题，以"总统批准"的钦定形式使这些赴台代表变成了"变相终身代表"，又在台湾地区增补了230人，并将法定人数由代表总数的1/2降低到1/3。法定人数也改为以1954年"第一届第二次国民大会"报到时的1643人为基准，也就是干脆只以在台湾的代表为基准。

这些修正，都为蒋介石连任"总统"铺平了道路。虽然，对于蒋介石的这些举措，胡适和他的朋友们认为没有一点能在法律上和事实上站得住脚，只能"为国家制造乱源"，并暴露出"修宪连任运动"的操纵者途穷技尽的窘态，但丝毫阻挡不住蒋介石连任的决心。

投票记名与否的争端

1960年2月20日，"国大"会议召开。胡适为了表示不满，辞去了"国大"主席的职务，勉强去"国大"秘书处报了到。在"国大"会议期间，蒋

1958 年，胡适在"国民大会"上请蒋介石致辞

介石在宴请"国大"主席团宴会上，代表张知本（字怀九）说：无记名投票只可用于对人，对事应用有记名投票。蒋介石当场点名让胡适谈谈自己的意见。

胡适说："我没有别的话好说，不过对于张怀老刚才说的话，我想补充几句。张怀老说'无记名对人，有记名对事'这句话，全世界没有一本书上有这样的规定。无记名投票是澳洲发明的，到今天（按：1960 年）还只有 104 年的历史。无记名投票是保障投票的自由，可以避免投票的威胁，因此很快地被世界采用。美国宪法是 170 年前制定的，所以美国宪法上并没有规定无记名投票。据我所知，如禁酒，各州的宪法是不同的，火车经过禁酒的一州时，火车上的酒吧就关上了。否则，是犯禁的，又如妇女参政问题，美国都是用无记名投票的，并没有规定无记名对人，有记名对事。四年前我在美国，美国正在庆祝无记名投票一百年纪念。"

蒋介石显然没有料到胡适大讲"无记名投票"的历史优越性，说它可以避免投票人受威胁，保障投票的自由。胡适说的话显然不是蒋介石想听的。因此，他的话当场便遭到国民党人士的反驳，有人说，民主政治是政党政治，政党政治要维持党的纪律，无记名投票自然要不得；有人甚至竟说美国宪法也是记名投票的；更有甚者，还有人质问胡适："在此地谁威胁谁？"言下之意是胡适在此地含沙射影，是在威胁蒋介石。

胡适立即反驳道："我本不想说话，在大会上，在主席团里，我一句话也不说。今天'总统'点名要我说，我才说的。我说的无记名投票是保障投票的自由，可以避免投票的威胁。这是无记名投票的意义。"

受到围攻后，胡适很生气地说："我现在倒希望他们用记名投票。记名投票，我一定去投一票。"蒋介石听后脸色大变。这时胡适的学生罗家伦出于爱护老师的目的，给胡适递了一个条子，善意地暗示他"不要讲了"！

蒋介石显然不想采用无记名投票的方式进行选举。他说："这个，我是不懂的。我不用'总统'的身份，我用代表的身份来说，对于'宪法'这等重大的事，我个人是反对无记名投票的。"蒋介石直接否定了胡适的意见。

修改"临时条款"，蒋氏上演"三连任"

蒋介石要"三连任"，除了舆论上的支持，他还面临着一座无法逾越的大山——台湾当时的"宪法"。1947年公布的《中华民国宪法》，共分14章，175条。其中第四章第47条规定："总统任期六年，连选得连任一次。"按照"宪法"的有关条款，"总统"只能连任两届，再次连任就是不合法的。蒋介石如果继续连任，显然违反了"宪法"。

1958年12月23日，蒋介石在"光复大陆设计委员会"上言之凿凿地宣布："我可以代表中国国民党，代表政府来说，我们不仅是没有修改'宪法'的意思，并且反对修改'宪法'……"当时海内外人士都认为，这是蒋介石不再连任第三任"总统"的郑重承诺。

1959年12月23日，蒋介石又在"光复大陆设计委员会"第六次大会上再次强调："我们维护'宪法'的有力行动，实莫过于'光复大陆'。我们'光复大陆'的武器亦莫过于尊重'宪法'。"

蒋介石如此言之凿凿，难免让天真的人以为他会遵守"宪法"。然而事实证明，蒋介石的上述承诺十分虚伪。1959 年 1 月 4 日，蒋经国发表了《我们为胜利而生的！》一文，用海明威小说《老人与海》中的老人比附蒋介石，强调老人具有的"永不灰心，永不放手"的精神。"永不放手"，美化了蒋介石的恋栈心态。

紧接着，台湾出现了"修宪连任运动"。1959 年 1 月 15 日，台湾《联合报》发表大法官史尚宽的文章，说"有赖于蒋'总统'之领导，故非修改'宪法'不可"。同年 4 月 25 日和 5 月 2 日，美联社台北电讯透露台湾"官员"谈话，说"蒋氏一生不应被任何人替代"。1959 年 10 月 10 日开始，"修宪连任运动"掀起新高潮，"国庆"游行变成了"效忠领袖"十万人大游行。

种种迹象表明，蒋介石"连任"是非常明显的。

对于修"宪"，和胡适关系密切的《自由中国》直言强烈反对，其社论明指："如果台湾真听任'修宪'运动者一味硬干到底，则将不再承认'自由中国'政府为合法政府了。"尽管如此，反对修"宪"的声音还是势单力孤。《自由中国》的言论除了为自己埋下日后获罪的祸根之外，动摇不了蒋介石连任的决心。

而整个"国大"会议的召开，似乎只有一个目的，那就是如何修改现行的法律条款，为蒋介石能够连选连任铺路。据王世杰 1960 年元旦日记："'总统'选举事，本党负责诸人似已内定于'国民大会'集会时，修改'宪法'之临时条款，将'宪法'上连任以一次为限之限制，暂行停止适用。在台湾，惟有胡适之曾直率托张岳军（按：即张群）向蒋先生建言，反对蒋先生作第三任'总统'。"

1960 年 2 月 19 日召开的两次小型"国大"会议，其议题之一就是商讨修"宪"。代表们在直接修改"宪法"还是修改"临时条款"问题上达成一致，认为应该修改"宪法"本身，而不是"临时条款"，因为"临时条款"与"总统"选举无关，况且，修改"临时条款"和修改"宪法"一样繁琐。而"国大"联谊会的全体干事会议，更是一直主张"修宪"，甚至有人说，如果主席团控制"修宪"提案，应当立即罢免他们，取消主席团，临时推选主席开会，免受控制；还有更甚者，甚至连参加"临时条款"签署的代表都认为其签署无效，因为他们受人控制；还有更激进者说，为"修宪"而死，也是光荣的。总之，"国大"会议召开前夕各方力量已经剑拔弩张，而其目的都是为了蒋介石连任。

而胡适此时，不仅婉拒"国大"主席之职，而且也一直对媒体表示反对"修宪"。在接受《公论报》记者采访时，胡适毫不隐讳地说，"我仅有一句话，就是坚决反对'总统'连任。"而当《征信新闻》的记者问他对修改"宪法"有什么意见时，胡适也说："这个我坚决反对，当年我曾亲手把中华民国宪法交给蒋先生接受。今天，我希望看到它完整无缺。"

然而，胡适终究事与愿违。

1960年3月11日，"国民大会"第三次会议第六次大会没有修改"宪法"，但修改了《动员"戡乱"时期临时条款》，添加了如下内容，"行宪首任'总统'，不受'宪法'第四十七条连任一次之限制，连选得连任"。修改后的临时条款在"国民大会"上三读通过，这也就意味着"宪法"第四十七条形同虚设，蒋介石不但可以继续当选为"总统"，而且可以终身做"总统"。如此，蒋介石虽没有"修宪"，却轻松扫除了三连任"总统"的制度障碍。

1960年3月12日，国民党中央全会举行临时会议，用胡适大力批判的记名方式进行投票，正式推选蒋介石为第三任"总统"候选人，陈诚为"副总统"候选人，二人全部以满票当选。3月21日，"大选"正式投票，这种走过场式的选举，蒋介石获1481票，得票率窜升到98.1%，顺利地再次当选，成为"中华民国"第三任"总统"。3月25日，会议闭幕。在闭幕式上，蒋介石觍颜自得地说："这次大会的一切程序，都是根据法理来进行处理的。自解释大会名额起，经过修订临时条款，到完成选举，都是遵循'宪法'所赋予大会的使命来达成的。"

投票当天，曾有很多朋友劝胡适不要参加了。胡适不顾大家的反对，抱病参加了这次投票。

3月24日，胡适抱病在蒋介石的当选证书上签名盖章，因为他是这次会议的主席团主席之一。当记者问他对于"总统""副总统"连任的意见时，胡适无奈地说："我站在老百姓的立场上，跟老百姓一样的高兴。" 至于胡适当时投票和签名时心中的滋味如何，如何违背自己的意愿投了那一票赞成票，现在恐怕只有历史最清楚了。

蒋介石用修改临时条款的"合法"手段第三次连任"总统"，标志着胡适民主宪政思想在台湾的失败。

　　"三连任"事件，暴露了胡适和蒋介石政府之间的矛盾和冲突。一方面，作为自由知识分子，胡适要尽自己的责任，为"政府"建言献策，实现他那欧美民主政治模式的梦；另一方面，作为国民党当局治下的"臣民"，他又何尝没有蚍蜉撼大树的孤独与无奈。他和蒋介石政府之间的冲突，也是他身份的两重性的体现。而另一方面，"三连任"事件，也充分体现了蒋介石对权力的贪婪和攫取，为了达到"三连任"甚至终身连任"总统"的目的，暗中操控舆论，无条件修改法条，民主法制只是障人耳目的外衣。

第十章　容忍比自由更重要

胡适和《自由中国》的渊源

1949 年 1 月，蒋介石下野，国民党政权风雨飘摇。4 月，雷震联合胡适、王世杰、杭立武等人创办《自由中国》杂志，当时，胡适在赴美的轮船上写下了《自由中国》办刊《宗旨》。《自由中国》从 1949 年 11 月创刊到 1960 年 9 月 1 日停刊，历时 10 年 9 个月。在《自由中国》发行的近 11 年中，胡适倾注了自己心血，也和雷震结下了深厚的友谊。

雷震（1897—1979 年），字敬寰，出生于浙江长兴，祖籍河南罗山县周党镇雷畈村。1916 年，19 岁的雷震中学毕业后赴日留学，考取京都帝国大学。1917 年经戴季陶和张继介绍，加入中华革命党（中国国民党前身）。1926 年雷震毕业于京都帝国大学法学部，同年冬回国。在戴季陶的举荐下，雷震很快进入国民政府，1927 年担任法制局编审。1930 年兼任中央大学法学部教授。1931 年进入国民党南京市委，当选为党部委员，1938 年任国民参政会议事组主任。1940 年参与制宪。1946 年任国民政府政治协商会议秘书长。雷震周旋于持不同政见的派别之间，人送绰号"各党各派之友"。

《自由中国》和胡适关系密切。彼时胡适远在美国，但是他的名字却以发行人的身份赫然印在《自由中国》上。而且，《自由中国》上面发表的一些文章，也是远在美国的胡适的声音。此外，《自由中国》和台湾当局的每一次冲突，胡适几乎都卷身其中，有时甚至起到了"推波助澜"的关键作用。细数起来，大致有如下几件事：

一是《政府不可诱民入罪》引发的风波。1951 年 6 月夏道平的一篇揭露国民党特务机关的《政府不可诱民入罪》触怒了当局，《自由中国》迫于压力在随后又发表了一篇《再论经济管制的措施》，对前文给予解释，并为当局开脱。风波即将平息之时，1951 年 8 月胡适从美国发来信函，除了称赞前文是一篇难得的数一数二的好文章，够得上《自由中国》的招牌外，还颇为愤激地指出，随后的《再论经济管制的措施》，"必是你们受了外力压迫之后被逼写出的赔罪道歉的文字！"因此，胡适要愤而辞去

胡适与《自由中国》杂志负责人雷震

《自由中国》"发行人"一职，以表示对"军事机关"干涉言论自由的抗议，并希望《自由中国》将这封信发表出来。结果，胡适的抗议信发表后，一场即将平息的风暴又起波澜。国民党当局下令查禁这期杂志，并要传讯雷震。后经多方协调，此事才得以平息。胡适后来辗转知道了自己的抗议信引发的风波，在对国民党失望之余，也因此对《自由中国》歇笔一年多。

　　二是1956年的"祝寿风波"，胡适也难脱"干系"。当年胡适的文章《述艾森豪总统的两个故事给蒋"总统"祝寿》，和徐复观的《我所了解的蒋"总统"的一面》、夏道平的《请从今天起有效地保障言论自由》、陈启天的《改革政治、团结人心》、刘博昆的《清议与干戈》等均提出了许多尖锐的问题，毫不客气地为蒋介石作"具体的指点与指正"，也使这一期《自由中国》成为了一发集束炮弹。当然，被国民党当局指责为"毒素思想"也是在所难免的了。

胡适一直和《自由中国》维系着密切的关系，这种联系不仅仅是胡适一开始就为这个杂志写下宗旨，并且还一度担任它的名誉发行人，它更内在的联系纽带，是自由主义知识分子之间思想上的同声相和、同气相求，有志同道合的同路者味道。胡适和《自由中国》这种在思想上的默契追求，使他在《自由中国》危难时期几度出手相助。他们的呼号和主张彰显着自由知识分子的政治理想和抱负。这种主张对于胡适来说未必是要跻身现实政治的铺垫，它更多的意义是要通过这种声音对当局产生影响，也即胡适所说的要做"政府"的"诤臣""诤友"的含义。

胡适鼓励雷震组织反对党、在野党

然而，胡适的意愿如此，雷震却未必仅仅安于这样的追求。这位国民党的元老级人物，显然要借《自由中国》这个舞台，实现更大的政治理想。

《自由中国》从 1957 年 8 月 1 日第十七卷第三期开始，连续 8 个月对台湾的一些问题进行系列讨论，内容涉及军事、财政、经济、美援运用、政府机构、司法、新闻自由、教育等 15 个方面。第一个问题是"反攻大陆"，最后一个是"反对党问题"。"反对党"问题发表于 1958 年《自由中国》第十八卷第四期，文章强调"反对党"是解决前述所有问题的根本、关键。

当时，正值蒋介石酝酿"三连任"之际，《自由中国》提出这些问题无疑会让"龙颜"不悦。而且，对于后来 1960 年蒋介石三度连任"总统"，《自由中国》直言强烈反对，其社论明指："如果台湾真听任'修宪'运动者一味硬干到底，则将不再承认'自由中国'政府为合法政府了。"

1958 年 4 月，胡适应蒋介石的邀请出任台湾"中央研究院"院长。然而，回台湾之后，胡适对雷震等自由派知识分子的支援并没有减少，反而往来密切。即使是上文提到的后来给雷震招来祸患的"反对党"问题，胡适也积极参与了不少意见。

　　1958 年 5 月 27 日，在《自由中国》的欢迎宴会上，胡适对《自由中国》争取言论自由的成就进行了肯定，但认为还应该讲究方式方法，对于"反攻大陆"这样敏感的话题最好不要去碰它。在谈到"反对党"时，胡适也不尽同意雷震等的看法。胡适理智地提醒他们，就是有了一个"反对党"，也不能解决目前大家提到的其他十几个问题。胡适希望大家能以和平的方式、容忍的精神、严正的态度和长期的努力，使民主政治、政党政治走上正轨；并恳请大家以"在野党"而不是"反对党"的名义，对执政党起到制衡作用。但胡适自己却不愿出面组党，表示"从未梦想自己出来组织政党"。然而在另一方面，胡适又鼓励雷震等"现在可让教育界、青年、知识分子出来组织一个不希望取得政权的'在野党'"（《从争取言论自由谈到"反对党"》）。

　　1960 年上半年，《自由中国》杂志连续发表"七论反对党"的文章，认为"民主政治是今天的普遍要求，但没有健全的政党政治就没有健全的民主，没有强大的'反对党'也不会有健全的政党政治"，为组建新党大造舆论。雷震等的行动得到美国各界尤其是舆论界的支持，同时也给国民党施加了极大的压力。随着组党工作步伐的加快，《自由中国》与国民党的冲突一触即发。

　　蒋介石第三次连任"总统"之后，国民党在地方选举中违法舞弊的现象日益严重。对此，1960 年 5 月 18 日，《自由中国》杂志的发行人雷震邀请民社党、青年党和许多无党派民主人士在民社党中央总部举行检讨会，会议决定向国民党当局提出改革选举的 15 点建议。这次检讨会应该是 3 月 17 日的"地方选举改进座谈会"的延续。在这次会议上，许多人还提出组织一个强有力的反对党，以推动政党政治和民主政治的进程。胡适因故未参加这一会议。

　　6 月 15 日，"地方选举改进座谈会"宣布筹组新党，并紧锣密鼓地着手筹建。6 月 26 日，"地方选举改进座谈会"在台北召开第一次会议，推举李万居、高玉树、雷震为发言人，雷震、李万居、夏涛声、吴三连、郭雨新等 17 人为召集委员，雷震为秘书长，李万居任常务委员会主席。与此相配合，《自由中国》杂志发表"大江东流挡不住"的社论，宣布 9 月底正式成立新党。筹备委员会并在全岛举行巡回座谈会。一时间在台湾岛内掀起了组织"反对党"的热潮。

对于激进的雷震，胡适劝阻道："你说的话，我自己说的话，都会记在我的账上。你不知道吗？'杀君马者道旁儿'。人家都称赞这头马跑得快，你更得意，你更拼命地加鞭，拼命地跑，结果，这头马一定要跑死了。现在你以为《自由中国》出了七版、八版，你很高兴，这都是你的灾害！"

果不其然，雷震等要组建"反对党"的行动引起了蒋介石的高度警觉。1960年7月，国民党控制的三大报《中央日报》《中华日报》《台湾新生报》同时在头版头条刊登文章，诬指成立"反对党"是阴谋配合中共"统战"，企图在台湾制造混乱，"颠覆政府"，率先从舆论上发出了镇压组党行动的信号。9月4日，国民党当局用"台湾警备司令部"签署的逮捕状，以"涉嫌叛乱"的罪名，逮捕了雷震，其被控"知匪不报"和"连续以文字为有利于叛徒的宣传"。同时被捕的还有《自由中国》的工作人员刘子英、马之骕和傅正，刘子英被指控为中共特务，马之骕和傅正的罪名则是意图非法颠覆"政府"，散布反"政府"言论。《自由中国》停刊。

胡适愿为雷震出庭

胡适当时正在美国出席"中美学术合作会议"和"中华教育文化基金"董事会会议。"副总统"陈诚在当天就给胡适发了一封电报，并通告了有关情况。当得知这一消息后，胡适随即给陈诚回了一封电报，说"政府"此举很不明智，会产生很多不良影响：一是岛内舆论必认为雷震等被捕表示当局是出于畏惧并摧残"反对党"运动；二是当局也会蒙上禁止言论自由的恶名；三是也会在西方世界造成不好的影响。胡适还在电文中说，雷震很爱"国"，他的案子应该交给司法审判，并应该予以公开。

根据蒋介石的指示，9月6日，陈诚给胡适又回一电，说"现被拘四人中，已有一人承认受'匪'指使来台活动，雷至少有知情包庇之嫌"。胡适对此也回复一电，再次强烈表达自己的观点："儆寰办此杂志11年，定有许多不谨慎的言语，足够成罪嫌，万望我公戒军法机关不得用刑审，不得妄造更大罪名"，以免影响当局的名誉。

9月7日，胡适就此事接受了美联社的采访，胡适在采访中毫不隐瞒自己的观点，为雷震辩护，说《自由中国》是台湾新闻自由的象征；随后，8日法新社消息也发表了胡适的这一看法。

然而，没有等到胡适从美国回来，10月8日宣判当日上午，蒋介石亲自主持会议为审判"《自由中国》案"部署。与会人员包括"副总统"陈诚，府、院、党三大秘书长张群、唐纵、谷凤翔，"司法院"院长谢冠生，"检察长"赵琛，"国防部军法复判局"局长汪道渊，"外交部"部长沈昌焕以及陶希圣、曹圣芬等十四人，如此庞大的一个阵容，可见蒋介石当时的审慎缜密，在强人政治威权独断之下，司法和监察体系成了摆设。当天，台湾当局的警备司令部军事法庭对雷震案进行了快速判决。雷震被判处有期徒刑10年，剥夺公民权利7年。

10月22日，胡适从美国经由日本回台湾，当日有记者又问及雷震一案，胡适表示，如果军法复判局传他去作证，他愿意出庭作证。他可以为雷震做一个"人性品格上的证人"，证明他是"爱国反共"的。

然而，明眼人可以看出，尽管胡适此时并没有和蒋介石政府保持一致，但他对雷震一案也实在没有说什么"硬话"。这一点，引起了《自由中国》社同人们的不满。10月25日，《自由中国》社的编辑殷海光、夏道平、聂华苓等人到了胡适的寓所，谈了雷震被捕的经过，并希望胡适能够用自己的地位和影响，设法营救雷震。胡适对此没有表态。对此，殷海光等人很有意见，认为胡适关键时候表现得太软弱。而且，胡适自回台以后，一直没有去狱中探视过雷震，对此，《自由中国》社也认为胡适太胆小了。

当有人问胡适为何不去探监时，胡适答："我从美国回来后，原拟去监狱看雷先生，后有人告说军监因知我要探监看雷先生，弄得非常紧张，还要呈报蒋'总统'批准才去。其实我去探监看雷先生，也只是和雷先生寒暄闲话一番，什么真正的话都不能在那里谈。去只有添雷先生的紧张和麻烦。我想不去还比去的好。故我去探监看雷先生，似无什么意思，至于外面如何批评我，也可不必计较。"

10月26日，胡适晚上和所谓"反对党"的发言人——李万居、高玉树、

殷海光（右）一家

郭雨新、王地、黄玉娇等吃饭面谈。胡适劝告他们：第一，在时间上要暂缓成立新党，请他们看看雷案的发展，应该看看世界形势，如美国大选一类的事件，不要急于组党。第二，胡适劝他们根本改变态度：一是要采取和平态度，不可对"政府党"取敌对的态度。胡适说，你要推翻"政府党"，"政府党"当然先要打倒你了；二是切不可使要组的党变成台湾人党，必须要和民、青两党合作，和无党派的大陆同胞合作；三是最好要能够争取"政府"的谅解——同情的谅解。

胡适和蒋介石就雷震案谈话

胡适此时陷入了两难的境地。一方面他不能和当局硬碰硬，他也是《自由中国》的编委之一，《自由中国》社发表的大部分"惹祸"的文章，也是经过他同意的，但当局没有和他"过意不去"，也足以表示蒋介石政府对他还算"宽容"；另一方面，胡适又要对朋友、同事有所交代，否则，他所宣称的知识分子的独立人格和道义负担，所鼓吹的民主宪政也就成了一种空洞的口号。

11月，胡适给秘书长张群写了一封信，说是要汇报他在美国参加学术会议的一些情况。11月18日上午11点半，蒋介石约见了胡适。之所以安排在将近午饭的时间约见，也是想让胡适没有机会长谈，从而避免谈起雷震一案。

但谈话间胡适还是忍不住谈起了这件事。胡适对蒋介石说：我本来对岳军（张群）先生说过，我见"总统"，不谈雷案。但现在谈到国际形势，我不能不指出这三个月来政府在这件事上的措施实在在"国外"发生了很不好的反响。我在9月4日早晨，已在"大使馆"看见沈"外长"（指沈昌焕）的长电报了。他说，此事曾经过长期慎重考虑，政府深知在今日国际形势下此事必发生于我不利之反响，但事非得已，不能不如此办。我已见了这电报，我还不敢不说话，还打了两个电报给"副总统"（陈诚），后来还写了一封长信给陈雪屏。我盼望这两个电报，一封信，他们都报告"总统"了。

蒋介石说，口头报告过。

胡适又重申了他发的两封电报"内容"，指出"电报"中都主张司法审判；然后又略述给陈雪屏信中的主旨：沈"部长"长电说"政府"深知此案的不良反响。我说"政府"决不会"深知"。"总统"没有出过"国"，"副总统"也没有出过"国"，警备司令部的发言人也没有出过"国"，他们不会"深知"此案会发生的反响。所以我不能不做这笨事：向"政府"陈说……

蒋介石又抬出了 9 月 14 日对美国西岸报人的谈话，他对胡适说：我对雷震十分容忍。如果他的背后没有"匪谍"，我决不会办他。我们的政府是一个"反共救国"的政府。雷震背后有"匪谍"，政府不能不办他。我也晓得这案子会在"国外"发生不利的反响，但一个"国家"有它的自由，有它的自主权，我们不能不照法律办。

胡适又说，关于雷震的案子是法庭的问题，我所以很早就盼望此案能移交司法审判，正是为了全世界无人肯信军法审判的结果。这个案子的量刑，14 年加 12 年，加 5 年，总共 31 年徒刑，是一件很重大的案子。军法审判的日子（10 月 3 日）是 10 月 1 日才宣告的，被告律师只有一天半的时间可以查卷，可以调查事实材料。10 月 3 日开庭，这么重大的案子，只开了 8 个半钟头的庭，就宣告终结了，就定期 8 日宣判了，这是什么审判？我在"国外"，实在见不得人，实在抬不起头来。所以 8 日宣判，9 日"国外"见报，10 日是双十节，我不敢到任何酒会去，我躲到 Princeton 去过双十节，因为我抬不起头来见人。

这时候蒋介石忽然讲一件旧事。他说，去年□□回来，我对他谈起，"胡先生同我向来是感情很好的。但是这一两年来，胡先生好像只相信雷儆寰，不相信我们政府"。□□对你说过了没有？

胡适没想到还被蒋介石将了一军。胡适说，□□从来没有对我说过这句话。现在"总统"说了，这话太重了，我当不起。……那年"总统"要我去美国……我说了一些话，其中有一句话，"我愿意用我道义力量来支持蒋介石先生的政府"。我十一年前说的这句话，我至今没有改变。……今天"总统"说的话太重，我受不了，我要向"总统"重述我在民国卅八年四月廿一日很郑重地说过的那句话。

胡适又说：10 年前"总统"曾对我说，如果我组一个反对党，他不反对，并且可以支持我。"总统"大概知道我不会组党的。但他的雅量，我不会忘记。我今天盼望的是："总统"和国民党其他领袖，能不能把 10 年前对我的雅量分一点来对待今日要组织一个新党的人？

时间已很晚了，胡适站起来告辞。蒋介石很客气地说，将来从南边回来，还要约胡适再谈。蒋介石送胡适到接待室门口，秘书长张群把他送到了楼道里。

为营救雷震，胡适想方设法，四处奔走。但胡适深谙政治斗争的厉害，既然蒋介石已经对雷震案定了调子，他只能通过其他一些渠道表达自己的观点，这也算是对老朋友尽了力。

然而这一切都没有任何效果。11 月 18 日的这次约见胡适显然没有达到说服蒋介石的目的。5 天后，也即 11 月 23 日，台湾当局"国防部"复判厅宣布复判结果：雷震案维持原判。

胡适当晚听到这个消息后，大失所望，心情极差，什么事情都没有兴趣做，在寓所用天九牌打发时间。他对当晚前来采访的记者说："我原来想，复判过程有着较长的时间，也许复判的判决会有所改变，现在我只能说大失望，大失望。"甚至连打牌不成功，胡适都叹气说："这真是像雷震一样的倒霉。"又反复对记者说，关于雷震案，只有六个字的感想："大失望，大失望。"

1961 年 1 月，胡适又和成舍我等人联名写就了五百字的《上"总统"书》，请求为雷震特赦。1961 年 2 月 4 日，《上"总统"书》送交给"总统府"，蒋介石在上面批复"不予特赦"。胡适的努力再一次落了空。胡适后来感言，对雷震一案，只有六个字："大失望，大失望。"

1961 年 7 月 26 日，雷震在狱中度过了他的 65 岁生日。大病一场之后的胡适特地抄录南宋诗人杨万里的一首诗给他：

> 万山不许一溪奔，
> 拦得溪声日夜喧。
> 到得前头山脚尽，
> 堂堂溪水出前村。

南宋大诗人杨万里的《桂源铺》绝句，我最爱读，今写给儆寰老弟，祝他的六十五岁生日。

胡适送给雷震的这首诗，是鼓励雷震为言论自由作出的贡献，同时也是自勉。唐德刚后来在谈到胡适题赠雷震一诗时说："雷案之后，胡适内疚弥深，整天愁眉苦脸，看上去老了 20 岁，怪可怜的，最后只有'百无聊赖以诗鸣'。"

可以说，雷震一案，让胡适感到了台湾当局言论不自由的现状，有他对蒋介石政府的失望在里面。除此之外，他还感到了作为一介书生的无能为力。

在这次雷震案里面，胡适到底扮演了什么样的角色，他如何既要做"政府的诤友"，又实现西方民主政治的迷梦，他到底是站在利益一边，还是站在道义理想一边，答案似乎很明显。在政治高压下，对于一直主张改良而非革命的胡适来说，对于朋友所能做的，也许就只有这么多。其实反过来想，雷震事件也给胡适敲响了警钟。做个直言进谏的诤臣畏友，只能显示出胡适的理想主义和在政治上的天真。

第十一章 晚年：归于寂静

以"革命"的名义独裁到底：蒋介石的晚年

终身连任的独裁者

1962 年 2 月 24 日下午 6 时，胡适因心脏病猝发死于台湾台北"中央研究院"，终年 71 岁。在两年前，胡适还在为蒋介石"三连任"而耿耿于怀，只是他没有见到，蒋介石不仅"三连任"，而且"五连任"，直至他生命终结的那一天。蒋死后，"副总统"严家淦充当傀儡，三年后，这位傀儡自知势单力薄，推荐蒋经国担任"总统"。难怪李敖发表议论说，蒋不仅自己连任、独裁，而且将位子世袭给了儿子，进而痛批台湾不见有"中华民国"，只见"中华帝国"。

胡适比蒋介石早去世 13 年。如果他见到了蒋介石的"五连任"，不知

1971"双十节"，蒋介石夫妇在"总统府"接受群众欢呼致敬

该作何感想。"宁鸣而死，不默而生"的胡适的去世，不知是他能够避祸的幸运，还是台湾当局少了"诤臣畏友"的不幸？

既然前面已经打通了"三连任"这至为艰难的一关，"民意"呼声又高难以"违逆"，"复国"之路"艰辛"复杂，蒋介石又担负着"反共复国"的大任。"三连任"道路上的障碍已经扫清，那么"四连任""五连任"也就不是什么难事。

根据台湾当局颁发的所谓《动员"戡乱"时期临时条款》第三条的规定，"动员戡乱"时期，"总统""副总统"的连选连任，不受"宪法"第四十七条连任一次之限制。因此，只要大陆还没有"光复"，那么台湾就一直是"动员戡乱"时期，蒋介石就可以一直"连任"下去。蒋介石从1948年当上国民大会第一届行宪"总统"，直至1975年4月5日去世，一直在权力的核心屹立不动。

老一辈台湾民众出于讽刺，用几位当局大员和士绅的名字编成顺口溜，来讽刺蒋介石的"连选连任"：

于右任——"我又当一任总统了"；
赵丽莲——"照往例由我连续干下去"；
吴三连——"我第三次连任了"；
赵元任——"还何必选，就恭请蒋介石按照原来的任职永远干下去吧"。

于右任迁台后当过台湾当局"监察院长"；吴三连是台湾本地政坛耆宿；赵丽莲是知名英文教授；赵元任是著名语言学家。这几位因为名字的谐音，而莫名其妙地成了蒋介石连任"总统"茶余饭后的笑料，这让后人忍不住替他们叫声冤枉。

"反共复国"的幻梦

蒋介石自从从大陆败逃到台湾后，就无时不刻在做着"反共复国"的幻梦。"反攻大陆"成为他在台湾重要的政治活动和目的。李敖不无讽刺地说，他在孤岛上开"反攻大陆"的"支票"，前后多张。

第一张是1949年6月26日在台北南区军事会议的讲话上开的"支票"。

蒋介石彼时讲《本党革命的经过与成败的因果关系》，他说：

> 我以为我们一般高级将领如果能够消极的不贪污、不走私、不吃空、不扰民；积极的又能精诚团结、事事公开、实事求是、精益求精；尤其是对部下能够同甘共苦，信赏必罚，那我们部队战斗的精神和力量，在最短的期间，就一定可以回复，不出三年，我们就一定可以消灭"共匪"！为坚定大家的意志，并指示大家努力的目标和进度，我今天特别提出几句简单的口号，希望大家刻骨铭心，一致努力，贯彻始终。这几句口号是……[①]

在这里，蒋介石开出了三年"反攻大陆"的时间表。随着时间的推移，蒋介石的时间表也在不停地变化着，陆续开出了多张时间表，从一年到三年再到五年，直到蒋介石去世，他的"反攻复国"梦也没有实现。而大陆，经济社会迅速发展，在国际社会上的地位蒸蒸日上，已经成为不可动摇的强大国家实体。

死亡，无法回避的命题

1968 年，蒋介石和宋美龄在阳明山出了一次车祸。在车祸发生后的一次例行体检中，医生在蒋介石的心脏大动脉中听到了杂音。心脏大动脉有杂音，表示主动脉瓣膜有些受伤。据他的"御医"回忆，就从那时起，他的精神便不像从前那样好了。这一方面固然和他年事已高有关，但这次车祸导致心脏瓣膜受伤也是元凶之一。但有赖于高度发达的现代医学，蒋介石仍然延续了 7 年的生命。

到了 1975 年，蒋介石的身体已越来越差，尽管此前宋美龄成功地"导演"了蒋介石身体康健的场景，但蒋介石身边的人都很清楚，蒋的时日也许不多了。此时，蒋介石开始考虑"遗嘱"的问题。蒋的秘书秦孝仪负责蒋介石的口述记录。在人生的最后时光，蒋介石回顾了自己的人生，他对

---

① 转引自李敖、汪祖荣：《蒋介石评传》（上下），中国友谊出版公司 2000 年版，第 703 页。

蒋介石追思会

自己的定位是，三民主义的信徒，一个"革命"者。因而，在他的遗嘱中，"自余束发以来，即追随总理革命，无时不以总理信徒自居"，成为他对自己"光辉"一生的评论的开始。

蒋介石的遗嘱很能体现他的心态，他始终以"革命者"的姿态自居，开口闭口不离"革命"二字。只是，蒋介石不知道，他在独裁、内战等方面的倒行逆施，离真正的"革命"有多远。

1975年4月5日深夜11时50分，统治台湾多年，至死仍旧做着"反攻复国"梦想的蒋介石，在遗恨中离开了人世。

宁鸣而死　不默而生——王志维谈晚年胡适 ①

　　1991 年 1 月 22 日和 23 日，笔者花了两个上午前往台北南港"中央研究院"胡适纪念馆采访王志维先生。王先生当时是胡适纪念馆的实际负责人（有人称他为馆长，有人称他为馆主任）。1989 年 9 月 21 日，笔者曾采访过他一次，写成了一篇短文《侧影——参观台北胡适故居》。这次重逢，谈得更为深广，笔者当场认真做了笔录。最近因退休清理旧物，无意中找出了这份记录稿，如睹故人，感慨良多。王先生现已作古，但他当年提供的史料，有很多鲜为人知或知之未详之处。故公之于众，供同好参考。

　　关于王志维先生跟胡适的关系，胡适纪念馆的工作人员跟笔者作过简介。他们说，王先生是"中央研究院"的老员工，抗战时期就到了"中研院"，编制原在史语所，跟胡适交往甚多，是胡适晚年身边的工作人员。据胡适秘书胡颂平在《胡适之先生晚年谈话录》中记载，胡适在南港住宅里的私人物件都由王志维管理；王志维的太太张彦云常替胡适缝补衣扣，胡适极为感谢。最能确切证实胡适对于王志维看法的是他的私人信件。1961 年 11 月 15 日，"中研院"总务主任薛世平患病，请求辞职，胡适想把王志维从史语所调出，接替薛世平的位置。同年 11 月 18 日，胡适给当时代理"中研院"院务的史学家李济写了一封信——

济之兄：

　　昨天薛世平兄有辞去总务主任工作的信给我，我想调王志维兄为总办事处秘书，代理总务主任。我盼望老兄能同意这办法。我观察了志维兄三年之久，觉得他有才干，有操守，又有好学的热心。所以我想请他担任这件很麻烦的工作。倘蒙老兄同意，以后他可以改用总办事处的名额。

　　匆匆敬颂

　　双安

　　　　　　　　　　　　　　　　　　　　　　　　弟适敬上

　　　　　　　　　　　　　　　　　　　　　　　　五十，十一，十八

---

① 王志维口述，陈漱渝采访。

"有才干，有操守，又有好学的热心"，这是胡适对王志维德才两方面的高度评价。以下，是王志维口述的史料。

胡适与夫人江冬秀

胡适在北平居住期间，太太吃完晚饭就出去打牌，出门之前先煮一个茶鸡蛋，用饭碗一扣；再沏一壶茶，就走了。胡适说："我太太最好。她去做她的，我做我的。"又说："王志维照拂我，比我太太更周到。"胡适后来不爱吃茶鸡蛋了，就从香港买一种英国的梳打饼干作宵夜。

但胡适对太太却是无微不至。1961年10月，胡太太从美国回台湾。胡适提前把寓所靠近盥洗室的那间房腾出来，用去污粉把浴缸擦得干干净净，然后把身边的四个工作人员召集起来说："我太太要来了，她很节俭。在中国，节俭是一种美德。我结婚时，家里欠了债，但不到两年，不但还清了债务，还有节余。这全是太太的功劳，是她省俭的结果。"胡太太到台湾之前，胡适寓所路灯彻夜长明，怕的是胡适起夜摔跤。胡太太一来，

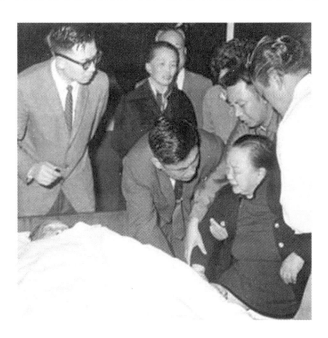

面对离世的胡适，江冬秀悲痛欲绝

227

每晚都随手关灯。此前胡适午饭吃剩的菜，就让工友分吃了。胡太太一来，剩菜全搁冰箱，下一顿再吃。

胡太太不修边幅。她刚回台湾，应酬多，不打扮就出门。有一次围一条长围巾，穗子都拖到了地面上。胡适笑着说："太太，你就这样一副打扮呀？"胡太太反问："不好看吗？"胡适连说："好看，好看！"

胡适去世后，胡太太十分悲痛，甚至想吃安眠药自杀。胡太太有缺点，也有功劳：没有她，胡适纪念馆很难维持，胡适墓园很难维修，胡适手稿也印不出来。胡太太爱打牌，但输得少，赢得多。

王志维为胡太太办身份证时，才知道她的父亲叫江世贤，母亲吕氏，过去很少有人知道。

胡适与他的朋友们

胡适一生朋友很多，现略微介绍几个。

胡适跟傅斯年之间既是师生关系，又是朋友关系。国民党政府撤离大陆之前，胡适本不想走，他舍不得离开北京大学，但傅斯年极力动员他走。1948年12月15日，蒋介石派专机到北平接胡适。临行之前忙成一团，但胡适没有忘记归还从北大图书馆借来的《水经注》——为了整理一部最可读又最可信赖的《水经注》标准本，胡适在五年中看了六十种不同的《水

胡适与傅斯年

经注》版本。胡适也没有忘记索回他为北大校庆展览提供的六本日记。1949 年 4 月，胡适到了美国纽约。当时傅斯年担任台湾大学校长。傅是个胖子，血压高，胡适经常从美国买药给他寄去。遗憾的是这些药物无力回天，1950 年 12 月傅斯年就病逝了。

胡适的友人当中，有一位跟他交往甚密，这就是沈怡先生。沈先生是浙江嘉兴人。他姐夫就是先后担任过国民政府"外交部长""内政部长"的黄郛。1950 年 6 月胡太太到纽约，曾受到沈先生一家人的盛情接待。有一次，沈先生来南港，跟胡适聊了一整天，可见双方的亲密程度。沈先生 1960 年 5 月在台湾出任"交通部长"，因交通混乱，蒋介石大发脾气，于 1967 年 11 月突然免去了他的职务。胡适认为这并非沈先生一个人的责任，他是做了替罪羊。沈先生因此生闷气，去了美国，1980 年 9 月 1 日逝世。

又有一位毛子水，是浙江江山人。1920 年在德国柏林大学研究史学和地理学。1930 年回国，先后在中山大学、北京大学、西南联大任教。1949 年去台湾，担任台湾大学文学院教授，又兼任《自由中国》杂志总编辑。毛先生跟胡适关系很深，交往时间极长，在胡适面前一直以晚辈自居。毛先生 1988 年才去世，终年 95 岁，著有《毛子水文存》《十三经集注》等学术著作。

还有一位郑学稼，福建长乐人，先后担任台湾大学、台湾政治作战学校、政治大学教授。郑先生研究经济，又研究历史和文学，但在学术上跟胡适长期对立。有一天，他忽然来电话要求见胡适。胡适欣然接待，谈得很愉快，还留他吃了晚饭。可见胡适能够宽以待人。

胡适有没有女朋友？这我说不大清楚，我只知道胡先生有一种吸引女性的魅力。1930 年他携眷北上，先寄居在任鸿隽先生家，后在北平后门内米粮库 4 号租赁了一处房屋。每周星期四下午都接待来访的学生。有的女生很过分，甚至把胡太太从屋里拉出来，当面说："你不配做胡适的太太。"1952 年 11 月，胡适应台湾大学及台湾师范学校之邀从美国回台湾讲学，在机场上就有些女生紧追不舍。

胡适留学美国时有一位女朋友韦莲司，个子跟胡太太差不多。从 1914 年至 1961 年，这 47 年间胡适用英文给她写过 175 封信（含电报）。她都非常精致地套装起来，逐一用铅笔注明了时间。胡先生逝世之后，她将这些信分成几包，寄给了胡太太。胡太太请徐高阮先生翻译了一部分。现保存在胡适公子胡祖望那里。有人想看，胡祖望不愿意拿出来。（作者按：这批书信现已由周质平先生全部译出，书名为《不思量 自难忘》，2001年8月由安徽教育出版社出版。）

胡适晚年还有一位女朋友，叫李青来，是台湾《中央日报》的记者。胡适非常欣赏她的文笔。李青来有白发，但每次探望胡适之前都化妆，焗黑油。胡先生见她之前也化妆：梳头，擦面油，修指甲。有一次，李青来跟陈香梅一起来访。当时胡适批评《中央日报》没有报道苏联《真理报》上刊登的一则消息，但第二天早上发现《中央日报》已经登了，感到昨天质问得没有道理，冤枉了李青来，立即写了一封短信道歉。

胡适在台大医院就诊时，有些护士觉得他可亲可佩。有一天，来了三个护士，一个叫徐秀梅，一个叫廖杏英，一个叫吴玉琳。她们三人争执不休：徐、廖两位认为白居易《长恨歌》里写杨贵妃"回头一笑百媚生"，而吴玉琳却坚持原文应该是"回眸一笑百媚生"。她们请胡适做裁决，谁输了罚谁请客看电影。第二天胡适作了回答：《四部丛刊》所收明刻本《白氏长庆集》作"回头"，艺文翻印的宋刻本《白氏长庆集》作"回眸"。胡适的结论是谁都没输，谁都不必请客看电影。

胡适的饮食起居

在台北，胡适每早八点多起床，要在洗手间待很长时间。洗手间里总摆一两本书。文件夹里也夹着古诗词——胡适每天吟一首诗，吟完之后常进一步考证。早餐喝一杯橘子水；主食是烤面包（刮一点人造黄油、果酱），两碟咸菜就稀饭。他吃饭时有看报的习惯，有时也安排跟朋友边吃边聊。中午四盘菜，如豆腐、肉丝炒青菜。台大医院的医生劝胡适不吃肉，少吃油，多吃鱼。但胡适却爱吃肉，特别爱吃红烧肉里的肥肉，不爱吃海鱼。厨师便想方设法去买河鱼，如鲤鱼、鲫鱼，养在水池里，每天吃一条，通常安排在晚餐吃。中午胡适一般要休息半小时。下午是读书时间——但每周有三个下午应酬，晚上写文章或读书。星期天客人不断。胡适的态度是来者不拒。会客室小，常常是后来的人挤走先来的人。有时也留下两三个人吃饭，除平时的四盘菜之外，再加一盘炒鸡蛋。当时担任"行政院副院长"的王云五对胡适说："健身之道，每天饭后要走三千步。"胡适偏偏不爱走路，几乎没有一天超过一千步。有时饭后刚走几步就借故返回，说："冷了冷了，赶快回家。"胡适有一台小收音机，但很少听广播。胡适可以说没有娱乐，写作就是他的娱乐。

胡适与蒋介石

胡适跟蒋介石关系本来很好。胡适在美国当寓公时跟一度代理台湾"中央研究院"院务的史学家李济写过一封信，希望自己出资，在台北南港盖两间小房，以便利用"中研院"的资料，并借助"中研院"一些青年学者的帮助，完成他尚未完成的两部著作：《中国思想史》和《白话文学史》。

1961 年，胡适博士由美国返台，胡适夫人江冬秀女士前往机场迎接

蒋介石得知此事，责成国民党政府"总统府"的秘书长张群过问此事，立即拨款为胡适盖了一栋小洋楼，配齐家具、盥洗用具，其中很多都是进口货。

1958年，67岁的胡适跟蒋介石发生了一次正面冲突。这一年的4月10日，胡适就任台湾"中央研究院"院长，蒋介石前往祝贺并致祝词。蒋的发言稿是由陶希圣起草的，讲话中除把胡适大夸一通之外，又大肆鼓吹中国传统的伦常道德。不料胡适有些"不识抬举"。他当场反驳："刚才'总统'对我个人的看法不免有些错误，至少，'总统'夸奖我的话是错误的。……我们不要相信'总统'十分好意夸奖我个人的那些话。"胡适还借机批评中国的传统文化。他说："所谓忠信孝悌礼义廉耻，这不是中国文化所独有的，所有一切高等文化，一切宗教，一切伦理学说，都是人类共同有的。'总统'对我个人有偏私，对于自己的文化也有偏心，他说话的分量不免过重了一点。我们要体谅他。"胡适当场反驳蒋介石，使在场的人听得目瞪口呆，从此胡蒋之间加深了隔膜。事后有些朋友规劝胡适，认为他态度有些过分。胡适不接受，说："我跟蒋公是老朋友，顶他两句没关系。"不久，蒋介石来电话，要找胡适开诚布公地谈谈。胡适对朋友们说："好极了，'总统'要来'中研院'，我们大家一起跟他谈谈。"不料这回蒋介石的汽车开出不久，就有电话催他折回，说有紧急公务，胡蒋之间于是失去了一次开诚布公的机会。

1960年7月，胡适赴美国参加在华盛顿大学举行的"中美学术合作会议"，至10月中旬才经日本返回台湾。在此期间发生了著名的雷震案。胡适的友人雷震因试图在台湾组织"反对党"而被捕，罪名是"涉嫌叛乱"；他担任发行人的《自由中国》杂志也被查禁。胡适对蒋介石的独裁行径感到"大失望"。当年11月15日，胡适要求见蒋介石，汇报"中美学术合作会议"的情况。这次会见是由"总统府秘书长"张群安排的，当时的气氛相当紧张。首先，蒋介石安排的时间是上午十一点半，也就是午饭前的半小时，说明根本没有恳谈的诚意；其次，蒋介石以前都是单独接见胡适，这次会见时一左一右站着两位便衣，杀气腾腾。蒋介石抢先谈到了雷震问题。他说："我对言论自由，已经放得很宽，但雷震背后有共产党的间谍，政府不能不办他。这一两年来，胡先生好像只相信雷震，不相信我们的政府。"胡适说："今天'总统'说这话太重了，我当不起，我受不了。1949年4月，我对美国记者说，我愿用我道义力量来支持蒋介石先生的政府。十一年前的这句话，我至今没有改变，也许我的道义不值一文。'总统'没有出过'国'，'副总统'也没有出过'国'，警备司令部的发言人也没有出过'国'，他们不会深知雷震案在'国外'产生的不良影响。"这次谈话大约进行了五十分钟，可以说是不欢而散。这次见面之后，胡适借助蒋介石在台湾推行民主的幻想彻底破灭。

胡适生前跟蒋介石的这两次正面冲突，实践了他的人生格言："宁鸣而死，不默而生！"

留遗嘱和买房子

1961年6月10日，是星期六，晚上王志维陪胡适喝酒。胡适忽然说："当你有一天看不见我的时候，请到我卧室去。卧室里有一个铁柜，柜里放了一个小皮箱，里边有我的遗嘱，我身后的事都有交代。你现在不能去看，也不要轻易告诉别人。"王志维觉得这番话不大吉利，便安慰胡适说："先生的老师杜威博士也早就立好了遗嘱，但他活到了九十三岁。我希望先生也跟你的老师一样长寿。"胡适说："希望如此，希望如此。"胡适去世时，来了很多人，"副总统"陈诚也来了。秘书胡颂平根据王志维提供的情况当众打开柜子和箱子，里面确有胡适的一份英文遗嘱。

遗嘱是1957年6月4日立的。当时胡适因胃溃疡动了大手术，恐有不测，故在美国纽约立了这份《胡适遗嘱与遗产处分书》，内容有八条，主要是请求火葬，将存放在北京大学的102箱书和文件捐赠给北大，将纽约的住所和存放在纽约的手稿、书籍、文件捐赠给台湾大学，将财产的其他部分遗赠夫人江冬秀。

1961年11月26日，胡适心脏病复发，住进了台大医院。翌年1月10日出院。医生认为胡适不宜回南港寓所居住，因为那里离市区比较远，如心脏病突发来不及送医院。胡适接受了医生的意见，临时住进了位于福州街26号的台大招待所。大约是2月20日，胡适从福州街打电话到南港，叫王志维去吃晚饭。饭后胡适对王志维说："我太太虽然刚从美国回台湾几个月，但亲戚朋友几乎被她骂遍了，没有一个能跟她相处得好。唯独没有骂过你，我过些时候准备跟钱思亮先生去美国，交代'中华教育文化基金会'的工作。我不在的这段时间太太就交给你照顾。请你在温州街附近买一所房子，让她搬出'中央研究院'。她和她的朋友都喜欢打牌，住在'中研院'这个学术机构不合适。"当时王志维替胡适保管了六万新台币的版税，买房子就准备动用这笔钱。

胡适猝死的诱因

1962年2月24日晚6时35分，胡适在"中央研究院"欢迎任之恭、梅贻琦、程毓淮、柏实义、李景均、陈槃、何廉这七位新院士的酒会上突发心脏病，晕死在地。王志维急忙将胡适随身携带的急救药片放在他口中，又喂了白兰地，还让他吸了氧，做了人工呼吸，都没有反应。这次开会前，本来要派两名医生、护士照顾胡适，胡适断然谢绝。他说："欢迎新院士是办喜事。医生护士穿白衣，他们一来，好像是办丧事。"

王志维认为，胡适犯病的导因是李济的一番话。酒会召开前，胡适对王志维说："你按礼节请李济代表人文组在酒会上发言。如果他婉辞，就不必勉强。李先生不讲话最好，免得他讲些不三不四的话。"不料王志维出于礼貌去请李济，他立即答应，说："胡先生之命，我岂敢不从。"

李济在发言中重新提及胡适在1961年11月受到的一次"围剿"。当年11月6日，胡适应美国国际开发总署之邀，在"亚太区科学教育会"的开幕式上讲演25分钟，题为《科学发展所需要的社会改革》。胡适讲的其实是他的老话，主旨是批判东方人凭借精神文明夜郎自大的观念。他极力抨击东方旧文明中的"不文明"。比如妇女缠足长达千余年，竟无一声人道的抗议，这还有什么精神文明可说。一种文明居然把贫穷看作美德，把疾病看作天祸，这又有什么精神价值可言？他强调，为了给科学发展铺平道路，必须对西方文明重新做出冷静客观的估量。这是胡适用英语作的发言，原本没有什么反响。后来"中研院"史语所的徐高阮先生将讲话译成中文，由胡适审定，发表在同年12月1日出版的《文星》杂志第九卷第二期，引起了港台一些学者的非难和攻击。

李济发言时，重提胡适这段不愉快的往事。他说："胡先生讲《科学发展所需要的社会改革》，其中一些小地方，与我自己的看法不完全一样。谁知引出了一些不同的反应。'中研院'内部也有人不赞同胡先生的意见。我感到科学思想在中国生根不成，是最大的问题。一切科学设备是从外国买来的，学生最后必须留洋，我们有什么中文的科学大著作？还比不上日本。我真不敢乐观，科学不能在中国生根，总觉得它是舶来品。"李济发言时胡适的脸色变了。王志维暗示胡适不要动气。胡适摆摆手，不要他管。接着，吴健雄、吴大猷也讲了话。最后胡适又说："我觉得李济先生太悲观了。我去年说了25分钟的话，引起了围剿，不要去管它，那是小事体，那是小事体。我挨了四十年的骂，从来不生气，并且欢迎之至，因为这是代表了言论自由和思想自由。"讲着讲着，胡适忽然脸色苍白，晃了一晃，仰身向后倒下，后脑先碰到桌沿，再摔到水磨石的地面上，脉搏停止了跳动。这时，胡太太正在城里打牌，7点35分司机才把她接来。胡太太看到胡适猝死，嚎啕大哭。她说的安徽绩溪方言，大家听不懂。王志维只听懂了一句："适之呀，适之呀，你总算对得起你妈妈！"胡适跟江冬秀结婚，完全是胡适的母亲冯顺弟做的主。

身后事：《胡适日记》出版风波

胡适有记日记的习惯，自1906年2月13日开始，至1962年2月21日，时间跨度超过半个世纪，总字数在250万字以上。这批日记在吴大猷先生的大力支持下于1990年公开出版，为学术界提供了一份珍贵史料。

吴大猷，1956年秋由美国赴台湾，在台湾大学及台湾清华大学任教。1962年任"中央研究院"物理所代理所长，1983年11月任"中央研究院"院长。吴大猷说："出版胡适日记，如果发生什么问题，责任由我承担。"

相形之下，给胡适日记出版制造阻力的是王世杰。王世杰曾主编《现代评论》周刊；1949年去台湾，1950年3月至1953年11月任"总统府秘书长"，1958年7月任"行政院政务委员"，1962年4月至1970年4月任"中央研究院"院长，后改任"总统府资政"。

王世杰跟胡适的私交本来很深，但胡适1962年2月24日去世之后，王世杰跟胡太太江冬秀的关系处得非常不好。1963 年，台湾刮台风，山洪冲了胡适在台北南港的墓地。胡太太坐卧不安，要求"中研院"为胡适修坟，不料王世杰置之不理。胡太太便去找他，吵了起来。胡太太吼道："王世杰，你等着，总有一天我要把你给胡先生的信公布出来。"王世杰吓得直哆嗦。原来王世杰给胡适的信上写了很多牢骚话，当时公开出来会给他惹麻烦。后来经过"中央研究院"的行政秘书长兼评议员陈雪屏先生出面打圆场，维修了胡先生的坟，这场风波才告平息。所以王世杰以"中研院"院长的身份下了指示：没有他的同意，"中研院"胡适纪念馆里的任何一张纸片都不能随便拿出来！不久，王世杰让毛子水先生陪同——毛是胡适遗嘱的执行人之一，要从胡适纪念馆取走胡适日记。王世杰说："胡适日记是公物，是公器。"胡太太闻讯，从她在温州街的寓所跑回南港，大骂王世杰不是东西，一气之下，就把全部胡适日记手稿带走了。她先把这批手稿放在床底下，但台北空气潮湿，手稿放在床底下容易霉烂。王志维赶快买了一个保险柜，搬进胡太太家，刚好把日记手稿全部装进去，使这批手稿得以完好保存。所以胡太太对保存和出版胡适手稿是有功劳的。

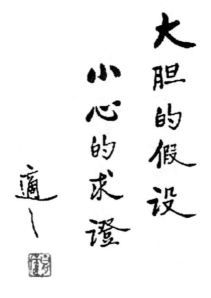

胡适手迹

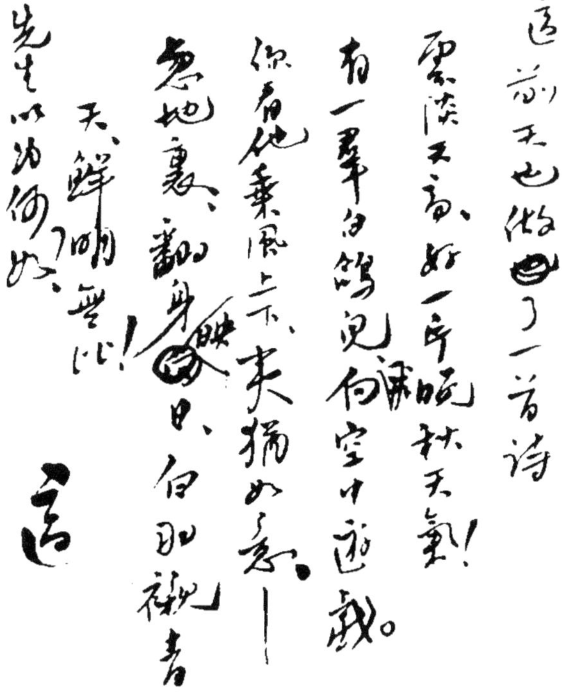

适前天也做了一首诗

云淡天高，好一片晚秋天气！

有一羣白鸽儿向空中逐戏。

你看他们乘风上下，夫猫似意，——

忽地里翻身映日，白羽襯青

天，鲜明无比！

先生以为何如。

适

胡适手迹

不畏浮云遮望眼，

自缘身在最高層

王荆公诗

胡适

胡适手迹

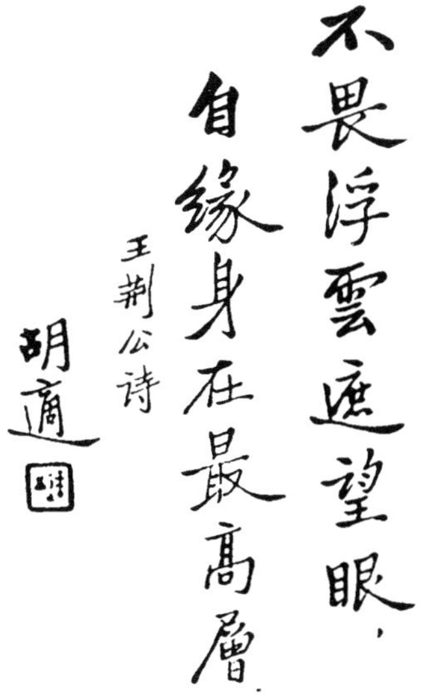

胡适手迹

第十二章 盖棺：难以定论

胡适和蒋介石

　　胡适与蒋介石：一文一武，一臣一君；一个是五四新文化运动中开风气的人物，一个是 1928 年至 1949 年 10 月以前中国大地上的最高执政者。他们虽然在反共上持相同立场，但由于一个执着地宣扬西方民主政治理念，一个逐步强化中国式的独裁统治，所以双方的关系时密时疏；有时促膝长谈，有时剑拔弩张，在 20 世纪 20 年代至 60 年代演绎出很多意味深长的故事。

　　然而，对这两位声名显赫、家喻户晓的人物进行准确的历史定位和价值判断是一件十分困难的事情。在以阶级斗争为纲的漫长岁月，在海峡两岸相互隔绝、对立的状态下，胡适和蒋介石的形象在中国台湾和中国大陆或"神"或"鬼"，趋于两极，难于以史实为依据平心静气地进行学理性评价。今天，随着构建和谐社会、和谐世界政治理念的提出，随着两岸关系的日趋正常化和学术交流的日趋频繁，特别是有关胡适、蒋介石文献档案的逐步开放，把胡适研究和蒋介石研究纳入健康学术轨道的时机已趋成熟。

　　胡适，1891 年 12 月 28 日生于上海大东门外，祖籍安徽绩溪，1962 年 2 月 24 日下午 6 时因心脏病猝发死于台湾台北"中央研究院"，终年 71 岁。蒋介石，1887 年 10 月 30 日出生于浙江省奉化县，1975 年 4 月 5 日晚 11 时因心脏病在台北士林官邸逝世，终年 88 岁。胡适生前，虽然对蒋介石的所作所为进行过批评讽谏，但始终是站在诤臣畏友的立场。1949 年 4 月 21 日，即蒋介石政权全面崩溃的前夕，胡适在旧金山对美国记者发表谈话说："我愿意用我的道义力量来支持蒋介石先生的政府。"1961 年

晚年胡适

11 月 18 日，他仍当面对蒋介石表示，11 年来他的上述态度并未改变。蒋介石也曾对蒋廷黻谈起胡适，说："胡先生向来与我感情较好。"胡适逝世之后，蒋介石写了一副挽联，赞扬胡适是"新文化中旧道德的楷模，旧伦理中新思想的师表"。

　　蒋介石从新思想的角度肯定胡适当然有其合理性，但给胡适戴上"旧道德的楷模"这顶桂冠则有些滑稽。尽管胡适和蒋介石都受到过旧道德的熏陶，但两个人都难以以"楷模"定位。蒋介石坦陈自己"少年未闻君子大道，自修不力"，20 岁以后才服膺宋明道学，并身体力行。蒋身染恶习甚多，突出的表现是"见色起意"，经常出外冶游，"入花街为狎邪之行"，有时竟入"狐媚妓女之圈术"。研读宋明以来道学家著作之后，常用朱熹"省、察、克、治"的告诫律己，经常处于"好色"与"戒色"、"天理"与"人欲"的交锋之中。经过长期的心灵求索，蒋介石后来成为了虔诚的基督徒，在修身养性方面有所长进。

　　蒋介石说："情之累人，古今一辙耳，岂独余一人哉。"（《蒋介石日记类抄·学行》，1919 年 4 月 27 日）在这方面，胡适跟蒋介石颇有类似之处。胡适的先辈虽然不是经学世家，不属书香望族的安徽"上川明经胡氏"，历代都是靠小本经营为生，但他的父亲胡传却是服膺理学的一个秀才。母亲更是出自书香门第：外祖父是翰林，曾外祖父是探花。胡适的

启蒙教材就是父亲编写抄录的《学为人诗》，完全是用宋儒理学教育后代。正是受到这种伦理道德观的影响，留学美国期间的胡适还写下了论述《吾国女子所处地位高于西方女子》的日记（见1914年1月4日《胡适日记》）。跟早年蒋介石一样，胡适也有"叫局""吃花酒"的人生经历，从1909年冬至1931年日记中断续出现此类记载。胡适又跟蒋介石一样，内心时有忏悔。比如1914年6月30日，远在美国的胡适回忆往昔的荒唐时，沉痛地写道："吾在上海时，亦常叫局吃酒，彼时亦不知耻也。今誓不复为，并誓提倡禁嫖之论，以自忏悔，以自赎罪，记此以记吾悔。"

除了承传旧学，蒋介石和胡适都能容纳新潮。众所周知，在新文化运动中，胡适不仅率先提出了"文学革命"的口号，把封建守旧派鄙薄的白话文提到了"中国文学正宗"的地位，而且通过尝试使白话文进入了被封建士大夫长期盘踞的诗歌殿堂。在引进域外政治、文化新观念方面，胡适也作了执着的努力。为人罕知的是，五四运动以后，蒋介石也在如饥似渴地阅读新书刊。在蒋介石1919年至1926年的日记中，有多处阅读《新青年》杂志的记载。特别值得注意的是，1923年至1926年间，他比较系统地研读了一些马克思主义的著作，其中包括《马克思学说概要》（见1923年9月22日，10月3日、7日、9日日记），《共产党宣言》（见1923年10月13日、16日、18日日记），《列宁丛书》（1925年11月10日、21日日记），《俄国革命史》（见1926年6月23日、26日、27日、28日日记），《俄国共产党史》（1926年7月21日日记），《俄国革命史》（1926年8月11日日记）。特别有意思的是，在胡适等五四先驱的带动下，过去给人以只会杀人印象的蒋介石也曾偃武修文，学写并发表过白话新诗。比如，1926年11月8日，北伐军占领南昌；12月1日，《江西日报》创刊。蒋介石在该报创刊号上发表了一首《祝〈江西日报〉诞生》："呀！/好革命的怒潮呵！/呀！/这掀天倒海的潮流，/竟已仗着自然的力，/挟着它从珠江来到长江了。/潮流/，是什么？不是绿的水，/是红的血和黑的墨。/今天我们的血，/已染红了庐山的面，/鄱阳湖的口。/这黑的墨，/正拌着那红的血，/向着那长江的水流去。/这新诞生的《江西日报》，/就是挟着这墨色的力和着那血的力，一直冲向黄河流域去。/呀！/好革命的怒潮呵！/呀！/好革命的势力！"

然而1934年初，蒋介石在江西南昌发动"新生活运动"，则是对五四

新文化运动的反动。因为所谓新生
活运动表面上是在衣食住行上做文
章，实质上是在弘扬所谓"中华民
族固有之德行——礼义廉耻"。据
说，"礼"是"规规矩矩的态度"，
"义"是"正正当当的行为"，"廉"
是"清清白白的辨别"，"耻"是"切
切实实的觉悟"。蒋介石正是通过
"礼义廉耻"的虚伪说教来约束人
们的言行，要求"国民"循规蹈矩，
安分守己，绝对服从他的个人意志。
这正是五四时期批判的"三纲""五
常"的旧版翻新。

晚年蒋介石

　　在对西方文化的接受方面，胡
适和蒋介石都将英语视为他们的"第二语言"。不过，据胡适的弟子唐德
刚说，他们的发音都不纯正：蒋介石的英语带宝庆腔；胡适虽远胜于蒋，
但也带中国腔。

　　西方文化的一个重要精神支柱是基督教文化。胡适在《圣经》（尤其
是《新约》）中体会到的是对邪恶魔鬼不予抵抗的教义，以及人家打你右脸，
你把左脸再转过去让他打的原理，他从中找到了跟春秋时期老子不争思想
的相通之处。但胡适毕竟是一个无神论者，他明确表示自己没有宗教信仰，
也不是基督徒——他说，在中国，不信基督教的比基督教徒多得多。蒋介
石则于 1930 年以后成为了一个虔诚的基督教徒。蒋介石一生经历了四次
婚姻，第四任妻子宋美龄出生于基督教世家，蒋娶她的前提是皈依基督教。
至于基督教对蒋介石究竟产生了什么真实影响，这是一个难于表述的问题。
1934 年 3 月，宋美龄在美国《论坛杂志》发表了一篇《我的宗教观》，文
中谈到日本侵略东三省之后，她曾请求她的母亲倪桂珍祈求上帝，用地震
之类的灾祸惩罚日本，但倪太夫人认为这是对上帝的侮辱。这件事使宋美
龄感到也应该为因侵略战争而受难的日本国民祈祷。宋美龄说，蒋介石对
基督教教义常有不了解的地方，都是她通过日常谈话予以提示。看来，宋
美龄对基督教义的这种理解，也会在不同程度上影响蒋介石。

对于苏俄，蒋介石和胡适都曾进行实地考察。早在 1919 年年初，蒋介石就拟学俄语，希望赴俄考察，吸取经验，推进中国的革命事业。当年夏天，红军平息了高尔察克和尤登尼奇的武装叛乱，蒋介石深为"列宁政府之地位，更加巩固"（1919 年 11 月 16 日日记）而深受鼓舞。在《中国国民革命和俄国共产党共产革命的区别》一文中，蒋介石写下了一段为后来的人们难以置信的话："如有人攻击俄国革命，必与之力争；如有人攻击共产党，必竭力为之辩护。"① 但直到 1923 年 8 月，蒋介石才有机会以孙逸仙博士代表团团长身份来到他"企仰靡已"的苏联。

这次考察期间，苏联的社会进步，官兵的融洽关系以及大多数领导人（如契切林、斯克良斯基、加里宁、加米涅夫）的亲切态度都给蒋介石留下了良好的印象。这次赴苏期间，蒋介石还雄心勃勃地草拟了一份以俄罗斯红军名义在蒙古库伦建立军事基地，训练国民党军队，向南攻占北京的计划。他在个人署名的《致苏俄负责人意见书》中，他强调了占领北京的特殊意义：

中国恶势力之根据地，反革命派之大本营以及其一切内乱与外侮之策源地，皆在其政治中心地之北京。如望中国革命之奏效，非先打破此万恶政治中心地之北京，则革命决无成功之希望。此不惟打破国内军阀唯一之方略，而对列强之作战，打破其在中国之势力范围，亦非先打破北京不为功。盖列强在北京军事之设备，其强固尤甚于中国之军阀。所谓北京城内外国居留地之东交民巷城墙上炮位密布，其火力所及，扫射北京全城而有余。国势至此，言之至可痛恨，亦极悲惨。故今日中国，即使军阀势力完全为革命党所消灭，如北京不能完全攻破，则列强在北京作恶如故，中国革命仍无彻底之望。此党魁孙逸仙以为第一次革命既不能贯彻其主张以破北京，而乃于 1911 年竭力鼓吹迁都之说，以为无形消除列强作恶之计也。是以今日之中国革命，无论对内对外，皆不能不以北京为主目的地也。

令蒋介石大失所望的是，苏俄领导人对他的雄图不予支持。托洛茨基等领导人片面强调政治工作和合法斗争，要求国民党把"军事活动降到必

---

① 《新革命》第二卷第五号，转引自杨天石《从蒋介石日记看他的早年思想》，载《蒋氏秘档与蒋介石真相》，社会科学文献出版社 2002 年版，第 27-28 页。

要的最低限度"，以免混同于各派军阀。蒋介石从这种暧昧态度中感受到苏俄控制蒙古、觊觎中国的企图，对孙中山的联俄政策产生了怀疑、动摇。

胡适对苏联和社会主义的态度，也经历了长时间矛盾游移的过程。他从小就痛恨侵略中国的沙俄。1917 年"二月革命"爆发，沙皇退位，胡适认为这是"近来第一大快人心事"，并填词高歌"新俄万岁"。1925 年，胡适的许多友人要他加入"反赤化"的讨论，但为他拒绝，因为他信仰的实验主义不容他否认这种政治试验的正当。1926 年 6 月，他撰写了《我们对于西洋近代文明的态度》一文，指出了 19 世纪以来个人主义趋势的流弊和资本主义统治下的苦痛，认为"向资本家手里要求公道的待遇，等于'与虎谋皮'"。他肯定"19 世纪中叶以后的新宗教信条是社会主义"，赞扬"俄国的劳农阶级竟做了全国的专政阶级。这个社会主义的大运动现在还正在进行的时期，但他的成绩已很可观了"。这篇文章不仅编进了《胡适文存三集》，而且长期被选入了当时大学的国文教材。1926 年 7 月，胡适接受李大钊的建议，取道苏联赴英国出席中英庚款委员会全体会议，在莫斯科逗留了三天，并跟共产党人蔡和森进行了"纵谈甚快"的会晤。通过实地考案，他肯定苏联人民正在进行的是一个"空前的伟大政治新试验"，苏联人民是"有理想，有计划，有绝对的信心"的人民。虽然当时苏联的经济实力还赶不上发达的资本主义国家，但胡适认为"不能单靠我们的成见就武断社会主义制度之下不能有伟大的生产力"。同年 8 月 2 日，胡适离开苏联，在火车上跟苏联人讨论政治问题。一位苏联人对他说："你不必对于我们的专政怀疑，英美等国名为尊崇自由，实是戴假面具，到了微嗅得一点危险时，即将面具撕去了。"对于这种肯定无产阶级专政的观点，胡适感到"甚有理"，他在当天日记中写道："我看苏俄之《刑事律》及《苏俄指南》皆十分老实，毫无假装的面孔。"通过跟蔡和森的交谈，胡适还想筹组一个以改革内政为主旨的"自由党"，党纲中就包括实行"社会主义的社会政策"。

然而，胡适跟现代社会主义思潮之间毕竟横亘着两条不可逾越的鸿沟：一是反对暴力革命的庸俗进化论，二是鄙薄人民群众的绅士阶级偏见。胡适对社会主义的承认，是以反对阶级斗争的手段为前提的。他想寻求一条"比较平和、比较牺牲少些的路径"，实现他的"新自由主义"或"自由的社会主义"。在胡适看来，历史是由"优秀人才"创造的，华盛顿创造了美利坚合众国，伊藤博文等人使日本成了强国。个别人物"他吐一口痰在地上，也许可以毁灭一村一族。他起一个念头，也许可以引起几十年的血战"。与此相反，在胡适看来，一切坏的风气都起于下层人民，如"小脚起于舞女，鸦片起于游民，一切赌博皆出于民间"。胡适的上述观点，跟把暴力革命视为新社会"产婆"、把人民群众视为社会历史发展动力的马克思主义是根本对立的。这也就使得他无法成为科学社会主义的真正信徒。20世纪30年代后期，胡适完全改变了对苏联的态度。1954年3月，胡适在台北的一次讲演上甚至对他曾经发表肯定社会主义的言论表示公开忏悔。

对于孙中山的态度，胡适与蒋介石也有所不同。

在胡适眼中，孙中山是一个有理想的实行家，但同时是一个可以平视的人，不是必须仰视的神。由于胡适重视思想革命而轻视实际革命活动，1921年11月他在美国听到梁启超结束13年的流亡生活归国，十分高兴。在11月10日的日记中，认为梁启超的一支笔胜过"百十孙中山、黄克强"。这种看法无疑是片面的。1919年五四运动前夕，他跟蒋梦麟在上海拜会孙中山。事后孙中山托廖仲恺将他撰写的《心理建设》样书五本寄赠胡适。胡适在《每周评论》第三十一号撰文给予好评，批驳了孙中山只是"理想家"不是"实行家"的偏见，孙中山感到十分高兴。同年8月，孙中山的《实业计划》在《建设》杂志发表，胡适撰文认为这部著作体现了一种"有计划的政治"；"计划是效率的源头"，而"中国的大病在于无计划的漂泊"。1922年6月，被孙中山免职的原广东省长兼粤军总司令陈炯明发动兵变，被国民党人视为"悖主""犯上""叛逆"，而胡适却在《努力周报》第十二期发表《旧道德的死尸的复活》一文，认为在一个共和的国家没有什么"悖主""犯上"的行为。孙中山主张武力统一中国，陈炯明主张联省自治，这只是一种政治主张的冲突。"孙党不应拿旧道德的死尸来压人；陈炯明此次是革命，不是叛逆"（胡适1922年8月13日日记）。1925年至1929年，用四年时间在南京紫金山南坡修建了孙中山的陵墓。据胡适日记记载，这项工程"造墓费预算一百万两"（1928年5月20日日记），其中仅铜棺价值就达一万五千两白银。陵园占地130公顷，占用耕地近2000亩，还夷平了千家万户的祖坟。1934年2月3日，胡适日记写道："墓的建筑太贵，实不美观。若修路直到墓前，除去那四百处石筑，即便游观，也可省不少的费。此墓修得太早，若留待五十年或百年后人追思而重建，岂不更好？今乃倾一时的财力，作此无谓之奢侈，空使中山蒙恶名于后世而已。"最使胡适受到国民党人攻击的，是胡适1929年5月11日改定的《知难，行亦不易——孙中山先生的"行易知难说"述评》。胡适虽然肯定了孙中山的这种学说"是一种很有力的革命哲学"，但同时又指出了这一学说的"真意义"是要人们"信仰先觉，服从领袖，奉行不悖"，实际上是一种个人迷信。

蒋介石是以孙中山的学生和继承人身份登上政坛的，在讲演和文章中一直对孙中山以高度评价，甚至给人以"崇拜个人""个人忠臣"的印象。他临终前仍想把遗体安葬在南京紫金山，死后与孙中山为伴。

但是在执政原则和施政手段上，蒋介石跟孙中山有两个明显区别。从总体上来讲，孙中山的民权主义是要用人民的"四权"（选举权、罢免权、创制权、复决权）管理政府的"五权"（司法权、立法权、行政权、考试权、监察权）。对于西方的代议制，孙中山既有肯定，也有批评。鉴于"中国太混乱，民智太幼稚，国民没有正确的政治思想"，孙中山本着循序渐进的原则，把民权的真正实现划分为"军政时期""训政时期"和"宪政时期"，把"以党建国""以党治国"作为革命时期的非常之举。孙中山的政党政治思想虽有可议之处，但确实是他根据中国国情进行的一种独立思考。然而蒋介石却出于一己私利，建立了依靠军、警、特来进行独裁的军治体制，以军御党，以军御政。1931年12月以后，蒋介石既非国民政府主席和行政院长，亦非中政会主席，但他却根据"一个主义，一个政党，一个领袖"的原则，建立了凌驾于国民党党政军机构之上的权力独裁工具——"国防最高委员会"，作为他装在"口袋子"里的权力工具。他以贯彻孙中山的"训政"思想为借口，排斥共产主义和自由主义的政治理论，独尊意大利和德国的法西斯主义，形成了以"国家至上""民族至上""效能至上""君权神授"为特征的中国式法西斯主义，从而在根本上背叛了孙中山的民主主义。

蒋介石跟孙中山的第二个明显区别，是"嗜杀成性"与"不嗜杀人"。蔡元培有一篇文章《追怀不嗜杀人的总理》（按：总理指孙中山）："总理致力革命四十年，不但政敌甚多，就是始信而终叛的人也不少；然而总理最反对暗杀，一切均以堂堂正正之革命军行之。军行时自然不能没有死伤的人，然这是不得已而杀人，不是嗜杀。以汤芦铭的反复，并不念他的旧恶；以陈炯明的叛变，还许他的悔过效力；其他类似的人，从没有宣布过死刑。总理的不嗜杀人，可以公认了。"（原件存北京鲁迅博物馆）蔡元培这番话显然是针对蒋介石从 1927 年"四一二"政变之后实行的暴政。根据蒋介石"严惩"异己分子的精神，国民党在各地开始滥捕滥杀。广州"四一五"事变发生时，鲁迅正在中山大学任教，他在《自传》中写道："不久就清党，我一生从未见过这么杀人的，我就辞了职……"①在《而已集·题辞》中，鲁迅沉痛地写道："这半年我又看见了许多血和许多泪，然而我只有杂感而已。泪揩了，血消了；屠伯们逍遥复逍遥。"这几句言简意赅的话，正是对蒋介石倒行逆施的艺术概括。

　　蒋介石是一个民族主义者。少年时期即爱诵读宋代遗民郑思肖所著《心史》，强化了他的反清立场。他反对异族侵占中国土地，也反对洋人控制中国的金融机关。他认为五四运动是爱国壮举，标志着"民气未绥，民气未死"。五卅运动期间，他在日记中抄录了近百条反英标语，但是，在敌我力量悬殊的情况下，为求自保，蒋介石也经常对外妥协。坚持"一个中国"的立场，是蒋介石目前被研究者肯定的一个重要方面。1948 年底至1949 年初，随着辽沈、淮海、平津三大战役胜利结束，蒋介石政权的崩溃已成定局。鉴于台湾战略地位的重要性，原本扶蒋反共的美国当局另作弃蒋的打算，准备重新扶植代理人，在台湾建立完全由美国控制的新政权。比如，美国国务院高级官员乔治·坎南就制定了一个处理台湾问题方案，由美军占领台湾，台湾在政治上跟国民党政府剥离，由毕业于美国弗吉尼亚军事学院的孙立人出任台省主席，蒋介石则以政治避难者身份留台。如

蒋介石校阅在台部队

---

①　《鲁迅全集》第 8 卷，人民文学出版社 2005 年版，第 402 页。

果照此办理，台湾就完全成为了美国的一艘不沉的航空母舰。由于蒋介石坚持"一个中国"立场，孙立人也无叛蒋意图，此项计划才未能实施。朝鲜战争爆发之后，出于反共反华目的，美国将台湾划入防卫圈，才对已在台湾站稳脚跟的蒋介石重新采取援助态度。蒋介石研究专家杨天石先生在查阅《蒋介石日记》手稿时发现，

20 世纪 50 年代，蒋介石参观军事演习

1950 年至 1954 年期间，美国当局曾三次考虑用原子弹袭击中国大陆，蒋介石均表示了反对的态度，因为使用这种大规模杀伤武器，"对于民心将有不利之影响"（1954 年 10 月 20 日日记）。不过，蒋介石坚持"一个中国"是跟坚持他的执政地位联系在一起的。撤离大陆之后，他仍把播迁台湾的"国民政府"视为正统，时时不忘"反攻大陆"，临终前的公文包里还装着一幅中国地图。

与蒋介石相反，1938 年 4 月 27 日胡适在致友人信中声明："我本是世界主义者，从不是一个民族主义（Cosmopolitanism）者。"[1] 他信奉康奈尔大学史学教授葛德宏·斯密斯（Coldwin Smith）的训诫："万国之上犹有人类在！"1915 年 1 月，日本强迫中国接受亡国灭种的"二十一条要求"，中国留美学生群情激愤，通过《中国学生月报》号召对日作战。而胡适认为这是"昏了头""发了疯"，"简直是发了'爱国颠'"，因为当时中国只有 12 万经过训练的部队，但装备窳劣，最大的巡洋舰排水量不过4300 吨，所以当务之急是"读书学习"，把维和的希望寄托于国际组织。"九一八"事变之后，胡适同样基于中国没有足以支持战争的军力、装备、国防工业，仍把维和的希望寄托于"李顿调查团"和"国联"。解放战争结束后，胡适甚至埋怨道："没有对日抗战，国际共产主义又何能统治中

---

① 转引自侯外庐《揭露美帝国主义奴才胡适的反动面貌》，载《胡适论争集》，中国社会科学出版社 1998 年版，第 2779 页。

国！"①

　　胡适受世界主义思潮的影响，有明显的亲美倾向。他一生9次赴美国，在那里留学、生活、工作二十五六年，几乎占了他成年之后的一半岁月。他以美国为一面镜子，照出了中国的百事不如人。因此，他热衷于介绍美国经验，包括实验主义的思想方案，个人主义的人生态度，充分世界化的文化观；特别是美国的民主政治制度，在他看来尤其是中国政治制度的参照系乃至于样板。就连趁为蒋介石祝寿之机规劝蒋实行无为政治的时候，胡适也是抬出了美国总统艾森豪威尔为楷模，结果触怒了蒋氏父子。蒋经国控制的国防部总政治部发出"特种指示"，认为要蒋介石效仿艾森豪威尔做"无智、无能、无义"的总统是"荒谬绝伦的言论"，"名义自由主义，实际却是'共匪'的帮凶"。在胡适出任驻美大使期间，蒋介石曾批评胡适"不肯说话，恐其获罪于美国"，是"无胆，无能"的表现（蒋介石1941年11月30日、1942年10月13日日记）。这次祝寿风波，是胡适照搬美国经验的又一次受挫。对于胡适"仗美反蒋"这一点，毛泽东看得十分清楚。毛认为美国一直企图把台湾变成它的附庸国甚至托管地，所以在对美国的态度上，毛接近于蒋而疏离于胡。毛明确讲，他跟蒋的共同语言就是"一个中国"。

　　胡适和蒋介石合作的政治基础是反苏反共，这一点毋庸置疑。1950年7、8月间，胡适下大力气用英文撰写了一篇政论：《史达林策略下的中国》（*CHINA IN STALIN'S GRAND STRATEGY BY SHIH*），发表于同年美国《外交季刊》（*FOREIGN AFFAIRS*）10月号，后由聂华苓译成中文，连载于同年10月19—21日的台湾《中央日报》；1951年10月，台湾革命实践研究院丛刊亦予转载。这篇长文回顾了中国共产党从1924年国共合作至1949年解放中国大陆这25年的发展过程，认为这都是共产国际运用武装斗争策略、联合阵线策略和史达林（斯大林）的"退却的战略"（即敌进我退，敌退我进，敌驻我扰，敌疲我打）征服世界的结果，并断言如果没有第二次世界大战，"史达林和中国共产党可能永不会在中国成功"。1951年5月31日，胡适给蒋介石写了一封长信，请杭立武转呈蒋介石。他在信中除提出了"总统"和"副总统"的选举办法之外，还规劝蒋介石

──────────

① 《胡适口述自传》，安徽教育出版社1999年版，第83页。

为"知己知彼"而读一些中共出版物，如《史达林论中国》之类。信中特意询问了蒋介石对《史达林策略下的中国》的意见。同年 9 月 23 日，蒋介石亲笔回信，首先称赞《史达林策略下的中国》是"近年来揭露苏俄对华阴谋第一篇之文章，有助于全世界人士对我国之认识非鲜，岂啻叙史翔实严谨而已"。接着盛情邀请胡适"本年底归来，面叙衷曲，借此亲祝先生六十诞辰，聊慰平生企慕之忱"（转引自胡适 1951 年 10 月 11 日日记）。

胡适与蒋介石的冲突，归根结蒂是民主与专制的冲突。胡适的一生可以说是呼唤民主的一生。胡适谈民主，惯于在精神态度上立论。他强调民主的真意义只是一种生活方式，精髓在于承认人人各有其价值，人人都应该自由发展。在这一意义上，胡适是把"民主"跟"个人主义"联系在一起的。在政治制度层面上，胡适的设计图纸完全是从西方——特别是美国移植的，其核心是宪政、法治、议会政治、言论自由和反对党的自由。他强调所谓宪政就是法治，在缺乏宪法或约法制约的前提下，"训政"就必然沦为专制，而要使法治畅行无阻，领袖人物首先必须以身作则，自觉接受法律的约束。如果"徒法不足以自行"，法律就会流于一纸空文。胡适特别强调反对党的重要性，认为成立反对党是民主的标志和关键；有无反对党，是近代民主制度和独裁制度的基本区别。不过，一贯重视精英而忽视群众的胡适从来不强调政党的群众基础，也不认为反对党与执政党必须轮流执政，而主要应发挥其监督、制衡作用。此外，胡适对由他出面组党也无兴趣。

厉行独裁统治的蒋介石虽曾在口头上做出过不独裁的承诺，但他从根本上认为中国没有实行民主政治的条件。1948 年 9 月 17 日，蒋介石在国民政府立法院发生纷争之后写下的一段日记："令人苦闷烦恼，此皆自讨苦痛，未至民主程度而硬行民主，而且党员应此民主口号，不知自爱自重，竞如脱缰之马，一发而不可收拾矣。"这番话，可谓是蒋介石内心的真实独白。

1934 年 11 月 27 日国民党五中全会召开的前夕，蒋介石与汪精卫曾联名通电全国，表示"盖中国今日之环境与时代，实无产生意、俄政制之必要与可能。"同日，蒋介石接见日本大阪《每日新闻》记者，再次表示"中国与意大利、德意志、土耳其国情不同，故无独裁之必要"（见 1934 年 11 月 28 日天津《大公报》）。然而这种宣言的虚伪性已为血的事实所揭露，因为蒋介石在对革命根据地先后进行了五次大规模军事"围剿"之后，从这年的 10 月开始，又对被迫进行战略转移的中央红军进行围追堵截。就在蒋介石发表上述谈话的当天，以蒋介石为首的南昌行营 还颁发了在江西、福建两省实施的"绥靖"计划，准备大量构筑碉堡，发展地主武装，对各防区的红军赶尽杀绝。但胡适对蒋介石不独裁的承诺心存幻想，于是借蒋本人的话写了一篇时评《中国独裁的必要与可能》，刊登于同年 12 月 9 日出版的《独立评论》第 130 号。文章批驳了钱端升期望"有能力，有理想的独裁"的幻想和蒋廷黻提出的"开明专制"的主张。文末表示："我们很诚恳地赞成这个宣言，并且很诚恳地希望作宣言的人不要忘了这样严重的一个宣言。"同年 12 月 16 日，胡适又在《独立评论》第 131 号发表《汪蒋通电里提起的自由》。这篇文章把胡适的自由观和反专制的内容说得最为全面，最为透彻。原来胡适争取的自由是"不以武力及暴动"颠覆蒋介石政权的自由，是"不以武力及暴动"为前提的思想言论自由。然而这种最低限度的自由在当时也得不到，表现为：在证据不充分的情况下以思想言论定罪，公安、司法机关以外的部门可以随时行使搜查、逮捕、拘押、审讯的权力，经过正式登记立案的媒体因发生小的失当或失误而被查禁，以"挑动阶级斗争的感情"为借口禁止或删削反映社会矛盾的文艺作品……胡适基本上是一位标榜不谈政治而热衷谈论政治的学者，从北洋政府时期直至蒋介石逃往台湾之后，凡胡适主编或支持的刊物几乎都遭受过被查禁的厄运，这就更迫使他在强权政治下发出了微弱的抗争之声。

在实行独裁与宣扬民主的问题上，胡适与蒋介石之间虽有摩擦而并未最终决裂，主要有三个原因：第一，胡对蒋的批评是有限度的，是以道义支持为前提的，而且公开表达的方式总体上比较婉转。比如 1935 年 8 月 11 日，胡适在《独立评论》第 163 号发表《政制改革的大路》一文，胡适先给蒋介石戴上了一摞高帽子，说蒋"埋头苦干，挺起肩膀来挑担子，不辞劳苦，不避怨谤"，"不是自私的，也不是为一党一派人谋利益的"，"今日确有做一国领袖的资格"，肉麻的话说了一大堆之后才对蒋进行委婉的批评："蒋介石先生的最大缺点在于他不能把他自己的权限明白规定，在于他爱干涉到他的职权以外的事。"第二，蒋介石对胡适一定程度的包容。胡适在同一篇文章中肯定了蒋介石执政以来的变化："他长进了，气度变阔大了，态度变和平了。""能相当的容纳异己者的要求，尊重异己者的看法。"胡适的上述表述并不是浮夸之词，在相当程度上表达的是他内心的真实感受。第三，蒋介石对胡适的适度让步，其实是对美国对华政策的让步。抗日战争胜利之后，

蒋介石晚年坚持写日记

蒋介石曾把美国的对华政策概括为两个方面，一方面希望和中国共产党力求谅解，避免冲突，使用政治与和平手段引导共产党军队就范，消除中国的内战。另一方面迫使国民党开放政权，改变"一党专政"制度，实行美国式的两党制。面对美国的外交压力，蒋介石心有不甘；但为了争取美援，他又不得不做出妥协。胡适是在中国推行美国式民主的代表人物，这一点蒋介石是非常清楚的。1942 年 10 月 13 日，蒋介石在日记中把胡适视为"今日文士名流之典型"，"患得患失"，"不惜借外国之势力，以自固其地位"，也表明蒋介石非常清楚胡适与美国的政治联系。

　　关于胡适和蒋介石的历史定位，是一个极其复杂、至今未能取得共识的问题。胡适从来就是一位争议性人物。从他在思想文化界亮相之日开始，围绕他的就是数不清的争论，如文言与白话之争，白话诗与旧体诗之争，新旧伦理之争，井田制有无之争，《中国哲学史大纲》之争，新旧红学之争，整理国政之争，自由主义与马克思主义之争，好政府主义之争，联省自治之争，东西文化之争，科学与玄学之争，《说儒》之争，人权与约法之争，民权保障同盟之争，民主与独裁之争，对日方针之争，读书救国与革命救国之争，民族自信心之争，禅宗史之争，《水经注》之争，《自由中国》之争……置身于这些争议的漩涡之中，他的态度是"宁鸣而死，不默而生"。对于胡适的历史定位，中国大陆和台湾也长期存在争议。

　　在台湾解严之前，以蒋家父子为代表的国民党当局对胡适的真实评价，集中反映在蒋经国以"周国光"的化名撰写的《向毒素思想总攻击》

一书中。这本小册子于 1957 年 1 月以"特种指示"名义秘密印发至国民党区分部以上单位，"策动全体党员有计划的展开行动"，向胡适思想发动总攻击。这份 61 页的小册子以批判胡适的《述艾森豪总统的两个故事》为重点，把胡适定位为"共匪的帮凶"，"思想上的敌人"。小册子不点名地指责胡适："长居国外的所谓知名学者，他说这种话，目的在散播和推广个人自由主义思想。好听人们尊崇他为自由主义者的大师，由他领导来批评现实，批评时政，批评当政者，促进所谓政治进步，造成与自由民主的英美国家一样。这是他不了解中国当前革命环境，完全近乎一种天真的妄想。同时他还受某些失意的官僚政客包围利用，因此，就更故作高论，以为他们摇旗呐喊，助长声势。"改革开放之前的中国大陆跟解严之前的台湾当局对胡适同样采取了批判态度，所不同的是一个明批，一个暗批。

中国进入新时期以来，随着思想解放运动向各个领域的深入，对胡适的政治倾向有了比较客观的看法，其中最具代表性的是史学家胡绳提出的"中间势力"说。所谓"中间"，是指处于无产阶级跟大地主大资产阶级的两极中间。1923 年，毛泽东在《外力·军阀与革命》一文中，曾把中国的社会力量划分为"革命的民主派""非革命的民主派"和"反动派（按：指北洋军阀）"这三个部分。借用毛泽东的观点，胡绳把胡适划归为"不革命的民主派"，直到他的晚年，还应当说是属于中间势力。胡绳指出："过去讲，新文化运动一分化，胡适一派人就分化出去了，好像变成了新东西的敌对方面。实际情况不完全是这样。胡适派虽然可以说是新文化运动的右翼，但这个'右'是相对于左翼说的，二者都属于新文化运动的范围。而就全社会，就全国政治力量的分野来看，胡适派实际上是属于中间力量；不是反动派，而是'不革命的民主派'。"关于胡适与蒋介石的关系，胡绳认为，胡适"开始同情蒋介石'清党'反共，后来又同国民党进行人权斗争，尽管最后屈服了，但始终保持一定的独立"。[①]

自 20 世纪 70 年代末开始，胡适文献和档案资料的整理与挖掘工作在中国大陆逐步深入而广泛地展开，其中以中国社会科学院近代史所和安徽教育出版社的贡献最为卓著。加之台湾地区和留美华裔学者胡适研究成果

---

① 转引自龚育之《党史札记二集》，浙江人民出版社 2004 年版，第 36、38 页。

的引进，迄今为止，可以说胡适研究史料已经相当完备。在多元并存的和谐文化氛围下，平心静气对胡适进行学术探讨的时机已经成熟。众多学者对胡适多方面的业绩进行了见仁见智的评价。有人认为胡适的文学创作和学术研究具有开风气的意义，社会影响力极大；其思想将在未来中国产生愈来愈深刻的影响。而有人则提出异议，认为单从学术史层面来看，他的研究成果早已成为明日黄花；而从思想史层面来看，他的思想又缺少原创性，缺少应有的力度和深度。胡适只是一位西方人文思想的"科普作家"。他在昧于国情的情况下照搬了西方的图纸，要在旧中国的废墟上营建新时代的大厦，自然会左右受敌。笔者认为，要在这些问题上取得共识，恐怕还要继续经受时间的检验。

从历史学的角度对蒋介石进行学术研究，也是近些年来才日趋活跃的事情。蒋介石是中国近代史上的重要人物之一，给予他以准确的历史定位无疑是十分必要的，但是由于众所周知的原因，研究蒋介石在海峡两岸都有诸多禁忌。在相当长一段时间里，蒋介石在此岸是"千古罪人"，在彼岸是"千古完人"。1975 年 4 月 5 日，88 岁的蒋介石走过了人生的最后一程，带着他生前喜欢的几本书（《三民主义》《圣经》《荒漠甘泉》《唐诗》）走向了另一世界。随后台湾于 20 世纪 80 年代"解严"之后出现了政治转型，中国大陆也进入了改革开放的新时期，研究蒋介石的禁区逐渐被打破。特别是 2006 年 3 月，寄存于美国斯坦福大学胡佛研究院的《蒋介石日记》手稿本对外开放，从纯学术角度研究蒋介石的时机也日趋成熟。

目前，对蒋介石最具权威性的评价是史学家杨天石先生的"三句话"："一，在近代中国历史上，蒋介石是个很重要的人物；二，在近代中国历史上，蒋介石是个很复杂的人物；三，有功有过，既有大功，又有大过。"[①]不过对蒋介石的功过进行具体界定，又肯定会见仁见智，甚至出现截然对立、难以调和的见解。比如"反陈炯明"，杨先生认为是蒋介石的"功"，但胡适先生当年即持异议。

至于胡适与蒋介石的关系，则是胡适和蒋介石研究中一个既绕不开但又研究得最不充分的问题。笔者孤陋寡闻，迄今为止只读过台湾陈仪深博

---

① 　杨天石：《找寻真实的蒋介石·自序》，山西人民出版社 2008 年版，第 3 页。

士 20 年前的一篇篇幅不长的论文：《胡适与蒋介石》，收入时报文化出版公司 1991 年 5 月出版的《胡适与近代中国》一书。笔者学识荒陋，前行研究又如此之不足，本书写作过程中面临的困难可想而知。因此，这本书的写作是名副其实的"抛砖引玉"，在感谢团结出版社的支持和读者的宽容之余，只能诚望杰构于来哲也。

主要参考文献

1. 黄仁宇著《从大历史的角度读蒋介石日记》，九州出版社，2008 年；

2. 杨天石著《寻找真实的蒋介石》，山西出版集团、山西人民出版社，2008 年；

3. 吴景平、郭岱君编《宋子文驻美时期电报选（1940—1943）》，复旦大学出版社，2008 年；

4. 刘红著《蒋介石大传》，团结出版社，2006 年；

5. 《李宗仁回忆录》，广西师范大学出版社，2005 年；

6. 唐德刚：《胡适杂记》，广西师范大学出版社，2005 年；

7. 鲁迅：《鲁迅全集》，人民文学出版社，2005 年；

8. 李敖、汪祖荣：《蒋介石评传》（上下），中国友谊出版公司，2004 年；

9. 汪幸福著《胡适与〈自由中国〉》，湖北人民出版社，2004 年；

10. 龚育之：《党史札记二集》，浙江人民出版社，2004 年；

11. 蒋廷黻著《蒋廷黻回忆录》，岳麓书社，2003 年；

12. 杨天石著《蒋介石秘档与蒋介石真相》，社会科学文献出版社，2002 年；

13. 曹伯言整理《胡适日记》（1～8 卷），安徽教育出版社，2001 年；

14. 胡适著《胡适口述自传》，安徽教育出版社，1999 年；

15. 胡明著《胡适传论》，人民文学出版社，1996 年；

16. 耿云志、欧阳哲生编《胡适书信集》（上、中、下），北京大学出版社，1996 年；

17. 耿云志主编《胡适遗稿及秘藏书信》，黄山书社，1994年；

18. 王世杰著《王世杰日记》，台湾"中央研究院"近代史研究所，1990年；

19. 李敖著《胡适·胡适·擦》，李敖出版社，1990年；

20. 耿云志著《胡适年谱》，四川人民出版社，1989年；

21. 曹伯言、季维龙著《胡适年谱》，安徽教育出版社，1989年；

22. 陈仪深著《〈独立评论〉的民主思想》，台湾联经出版事业公司，1989年；

23. 胡颂平著《胡适之先生年谱长编初稿》，台湾联经出版事业公司，1984年。

新版后记

大约 10 年前,陈漱渝先生和我曾应湖北人民出版社之邀,着手撰写《胡适与蒋介石》一书,并于 2011 年出版。随着《蒋介石日记》手稿等新史料的公布,关于蒋介石和胡适关系的研究又有了新进展。在这种情况下,当团结出版社副总编辑唐立馨女士提出要对此书修订再版时,我们也是欣然应命。陈先生随即作了安排,他认为上个版本缺少胡适以私人资格赴美开展民间外交的情况,对和蒋胡关系密切、一度被列为"总统接班人"的陈诚也缺乏介绍等等,并以 1949 年为界分工修订,嘱我务必补齐在台湾时期的蒋胡关系部分。

陈漱渝先生是中国大陆较早赴台湾进行访问的一员,他 1989 年赴台时曾经拜访过和胡适有过工作关系的当事人,第一手资料掌握较多。况且他是国内"鲁研界"专家,有较好的学术素养和理论积淀,他对现代领域的人物研究高屋建瓴,新见迭出。虽然已经从鲁迅博物馆离任,但陈漱渝先生平常的写作、讲学等事务还是很多。他常说,除了自然生命,学术就是他的第二生命。相比于陈先生,我则懒怠愈懒,在他几次略带谅解的催促后,我才抓紧修订,以免延误。

蒋介石和胡适,一个军阀和一个学者,一个威权领袖和一个终生服膺英美宪政民主的自由知识分子,在 20 世纪 30 年代相遇,再进而相得、相间、互撑门面,他们之间有批评有赏识,有启用有弃用,有矛盾有合作……蒋介石和胡适不对等的关系总让人感到一种知识分子的悲剧感:胡适一方面要"学而优则仕",不能在象牙塔里安坐,做不到莫谈国事,希望能够借助自己的力量为"国家"撑点门面,"让人少轻视我们,少看不起我们";另一方面又力图保持知识分子的独立性,期望在学术上有所建树。胡适身上的这个特征很明显,能读出自由知识分子的别样神采。比如,他在得知"政府"要抛弃他另选大使时的不满;他对获得名誉学位时的认真而又不以为然;他呼吁自由敢于批评蒋介石,争而不得时却也能够做到"容忍";他对朋友真诚却不肯去探视恐获罪于蒋氏的谨小慎微……胡适是立体、复杂的。这种复杂,是携带书生气的知识分子与威权短兵相接时的斗争和妥协,是怀抱英美宪政民主政治理想和集权独裁统治模式相遇后的权宜策略。

相比于胡适,蒋介石则是一介政客,威权之下的独裁领袖,他看中胡适在美国朝野的影响力,力图通过胡适取得美国对蒋氏政府的同情和支持。他从北平"抢运"胡适,礼遇如上宾,认为此时的胡适可以"顶几十万大军"。然而一旦胡适没达到蒋氏期望,蒋介石则怨言丛生,表面尊敬,内心多有微词,甚至发生过因为胡适当众给他下不来台而半夜失眠,蒋氏要靠安眠药才能入睡的情况;在后期"祝寿"风波、"三连任"事件、《自由中国》事件中,胡适主张"毁党救国",组建在野党,同时力推陈诚"接班",蒋介石大怒,甚至对胡适展开诅咒、痛骂,认为胡适太过狂妄,指使蒋经国发动对胡适的攻击……胡适去世,蒋介石在赠献"新文化中旧道德的楷模,旧伦理中新思想的师表"挽联后,丝毫没有尊重"逝者为大"的古训,依旧忍不住在日记中大骂:胡适死了,实在是给"国家"除去了一大障碍。风平浪静下实则暗流涌动,读者可以借此审视蒋介石和胡适分分合合、貌合神离的多重复杂关系。

本书没有对蒋介石与胡适在身份、经历、学识、政治目标等方面做以平行比较——只就他们之间发生联系的事件,进行整理和梳理,力图接近历史的真实——当然这是多么困难而又有意义的工作。写作的过程中我才发现,对意义的追求像是一种宿命,它构成了写作的理由,尽管这些意义可能不乏偏颇和浅显。

最后,本着文责自负的态度,对书稿写作的分工情况进行说明:第一章,第二章(第一、二节),第三章,第四章(第一、二节),第五章(第六节),第六章(第二、三节),第七章(第一、二节),第八章(第五节),第十一章(第二节),第十二章的写作者为陈漱渝先生;第二章(第三节),第四章(第三节),第五章(第一至五节),第六章(第一节),第七章(第

三至六节），第八章（第一至四节），第九章，第十章，第十一章（第一节）
的写作者为宋娜。出于信任，陈先生让我负责了全书的统稿工作。陈先生
作为我的硕士导师，多年来一直对我多有鼓励。我十分钦佩他为人真诚、
为学严谨的品格。每每感念于心，却常常疏于表达。作为学生，我希望自
己写作的这部分不要让他失望。

还需提及的是，陈先生的朋友，著名国民党史研究、民国史研究、蒋
介石研究专家杨天石研究员为我们提供了一些宝贵的《蒋介石日记》手抄
稿，这对了解胡适驻美大使期间蒋介石对胡适的评价，以及蒋氏缘何派驻
宋子文等一些情况的理解有很大帮助。本次修订时，又想起杨先生寄赠的
用小初号大字体打印出来的几则蒋氏日记，感念于心，借此也向杨先生表
示诚挚的感谢。《蒋介石日记》虽然在斯坦福大学胡佛档案馆对外开放，
但禁止拍照，并没有正式出版，所以，这些应该都是杨先生当年去胡佛档
案馆抄写后录入的。另外，台湾"中央研究院"近代史所黄克武研究员对
于蒋介石和胡适、陈诚关系的考察文章，细致梳理了蒋介石"三连任"过
程中心态的转折，从而也纠正了我在上一版中对蒋介石"三连任"直线性
的认识偏颇，黄先生还原了蒋介石在"三连任"路上的复杂心态，论述精
当，对我启发很大；中国社会科学院近代史所的宋广波兄寄赠资料，他对
1949～1950 年蒋胡关系的考察资料翔实，立论公允，让人颇受教益，在
此一并谢过。

此外，在本书出版的过程中，团结出版社的副总编辑唐立馨老师和我
们就书稿修订作了几次交流，她希望这一版有更多、更新的观点和内容问
世，显示了她专业、敬业、对读者认真负责的态度。

具体负责本书的团结出版社的编辑室主任李可也多次和我们就书稿中
的细节进行沟通，提出很多宝贵的意见，显示出一名职业编辑的较高水平。

由于时间有限，再加上本书也只是在原有基础上的修补订正，肯定还
存在这样或那样的不足。陈漱渝先生曾引用鲁迅的话——"诚望杰构于来
哲也"，这依旧表达的是我们的心声。

宋　娜

2017 年 4 月 8 日